자기 객관화 수업

현실적응능력을
높이는 철학상담

자기 객관화 수업

현실적응능력을
높이는 철학상담

모기룡

행복우물

나는 돈의 흐름을 쫓는 맹수다. 오늘도 아침부터 휴대폰으로 증권 앱을 켜서 들여다본다. 순간 눈이 번쩍 뜨이며 입가에 짙은 미소가 번졌다. 어제보다 총 25만원이나 올랐다. 물론 오늘 안에 줄어들 수도 있겠지. 그래도 나는 최고치를 기념하기 위해 전원과 볼륨버튼을 동시에 눌러 화면을 캡쳐했다. 나와는 별로 관계없다고 생각했던 주식에 뛰어든 지 한 달 밖에 되지 않았다. 현재까지 투자한 금액 대비 수익률은 12퍼센트였고 200만원 넘게 벌었다.

이제 나는 본격적으로 주식투자자로 전업할지를 고민하고 있다. 소싯적에 잠깐 주식투자를 했다가 손해만 보신 아버지는 누차 주식은 하면 안 된다고 말하셨는데, 나는 어쩌면 주식에 소질이 있을지도 모른다. 하긴, 업종전환이라고 하기는 어렵다. 이제까지 나는 앞으로 뭘 해야 할지의 혼란과 방황 속에서, 대학교 과사무실 조교나 단기 알바, 교수의 잡무처리 같은 일만 해왔기 때문이었다. 되돌아보면 나는 그동안 현실을 너무나 몰랐던 것 같다. 나는 현실에서 동떨어져서 나의 위치와 나의 모습에 대해 객관적으로 관찰하는 눈을 갖지 못했다. 그러다가 한 귀인에게 상담을 받은 뒤부터, 나는 새로운 눈이 뜨이게 되었다. 그즈음 나는 철학 상담사가 되려고 준비를 했었다. 하지만 그와의 철학 상담 이후로, 또다른 나의 잠재력을 찾아보기 시작했다.

나에게 있어서 귀인 같은 그 분을 이제부터 '구루'라고 부르기로 하자. 참고로 구루(guru)는 영어권에서도 널리 쓰이는 말이지만 원래 힌두교를 믿는 인도 지역에서 선지자나 스승을 가리키는 단어다. 그의 수업에서 여담이지만 자신의 종교가 힌두교라고 했던 말이 기억에 남는다. 당시 상황에서 장난이었는지 진심인지는 확실치 않지만 괴짜라는 인상을 풍기는 사람이었다. 나는 철학과 석사과정 마지막 학기에 듣게 된 '심리철학' 과목에서 그를 만나게 되었는데, 3개월간 인도에서 순례 여행을 하고 돌아와 몇 달간 여러 가지 연구를 하다가 그 강의를 맡게 되었다고 한다. 스티브 잡스가 인도에서 순례를 하고 돌아왔다는 일화에 감명을 받아 그를 따라 해보려고 했다나 뭐라나. 그는 우리 학교 철학과 선배였는데 박사는 인지과학 전공으로 취득했다고 한다(인지과학이란 철학, 심리학, 생물학, 컴퓨터과학 등의 통합과 융합으로 마음을 연구하는 학문이다). 내가 알기로 인지과학은 철학도 들어가긴 하지만 굉장히 과학적인 최신 학문이고, 심리철학 강의 내용도 과학과 논리를 전제로 하는 이성적 과정이었지만, 반면에 종종 여담으로 들려주는 이야기들은 과연 이 사람이 과학과 이성을 믿는 것이 맞는지 의심스럽게 만들었다.

인도에서의 명상 체험과 인도인 구루를 만난 일 같은 일화는 둘째 치고도, 자신이 사주팔자와 점성술에도 관심이 많다고 하면서 오늘 일진이 어떠하다는 이야기를 하기도 했고, 마지막 수업에 가까워졌을 무렵, 네 명 뿐인 학생들의 생년월일, 시간을 제출하도록 했다. 그리고 한 명씩 마주 앉아 사주를 봐주겠다고 했다. 다른 세 명의 학생들은 예의상 그랬는지 몰라도 호기심을 보이며 기대하는 반응이었지만 나의 속마음은 약간 불편했다. 대학에 입학한 이후로 나는 철학이 사주팔자와 무관하다는 점을 강조하며 살아왔다. 요즘은 인식이 개선되었는지 전보다 줄어들긴 했지만 대학교 초년생 즈음만 해도 주변에서 사주 공부하느냐는 질문을 자주 받아 짜증이 났다. 사실 사주팔자는 동양철학 수업에서도 다루지 않았고(동양철학으로는 유가, 불가, 도가에 대해 배웠다), 더구나 이성적인 서양철학을 좋아했던 나의 성향과는 전혀 맞지 않는 영역이었다.

작은 강의실에서 구루와 독대하던 그 때, 그는 예상치 못한 이상한 제안을 해 왔다. 그는 나에게 앞으로 어떤 진로를 택할 것이냐고 물어봤고, 나는 요즘 철학 상담 쪽에 관심이 많고 앞으로 그 쪽으로 전문적으로 할 생각이 있다고 말했다. 잠시 생각하더니 구루는 나에게 '자기객관화'가 부족하다고 했고, 오히려 자신에게 철학 상담을 받아보는 게 어떻겠느냐고 제안했다. 나는 그 말에 약간 자존심이 상하는 기분이 들면서 "저는 별다른 문제가 없는데요?"라고 말했는데, 구루는 큰 문제가 있는 사람만 철학 상담을 받는다는 것은 잘못된 고정관념이라고 했다. 그 말도 그럴 듯하다고 생각했지만 선뜻 결정하지 못한 채 머뭇거리고 있었는데, 심지어 이후의 대화들이 더욱 나를 한 동안 미궁 속으로 빠지게 만들었다.

구루는 내가 박애주의자나 자유주의자가 아니냐고 물었다. 그리고 서로 침해하지 않으면서 모두가 함께 행복하고 평화롭게 사는 꿈을 꾸지 않느냐고 물었다. 나는 그에 동의한다고 했는데, 그는 그것이 문제라고 말했다. 그리고 "다른 사람에게 통제받기 싫다고 해서 다른 사람을 통제하지 말아야 하는 것은 아니다"라고 말했다. 나는 결코 이해할 수 없는 말이었다. 나는 그것이 비논리적이고 이기주의가 아니냐고 물었는데, 구루는 비논리적이지 않고 이기적이지도 않다고 말했다. 다만 나의 사주팔자에 따라 특히 나에게 해당되는 문제라고 했다. 그리고 그는 이렇게 말했다. "다른 사람은 모르겠지만, 민준군은 다른 사람을 통제해도 되고, 그게 필요해요. 그러니까 다른 사람을 통제해야겠다는 생각을 가져보세요. 그런 마음으로 바뀐다면 민준군의 운이 바뀐 것이고, 그러면 저와의 철학 상담이 많은 효과가 있을 거예요." 내가 이해하기 어려워하자, 그에 대한 자세한 설명은 상담을 하면서 나중에 하게 될 것이라고 말했다. 다만 지금은 그런 마음을 가지는 게 좋다고 했다.

구루는 많이도 필요 없고 일주일에 한 번씩 세 번의 상담만 하면 될 것이라고 했고, 지금 결정하지 않아도 되고 내일까지 결정해서 문자를 보내라고 했다. 그리고 다른 철학 상담과는 다르게, 나의 사생활을 자세히 털어놓지 않아도 된다고 했다. 나는 마지막으로, 왜 선생님은 이걸 굳이 하고 싶어 하시느냐고 물어봤더니, 그는 자신이 깨달은 지혜와 방법이 다른 사람에게 적용되는 것을 보고 싶어서라고 말했다. 그리고 마지막에 그는 노파심에서 하는 말인데 자신은 결코 신비주의로 현혹시키는 상담을 하려는 것이 아니라고 했다. 소크라테스가 그랬던 것처럼 이성적인 토론을 해보자는 뜻이라고 했다. 특히 그 마지막 말이 나의 마음을 기울게 만들었던 것 같다. 상대가 어떻게 나오든 철학을 배운 자라면 토론으로 상대할 수 있어야 할 것이라는 생각이 들었다. 여차하면 내가 토론에서 이기면 될 것이다. 그리고 그를 다시 방문했다.

2장. 두 번째 오후

3장. 세 번째 오후

자존감 주체성 가스라이팅 진정한 나 현실을 보는 눈 2인칭의 관점으로 보는 세상

1장.

첫 번째 오후

내성적 성격이 문제가 아니다

구루와 상담을 하기로 한 첫째 날, 작은 강의실의 문을 열고 들어가니 그가 앉아있었다.

(나)　안녕하세요. 그동안 잘 지내셨어요?

(구루)　네, 어서오세요 민준군, 잘 있었죠?

잠시 최근에 일어난 여러 정세에 관한 잡담이 있은 뒤, 구루는 자신도 이 철학 상담이 무척 기대된다고 말했다. 하지만 나는 약간 경계하는 마음을 가진 채 말했다.

(나)　그런데, 아직도 조금 걱정이 되는데, 저는 신비적인 종교 같은 거나 사주팔자를 배울 생각은 없거든요. 저는 다만… 호기심도 생겼고, 아니, 그런 쪽이 아니라, 제가 어떤 문제가 있는지 좀 알고 싶기도 해서요.

구루는 작게 하하 웃은 뒤 말했다.

(구루) 네, 저도 민준군의 성향을 대충 알겠어요. 민준군은 이성적이고 논리적이죠. 주로 서양철학을 좋아한다고 하셨죠? 저도 서양철학 좋아합니다. 그리고 저도 이성적이고 논리적으로 따지긴 좋아해요. 약속힐게요. 저는 종교를 믿으라고 한다거나 사주팔자 강의는 안할 겁니다. 그건 우리 상담에서 필요가 없어요. 앞으로 최대한 민준군이 납득할 수 있도록 이성적으로 이야기하려고 할게요. 그리고 물론 민준군은 본인의 입장에서 이성적으로 따져보고 반박을 하든, 의견을 말하면 되는 겁니다. 토론하듯이요. 알겠죠?

(나) 네. 저도 그럴 생각이었어요.

(구루) 음… 근데 종종 동양철학에 관한 이야기도 나올 것 같군요. 하지만 민준군도 동양철학 강의를 들어보았지만, 신비적인 이야기가 없이도 이성적으로 따져볼 수 있어요. 거기서 지혜를 얻을 수도 있어요. 그건 괜찮죠?

(나) 네. 그 정도야 뭐… 저도 동양철학을 약간 배웠으니까요. 다만 납득이 돼야겠지요.

구루는 본격적인 이야기를 시작하려는 듯, 나를 지긋이 바라보며 부드러운 어조로 말했다.

(구루) 민준군은 내성적인 편인 것 같은데… 어떻게 생각하세요?

(나) 음… 그런편이겠죠. MBTI에서도 주로 INTJ가 나왔거든요. 테

스트 할 때마다 약간 바뀌기도 하는데, 내성적이라는 'I'는 똑같더라고요. 하지만 저는 그런 식으로 규정하는 걸 별로 좋아하지는 않아요.

(구루) 네. 맞아요. 내성적이라는 것도 어떤 프레임이 될 수 있으니까요. 그저 편의상 그렇게 부르는 거고, 성격이라는 건 매우 복합적인 거고, 변할 수 있는 요인도 있으니까요. 다만, 민준군은 타인과 소통을 많이 하는 편은 아닌 것 같아요. 그래서 내성적이라 할 수 있는 거고요. 그런가요?

(나) 음... 제가 말이 적은 건 사실이죠. 하지만 그게 큰 문제는 아니라고 생각하는데요.

(구루) 물론이죠. 그게 문제는 아니에요. 행복한 사람이나 훌륭한 사람도 말수가 적은 사람이 많으니까요. 다만 타인과의 소통과 관련해서 스트레스를 받고, 불안한 마음상태를 가지는 경우가 있거든요. 민준군이 그런 경우가 아닐까하는 생각이 드네요.

(나) 제가요? 그럴지도 모르지만… 사실 조금 그런 면도 있어요. 하지만 저는 정상 범주에 든다고 생각을 해요.

(구루) 하하. 저도 민준군이 정상 범주라고 생각해요. 정상이라는 말이 애매하긴 하지만, 뚜렷한 문제가 없다는 뜻이겠죠. 저는 민준군이 치료해야할 문제가 있어서 상담을 하자고 했던 건 아니에요. 다만 그 문제라는 게, 병리학적인 문제 이외에 또 다른 문제가 있을 수 있죠. 민준군의 잠재력을 가로막고 있고 행복할 수 있는 기회를 막고 있는 문제 같은 게 있을 수 있어요.

(나) 그러면, 저의 문제는 병적인 게 아니라 행복할 기회를 막고 있

는 어떤 문제가 있다는 건가요?

(구루) 말하자면 그런 거예요. 병리학적인 문제는 주로 임상심리나 정신과에서 다룰 부분이고, 물론 민준군은 그 정도 문제는 없겠죠. 어쩌면 약한 스펙트럼에 속할 수도 있겠지만 정상 범주이죠. 그리고 내성적이라는 것도 전혀 중요한 문제는 아니에요. 민준군은 철학 상담사를 꿈꾼다고 했죠? 그렇다면 자기표현에 대한 기대감이나 잠재력도 있다는 뜻이겠고. 말을 할 기회가 있으면 말을 많이 할 수도 있을 거예요.

(나) 맞아요. 저는 다만 불필요한 말을 하고 싶지 않을 뿐이에요. 하지만 즐거운 술자리라든지 어떤 상황에 따라 말이 많아지기도 해요.

(구루) 그래요. 앞으로 우리의 대화에서 내성적이라든지 그런 성격적인 문제는 전혀 중요한 것이 아니니까 잊어버리기로 해요.

(나) 네.

(구루) 그런데 이런 질문을 해도 될지 모르겠지만.. 친구가 적은 편인가요?

(나) 그렇겠죠. 친구가 많은 평균적 사람에 비해서요. 하지만 정말 친한 친구 두 명은 있어요. 자주 만나는 편은 아니지만 그래도 그 두 명이 있다는 게 다행이죠. 그 외에는 딱히… 제가 사람을 많이 만나는 게 피곤하기도 하고요.

(구루) 전에 말했듯이 저는 민준군의 사생활에 대해 가급적 캐묻지 않으려 하는데.. 민준군의 사주를 보면 만약에 사회적 성공을 하지 못한다면, 반대로 다른 사람들한테 배신을 종종 당하고

그로 인해서 대인기피증이 있을 수도 있거든요. 혹시 과거에 대인기피 증세를 보인 적이 있나요?"

(나) 네? 제 사주가요?

(구루) 아 미안해요. 이건 그냥 참고사항이니까요. 그냥 재미로 들으세요. 과거에 고통이 있었어도 앞으로 좋아질 수 있어요.

(나) 사실, 20대 초반에 사람을 거의 안 만나고 일 년 정도 집안에만 있었던 적은 있었어요. 하지만 저는 종종 밖에 나가서 바람을 쐬거나 PC방에 가기도 하고, 그래서 전형적인 히키코모리(은둔형 외톨이)처럼 심각한 상태였는지는 애매해요. 그러다가 다시 복학하고 공부를 하면서 괜찮아졌어요.

(구루) 그랬군요. 지금은 괜찮아 보이네요. 지금은 큰 문제가 없지만 과거에 약간 그런 이력이 있었다고 하니… 이번 상담을 하길 잘했네요. 제가 원하는 사람을 잘 만난 것 같아요.

우리는 철학 상담을 하고 있는가

구루는 자신 앞에 놓인 A4지에 볼펜으로 밑줄을 긋고 나서 나를 보며 말했다.

(구루) 민준군은 철학 상담사가 꿈이라고 했죠? 왜 그걸 하고 싶은 건가요?

(나) 음… 사실 철학 전공을 해서 그것을 살릴 진로가 많지 않잖아요. 저는 철학을 좋아하니까 살리고 싶은데.. 그런데 제가 아는 교수님이 철학 상담 분야에 개척자 중 한 명이시거든요. 그분의 영향을 많이 받은 것 같아요. 제가 좋아하는 교수님이기도 하고요. 그리고 저는 고통 받고 방황하는 사람들에게 도움을 주고 싶다는 생각이 있어요. 어쩌면 아까 말했던 것처럼 제가 겪은 방황으로 인해서 그런 마음이 생겼을 수도 있고요.

이 말을 듣고 구루가 말했다.

(구루) 철학 상담이라는 건 아직 사회적으로 낯선 분야예요. 저도 말은 많이 들어봤지만 자세한 부분은 알지 못해서 며칠 전에 많이 찾아봤어요. 역사는 꽤 오래되었지만, 뭐랄까 아직 임상, 상담심리학에 비해서 기를 펴지 못하고 있어 보여요. 그런데 의외로 많은 분들이 철학 상담 분야를 부흥시키려고 노력하는 것 같더라고요. 하지만 말 그대로 지금도 개척해야 하는 분야 같네요.

(나) 네. 개척하는 기분으로 해야죠. 그래도 저는 희망이 있다고 생각해요.

(구루) 그런데 과연 돈벌이가 될 수 있을까요?

(나) 처음에는 소소하게 될 거예요. 하지만 개척하는 거니까. 많이 알리면 더 늘어날 수도 있겠죠. 그래서 그 발전적인 방안이나 방법론을 개발하기 위해서, 저도 그렇고 많은 사람들이 연구하는 중이에요.

(구루) 돈벌이를 말했다고 해서 그 분야를 무시하려는 건 아니에요. 그 분야를 하는 사람도 필요하겠지만, 다만 본인에게 어울리느냐가 문제죠.

(나) 저는 괜찮아 보이는데요?

(구루) 그런가요? 물론 자세한 사정은 제가 알지 못하니까 함부로 말을 못하겠네요. 제 역할은 결국 본인이 스스로 좋은 판단을 하는데 도움을 줄 뿐이에요.

나는 그가 돈벌이를 언급한 것뿐 아니라 철학 상담에 대해 잘 알지 못한다

고 말하는 것을 듣고 약간 실망스러운 기분이 들었다. 그래서 다음과 같이 말했다.

(나)　그런데 우리가 하는 건 철학 상담이 아니지 않나요? 그저 인생 상담이거나 철학적 토론일 수는 있겠지만요.

(구루)　좋은 지적이에요. 서도 '철학 상담'이란 과연 무엇인지에 대해 생각해봤어요. 물론 철학 상담에 대해서는 민준군이 저보다 더 많이 알고, 더 잘 할지도 모르겠네요. 그것을 고유명사처럼 쓴다면 그렇게 되겠죠. 기존 철학 상담은 심리적인 큰 고민이나 심리적 질환을 가진 사람들을 치유하는 일을 하더군요. 그래서 심리학의 임상, 상담심리와 활동 분야에서 겹치고 있어요. 그리고 상담과정에서는 내담자가 어떤 사적인 문제가 있는지를 솔직하게 털어놓고 상담자는 내담자가 잘못 생각하고 있는 부분이나 삶의 철학을 교정시켜주는 역할을 하더군요. 맞나요?

(나)　대강 그렇게 하는데요. 그래서 상담심리 분야하고 어떻게 다른지에 대해 논쟁이 벌어지고 있어요. 몇몇 심리학자와 철학자들 간에 갈등이 있기도 해요.

(구루)　제가 보기에 특히 상담심리의 인지치료 방식과 비슷한 면이 많아 보여요.

나는 기다렸다는 듯 다음과 같이 말했다.

(나)　하지만 분명히 다른 점이 있어요. 상담심리와 임상심리는 심리

학에서 규정된 절차와 테라피를 통해서 내담자를 진료하고 치료하지만, 철학 상담은 심리학이나 생리학의 장치를 사용하지 않고 내담자가 스스로 주체적이고 비판적인 사고를 할 수 있도록 도와주는 거예요. 내담자의 자율성을 최대한 보장하고 존중하면서 마치 소크라테스의 산파술처럼 자신의 문제를 스스로 깨닫고 해결할 수 있도록 곁에서 도와주는 역할을 해요.

(구루) 주체적이고 비판적인 사고라… 그건 철학에서 강조하는 부분이죠. 특히 서양철학에서요. 역시 철학 상담이 서양에서 만들어진 것이라 그런지, 그런 부분을 전제로 하는군요. 자율성도 그렇고요. 그런 것들을 가정한다는 점도 제가 찾아보니 알 수 있었는데, 그래서 그 틀을 깰 필요가 있어 보여요. 철학이라는 건 편향되어선 안 되잖아요. 정말로 비판적 사고를 한다면, 어떤 쓸데없는 틀이 존재한다는 것도 의심하고 극복할 필요가 있겠죠.

(나) 그러면 선생님은 주체적이고 비판적인 사고가 틀릴 수 있다는 말인가요? 물론 그 과정과 사례가 모두 옳다는 것은 아니고 비판적인 사고를 개인적으로 잘못하면 틀린 결론에 이르겠지만, 그런 방식으로 사고하는 태도 자체는 좋은 것이잖아요. 선생님께서 말씀하신 틀을 깬다는 것도 비판적 사고에서 나온 것이고요.

(구루) 물론 저도 철학을 공부했기 때문에 그것의 중요성은 알고 있어요. 그것은 실로 철학에서 핵심적 요소에 가깝지요. 그런데 그것도 너무 과할 때면 문제가 발생하죠. 이성적인 서양철학에

너무 치우치는 것 같은 문제예요. 이 부분은 우리의 상담에서 전반적으로 해결해야 할, 큰 문제가 되겠군요. 민준군이 가진 문제의 핵심 중 하나이기도 하고요.

나는 의외의 말을 듣고 충격을 받은 것처럼 잠시 가만히 있다 말했다.

(나) 그러면 선생님은 기존 철학 상담 자체가 문제라는 뜻인가요?

(구루) 그렇다기보다는, 저는 그 철학 상담 분야에 관여하고 싶지 않아요. 우리가 지금 하고 있는 것은 기존 고유명사 같은 철학 상담과는 다른 철학 상담이에요. 대상 자체가 다르고, 목적도 다르니까요. 다만 제가 바라는 점은 철학 상담의 외연을 넓힐 필요가 있다는 거예요. 기존 철학 상담은 마음의 병이나 큰 고민을 안고 있는 사람들을 치유하는 역할을 하죠. 즉 일종에 아픈 사람들을 치료하는 역할을 하는 거죠. 그런데 지금 우리가 하는 철학 상담은 치료가 아니에요. 아픈 사람을 정상으로 돌려놓자고 하는 게 아니죠. 다만 좀 더 '발전적이고 성공하는 삶'을 위한 목적이 있어요. 철학 상담에서 내담자는 스스로 문제가 있음을 느끼고 상담자를 찾아오게 되죠. 하지만 민준군은 그걸 느끼지 못했잖아요. 그 차이예요.

(나) 어떤 차이인지 알겠어요. 저는 어떤 심리적인 고통을 느껴서 선생님과 상담을 하고 있는 건 아니니까요. 그런데, 문제점이 있네요. 발전적이고 성공하는 삶을 과연 다른 사람이 알려줄 수 있을까요? 본인이 딱히 삶에 문제나 부족함을 느끼지도 않는데 말이죠.

(구루) 하하, 실존주의적인 생각이군요. 철학 상담은 실존주의를 흔히 가정하더군요. 그런데 이번에 민준군이 상담에 응한 것은 단지 호기심 때문이었는지 모르지만, 사람들은 발전적이고 성공하는 삶을 찾아 적극적으로 움직이고 상담자를 찾아올 수도 있어요. 현대에 '긍정심리학(positive psychology)'이라는 분야가 생겼는데, 그 계기는 기존 심리학에서 정상에 미치지 못하는 아픈 사람들에 대한 치료에 치중하던 데에서 벗어나서, 일반적인 사람들이 보다 행복한 삶을 살 수 있는 방안을 제시하려는 거예요. 그러니까 '적극적 심리학'이라는 의미가 강하고, 평범한 사람들이 보다 큰 행복과 이익을 위해 나아가는 거죠. 철학 상담이라 해서 왜 그렇게 못할까요?

(나) 저도 긍정심리학에 대해 들어본 적이 있는데, 그것이 상담은 아니잖아요?

(구루) 그것도 활용하기에 따라 상담이 될 수도 있겠죠. '상담'의 개념에 대해 따져봅시다. 상담이 반드시 치료를 의미하지는 않아요. 치료는 비정상 혹은 큰 고통을 정상으로 만들기까지의 과정이죠. 그런데 예를 들어서 주식 상담은 내담자의 손실을 메꾸기 위해서만 하지 않아요. 일반적으로는 적극적으로 많은 돈을 벌고 싶어서 하게 되죠. 그러니까 상담이란 내담자에게 도움이 되는 일련의 대화일 뿐이에요. 철학 상담이 전부 철학 치료가 될 필요는 없어요.

(나) 그러면 선생님께서는 저에게 긍정심리학에 관련된 내용을 알려주시려는 건가요?

(구루) 아니요. 하하, 오해할뻔 했군요. 긍정심리학과 전혀 무관해요. 다만 치료를 넘어선 것, 그 의의에 가치가 있다는 뜻이지요.

(나) 선생님의 의도를 알겠어요. 마이너스에서 제로까지가 아니라 그 이상, 플러스로 가겠다는 거잖아요. 하지만 여전히 문제점이 있어요. 그 플러스를 더 큰 행복이라고 한다면, 행복은 철학적으로 심오하고도 복잡한 개념이잖아요. 그것은 누구도 쉽게 정의할 수 있는 것이 아니죠. 더구나 철학을 전공한 사람이라면 더더욱 함부로 정의하거나 개입해서는 안 되겠죠. 그래서 철학 상담에서는 대체로 실존주의와 자율성을 가정하거든요. 즉 행복은 각자의 실존적인 만족감에서 찾아야지, 타인이 함부로 개입하거나 정의할 수 없다는 거죠. 철학 상담사는 그렇게 본인의 길을 스스로 찾을 수 있게 도와주는 역할을 할 뿐이에요. 차라리 돈을 버는 것이 목적이라면 주식 전문가나 경제 전문가를 찾아가는 것이 낫겠고, 어쩌면 긍정심리학에서는 어떤 행복한 상태를 정의하는지도 모르겠지만, 철학자라면 함부로 정의해서는 안 될 것 같아요.

(구루) 저는 철학자가 행복을 정의해야 한다고 주장하는 것이 아니에요. 어떤 목적을 명료하게 정의해야만 시도할 수 있다고 생각하는 건가요? 그것도 고정관념이 될 수 있겠네요. 행복을 언어로 정의할 필요는 전혀 없어요. 실존주의도 받아들일 수 있어요. 실존주의는 행복이 다양하다고 가정하죠. 하지만 다양하다는 것만으로, 그 근저에 깔린 행복에 도움이 되는 방식이 전혀 없다고 할 수 있을까요? 실존주의는 구체적 삶이 다양할 수

있다는 것이지, 모두가 서로 완전히 다르고 공통점은 전혀 없다는 생각을 함의하지는 않아요. 그런데 실존주의에 빠져 허우적거리면서 행복을 전혀 알 수 없는 것으로 취급하고, 등한시여기고, 그에 도움이 되는 생산적인 일을 하지 않는 것은 철학의 직무유기가 아닐까요? 그러니까 '철학의 위기'라는 말이 나오는 거예요.

(나) 어느 정도 일리는 있네요. 철학이 많이 소외되고 있는데 생산적이지 못한 부분이 크게 작용하죠. 하지만 해결하기 쉽지 않은 문제네요. 실용적인 생산성이라면 철학 같은 순수학문보다는 공학이나 경영학 같은 응용학문이 담당하고 있으니까요. 철학이 할 수 있는 일은 무엇일까요?

(구루) 생산적이라고 해서 그렇게 구체적이고 물질적인 것을 만들 필요는 없어요. 공학은 기계 같은 것을 만들고 경영학은 돈을 버는 법과 관련이 크겠죠. 인생의 목표나 행복이 사람마다 다를 수 있겠지만, 그 근저에는 대부분의 사람들에게 공통적으로 적용되는 부분이 있어요. 그렇다면 그 부분은 개별적인 응용학문이 맡을 수 없고 철학이 맡을 수 있는 부분이에요.

(나) 정말로 그런 게 있어요?

(구루) 제가 알고 있는 부분은 '자기객관화'예요. 민준군은 정신병리적 문제는 없지만 진단되지 않는 문제가 있는데, 그것이 자기객관화와 크게 연관되어 있어요. 그래서 자신의 잠재력을 활용하지 못하고 있어요.

남의 눈치를 얼마나 봐야 하는가

(나)　자기객관화요?

(구루)　네. 이 말을 들어본 적이 있나요?

(나)　물론 들어보긴 했죠. 전에 선생님께서도 얼핏 언급하신 것 같
　　고요. 그 뜻이 정확히 뭔가요?

(구루)　하하, 너무 성급하게 정의를 하려하지는 마세요. 그 상세한 뜻
　　이라고 한다면, 우리 상담 전체에 걸쳐서 해결해야할 문제니까
　　요. 다만 상식적으로 알 수 있는 의미부터 파악할 필요는 있겠
　　죠. 일반적인 의미는 자신을 객관화시킨다는 것, 다시 말해서
　　객관적인 자신의 모습을 파악하는 능력이에요. 이 정의에는
　　동의하시나요?

(나)　네. 저도 그렇게 생각해요.

(구루)　그러면 자기객관화를 잘하는 사례와 못하는 사례는 무엇이 있
　　을까요? 예를 하나만 들어줄 수 있을까요?

(나) 예를 들어… 정말로 못생긴 사람이 스스로 자신이 매우 잘생겼다고 생각한다면 그건 자기객관화를 못하는 사례가 되겠죠. 어쩌면 그 사람의 부모가 자기 자식에게 잘생겼다고 말해서 그 말만 믿고 그렇게 생각할 수도 있고요.

(구루) 좋아요. 물론 잘생김, 못생김은 사람마다 주관적인 판단일 수 있고, 그건 진리라고 보기는 어려워요. 시대마다 미적 기준이 약간 달라질 수도 있고요. 생물학이나 진화심리학의 연구결과 중에는 시대나 문화에 무관하게 잘 생긴 얼굴도 있다고 하는데, 그건 참고하지 않기로 하죠. 우리는 철학적 대화를 하는 중이니까요. 그런데 희한하군요. 철학은 진리를 중요하게 여기기 때문에, 잘생김 같은 주관적일 수 있는 부분이나 문화에 따른 반례가 있는 것들은 객관적이라고 잘 말하지 않잖아요. 그런데 민준군이 그걸 쉽게 말했어요. 그렇다면 민준군은 철학의 엄격함을 잠시 잊은 것 같기도 하네요.

(나) 그러고 보니 제가 상식적인 의미에 따르느라 그렇게 말했어요. 그러면 그 예는 잘못된 거라는 말씀인가요?

(구루) 아니요. 전혀 그렇지 않아요. 여기서 말하는 객관화라는 것은 궁극적 진리일 필요가 없는 것이니까요. 만약에 자기객관화가 궁극적이고 절대적인 진리를 찾는 것이라면 과연 누가 자기객관화를 할 수 있을까요? 너무 어려운 일이겠죠. 자신에 관한 절대적 진리가 무엇인지는 굉장히 애매할 거예요.

(나) 그에 대해서 데카르트(R. Descartes)는 하나의 진리를 이야기한 것 같네요. '나는 생각한다, 고로 존재한다'에서 처럼, 내가 어

떤 생각을 했는데 타인이 알든 모르든 어떠한 가정을 하더라도 '그 생각을 자신이 가졌다는 것'만은 참이겠지요. 데카르트는 절대적으로 확실한 건 그것 뿐이라고 했잖아요.

(구루) 그것만이 객관적일까요? 자신의 생각이 존재한다는 것만이 객관적이라면 가장 객관적이 되기 위해서는 타인의 말을 전혀 듣지 않고 자신의 생각만으로 이루어진 세상에 살면 되겠군요. 마치 무인도에서 자기 혼자만 살아가는 상태와 같겠군요. 아니면 외부와 닫힌 자폐적인 사람일수도 있고요. 그런 삶이 자기객관화를 잘하고 있는 삶인가요?

(나) 아까 말한 자기객관화의 의미와는 다르네요. 그러면 상식적으로 쓰이는 자기객관화란 타인들이 반드시 필요한 거군요.

(구루) 맞아요. 저는 그 상식적으로 쓰이는 자기객관화를 말하고 있어요. 여기서 말하는 객관화란 단지 타인들이 어떻게 생각하느냐와 관련되어 있어요. 아까 못생긴 사람의 예를 들었죠? 그것이 좋은 예시가 되는 이유는, 오히려 잘생김과 못생김은 진리가 아니기 때문이에요. 단지 사람들의 생각일 뿐이죠. 그런데 그것을 알려고 하지 않고 자기 마음대로 생각하려 하기 때문에, 타인들의 생각에서 벗어나려 하기 때문에, 자기객관화를 못하는 거예요.

(나) 그런데 타인들과 다르게 생각하는 게 잘못은 아니죠? 물론 현실과 전혀 다른 생각을 하는 건 잘못이겠지만 그 현실이라는 것이 단지 사람들의 생각일 뿐이라면, 생각은 변할 수 있는 것이고, 타인들이 잘못 생각하고 있는 경우도 얼마든지 있잖아

요. 아까 그 잘생김의 예는 극단적인 것이고, 그런 부분만 제외하면 주체적인 삶을 위해서는 타인의 눈치에 너무 신경을 쓰면 안 될 것 같아요.

(구루) 타인의 눈치라… 눈치를 본다는 말은 뜻이 좀 애매하군요. 부정적인 의미의 눈치를 본다는 말은 타인에게 압도되어 자신이 위축되고, 하고 싶은 일이나 해야 할 일도 못하게 되는 경우를 말하겠죠. 그러면 사전에서 뜻을 찾아볼게요.

구루는 휴대폰으로 검색을 하고나서 말했다.

(구루) 눈치보다의 사전적인 뜻은 '남의 마음이나 생각, 태도 등을 살피다'라고 나와 있네요. 그런데 이것을 안 하는 것이 좋을까요? 저는 하는 것이 좋아 보이는데요. 즉 이걸 하더라도 타인에게 압도되어서 위축되지 않을 수 있다는 말이에요. 자기객관화와 이 사전적 의미는 꽤나 비슷하네요. 자기객관화를 잘하더라도 눈치 보기의 부정적인 영향은 일어나지 않아요.

(나) 그런가요? 흠…

(구루) 오히려 그 반대예요. 눈치 보기의 부정적인 의미는 타인의 시선에 억압되고 종속되어 타인의 의견에 좌지우지된다는 의미죠. 왜 그렇게 될까요? 주로 자신의 생각보다 타인의 생각이 더 옳을지 모른다는 생각 때문이겠죠. 만약 자신이 가진 생각이 확실히 옳거나, 자신감이 있다면 타인이 어떤 생각을 하든지 신경 쓰지 않고 자신의 생각이 흔들리지 않을 거예요. 그렇죠?

(나) 네.

(구루) 그런데 자기객관화를 '잘 한다'라는 것은 타인이 나에 대해 어떤 생각을 갖는지를 '잘' 안다는 것을 의미해요. 그렇다면 그것은 올바른 것을 아는 것이고, 자신감이 생기게 될 거예요. 그리고 몇몇 타인이 어떻게 생각하는지에 오히려 신경 쓰지 않게 돼요. 예를 들어서, 두 경우를 비교해볼게요. A는 눈치 보기의 부정적인 경우예요. 그 사람은 자신이 남들에게 어떻게 비춰질지를 파악하지 못해요. 그러면 오히려 불안해지고, 자신을 바라보는 한 사람 한 사람의 시선을 더욱 의식하게 되고, 그 타인이 어떻게 생각하는지에 따라 일희일비하게 될 거예요. 그리고 특정한 타인의 말을 너무 믿기도 하고, 혹은 너무 믿지 못하기도 하죠. 반면에 B는 자기객관화를 잘하는 사람이라서 오히려 불안감이 적어요. 그는 올바른 자기에 대한 상을 이미 가지고 있어요. 그런데 타인들은 종종 그와 다르게 생각하는 경우도 있을 거예요. 예를 들어 B는 사실 매우 예의바르고 지적인 사람인데, 길에서 어떤 행동을 한 것을 곁눈질로 목격한 타인이 B에 대해 무식한 사람으로 오해할 수도 있어요. 어쩌면 그 타인이 잘못 본 것이거나 잘못된 판단기준을 가지고 있을 수도 있죠. 하지만 B는 그런 사람이 있을 수도 있다는 것에 별로 신경 쓰지 않고, 일희일비 하지도 않아요. 이렇게 자기객관화는 불안감을 줄여주고, 타인의 시선에 대한 불안도 줄여주고, 눈치 보기의 부정적 의미에서 벗어나게 해줄 수 있어요.

2인칭 관점의 세상을 보라

나는 잠시 생각한 뒤에 말했다.

(나) 그렇다면 중요한 건, 타인의 생각이 진리는 아니지만, 타인의 생각을 정확히 아는 것도 올바른 것을 아는 것이라는 말씀이시군요. 그렇다면 자신감을 가질 수 있다는 말이고요.

(구루) 잘 짚어 내셨군요. 그것도 올바름이지요. 참과 거짓으로 판명하는 진리치에 따르면, 타인의 생각을 정확히 안다는 것은, 자신이 생각하는 타인의 생각과 실제 타인의 생각이 일치하기 때문에 진리치로 참이 될 수 있죠.

(나) 하지만 여전히 어려운 문제가 있네요. 자기객관화가 잘된 사람은 어떤 타인이 자신에 대해 잘못 판단하는 것에 일희일비 하지 않는다고 하셨잖아요. 그렇다면 과연 어떤 타인의 생각이 올바른 생각인지를 먼저 규정해야겠네요. 혹시, 다수의 생각

이 올바른 생각인가요? 그럴 수도 있지만… 찜찜하기도 하고 논란이 있겠는데요. 그리고 어찌되었든 간에 타인의 생각을 정확히 안다는 것 자체가 매우 어렵기도 하고요.

(구루) 맞아요. 아마도 그 두 가지가 이제까지 해결되지 못해서 자기 객관화에 관한 연구와 발전이 이루어지지 못하고 있었는데, 그 두 가지를 해결할 수 있는 분야가 바로 철학이에요. 그래서 '철학'이 저와 민준군이 앞으로 이야기를 나눠야 할 주제가 될 거예요. 타인의 생각을 어떻게 하면 잘 알 수 있는지가 가장 핵심이 되는 문제이고, 그리고 앞의 문제에 대한 답을 하자면, 다수의 생각이 바로 객관적이 되는 거예요. 그것을 알면 되는 거예요.

(나) 다수의 생각이 객관적이 된다는 말은 잘 이해가 되지 않아요. 그것은 기껏해야 다수의 상호주관성(복수의 주관성에서 공통적인 것을 일컫는 철학 용어)이 될 수는 있어도, 어떻게 객관적이 되나요? 아무리 다수의 생각이라 해도 진리가 아닐 수도 있는데요. 예를 들어 중세시대에 다수의 사람들이 천동설(지구가 태양계의 중심이라는 생각)을 믿었다고 해서 그것이 객관적 지식이라 할 수 있나요?

(구루) 하하, 객관적임이 꼭 진리의 내용을 담고 있다는 좁은 의미로 볼 필요는 없어요. 특히 철학자들은 유독 객관성에 엄격한 진리의 기준을 포함시키는 경향이 있는데, 과학자들보다 더 한 것 같아요. 이렇게 볼 수 있어요. 다수의 생각은 2인칭에서 벌어지는 일이에요. 어떤 사물에 대해 생각하거나 판단할 때, 1인

칭이 오롯한 나의 관점과 생각이라면, 2인칭은 2인 이상 사람들의 생각이에요. 그리고 3인칭은 사람들의 생각 차원과 무관하게 직접 그 사물의 본질과 진실을 탐구하죠. 천동설이 맞는가 지동설이 맞는가는 3인칭 관점에서 판단해야 해요. 2인칭만으로 판단한다면 앞에서 말한 것과 같은 다수의 오해로 인해 진실을 혼동할 수 있죠. 그래서 과학은 3인칭 관점에서 판단하는 것이에요. 그런데 철학은 흔히 3인칭도 뛰어넘어요. 왜냐하면 철학은 종종 관찰도 못 믿고 존재도 의심하거든요. 3인칭을 뛰어넘은 전지적 관점까지 가려고 해요. 그런데 그렇게 '신의 관점'에 도달하려고 하는 시도는 결국 1인칭 관점으로 되돌아갈 수 밖에 없어요. 모든 것을 다 못 믿으면 자신의 생각만 믿을 수 밖에 없게 되죠. 현재 3인칭 관점은 주로 자연과학이 담당하고 있어요. 아직도 철학은 1인칭이나 전지적 관점에 집중하는 면이 있는데, 2인칭 관점, 그 차원을 다룰 필요가 있어요. 그런데 2인칭 관점에 대해 너무 무시하고 있어요. 1인칭 관점은 데카르트 등 근대 철학자들과 현대 실존주의에서 높은 가치를 매기면서 강조해왔고, 3인칭 관점은 자연과학에서 강조하는데, 2인칭 관점은 아까 민준군이 말한 것처럼 객관적이지 않다거나 중요하지 않다는 생각을 하고 있죠…. 흔히 '객관적이다'라고 말할 때는 3인칭 관점에서 판단할 거예요. 지동설이 옳다는 것은 중세 사람들의 인식 등 2인칭을 전혀 신경쓰지 않고 3인칭으로 판단한 것이죠. 자연을 대상으로 하는 탐구는 그 방식이 맞겠지요. 하지만 객관성은 그것 뿐만이 아니에요.

'실제로 존재하는 것'을 존재하지 않는 것으로 여기는 것은 오류예요. 타인의 생각도 존재해요. 제가 강조하고자 하는 것은 다만 실제로 존재하는 것을 인정하고 올바르게 인식하자는 것이에요. 그래서 타인의 생각을 정확하게 아는 것은 객관성을 가지는 것이에요.

(나) 음… 타인의 생각도 존재하고, 그것을 올바르게 알아야 한다는 점에는 동의해요. 다만 아직도 약간 찝찝한 부분은 다수의 생각이 객관적이라는 말이에요. 왜 소수가 아닌 다수가 될수록 더욱 객관적이 되는 건가요?

(구루) 아직도 '객관적'이라는 개념에서 3인칭의 객관성(사람들의 생각과 무관한 진실)만 찾으려고 하는 것 같네요. 그건 다른 차원의 문제예요. 물론 다수의 생각이 오해인 경우, 즉 3인칭 관점에서 틀리고 소수가 옳은 경우가 있지요. 그러면 그 '객관성'을 다의어라고 생각해봅시다. 다만 공통적인 요소로, 주관에 의해 왜곡되지 않은 어떤 실재를 찾고 그것을 통해 궁극적으로 이익을 얻을 수 있기 때문에 우리가 객관성을 추구하는 것이라고 해봅시다. 그런데 객관성을 찾는 사례는 천동설과 지동설처럼 3인칭 관점이 필요한 문제만 있지 않아요. 사회생활의 많은 문제들은 2인칭에서 이루어집니다. 다시 말해, 사람들의 생각만 알면 됩니다. 예를 들어… 현재 누가 가장 인기 있는지를 판단한다고 해 봅시다. 그것으로 인해 선거 결과도 알 수 있고, 미래에 대한 투자도 잘 할 수 있겠죠. 자신이 어떤 제품을 만들 때 많이 팔릴 것을 만들고 싶으면 많은 사람들이 어떤 생각을 하

고 있는지를 알 필요가 있습니다. 그리고 주식 투자를 할 때에도, 부동산을 구입할 때에도, 많은 사람들이 어떤 생각을 하는지, 어떻게 변할지를 알 필요가 있습니다.

(나) 하지만, 소수가 중요할 수도 있잖아요? 소수에게 필요한 물건도 있을 테고, 소수의 의견도 중요할 수 있어요. 그런데 왜 다수일수록 객관적이라고 보는 건가요?

(구루) 약간 오해가 있군요. 저는 다수의 의견에 따라야 한다고 주장하지 않아요. 그리고 소수의 취향이 억압받는 것과도 전혀 무관합니다. 자기객관화는 단지 상황과 사실에 대한 인식의 문제예요. 그리고 자신이 어떤 행동을 취할지는, 그 인식의 다음 단계에서 본인이 알아서 선택할 문제이지요. 소수를 타깃으로 삼아 물건을 만들 필요도 있습니다. 다만 상황파악을 잘못해서 과도하게 만들면 재고가 쌓이겠지요…. 그러면, 다수가 더 객관적이 되는 이유에 대해 말해볼게요. 한마디로 냉정하게 들릴 수도 있지만 그것이 '현실'이기 때문입니다. 저는 현실을 보는 눈을 키워주고 싶은 겁니다. 자기객관화를 하는 이유도 현실을 파악하기 위함이죠. 물론 그 현실은 바뀔 수도 있습니다. 그래서 그것이 객관적이라 해도 불변하는 진리는 아닙니다. 대부분의 사람이 못생겼다고 생각하는 사람이 있었는데, 시대가 급하게 변해서 대부분의 사람들이 잘생겼다고 생각하게 되었다고 해봅시다. 과거의 현실과 지금의 현실이 바뀌었습니다. 그러면 자기객관화의 결과도 바뀌어야 합니다. 과거의 지나간 현실에 따라 자기객관화를 하면 안 되는 것입니다.

(나)   그렇다면 자기객관화란 현재 상태에서 많은 사람들의 생각을 알아내는 것이군요. 사람들의 생각은 변할 수 있으니까요. 여기서 객관성이란 시간적인 불변성은 고려하지 않는 것이군요.

(구루)   맞아요. 2인칭이란 그런 것이죠. 3인칭이라면 불변할지도 모르겠지만… 궁극적 불변이 있기는 한 건지는 따져봐야겠지만요. 그런데 마치 초단위로 쪼개듯이 현재 찰나의 시간만 따질 필요는 없어요. 근래의 생각만 따지면 되겠죠.

(나)   뭔가 좀 애매하네요. 근래라는 것도 경계가 애매하고, 다수라는 것도 경계가 애매하고요.

(구루)   그에 대해서는 차근차근 따져보기로 합시다. 다음 시간쯤에요. 그런데 너무 무 자르듯 따질 필요는 없어요. 가급적 최신 자료가 좋다는 것이고 가급적 다수의 인식이 중요하다는 점이니까요.

현실을 보는 눈

나는 목에 가시가 걸린 것처럼 뭔가가 넘어가지 않아 불편한 기분이 들었다.

(나) 다수가 객관적이 되는 이유가 '현실'이기 때문이라고 하셨는데, 이 부분이 이해가 안돼요. 어쩌면 이 부분에서 저와 생각이 많이 다를 수 있겠네요. 궁극적으로 현실은 극복해야 하는 게 아닐까요? 선생님의 말씀은 어쩌면 현실주의로 도피하는 것 같아 보이기도 해요.

(구루) 현실주의로 도피한다는 말은 낯설군요. 이상주의나 상상의 세계로 도피한다는 말은 많이 들어봤어도…

(나) 우리는 지금 철학적인 토론을 하고 있잖아요. 그런데 '그것이 현실이다. 그러므로 그렇게 해야 한다'라고 하면 철학은 의미가 없어지는 거잖아요.

(구루) 어떤 뜻인지 알겠어요. 냉철하게 따져보고 비판해야 하는데 그

게 아니라 단지 현실과 타협하라는 말로 들렸을 수 있겠군요. 아니면 제가 좀 얼버무리고 넘어간 듯이 보였을 수도 있죠. 우리는 이성적인 상담을 하는 중이니까 그에 대해서 더 이야기해봐야 할 것 같군요. 철학자들은 보통 이성을 중요시 여기고 발음이 우연히 비슷하겠지만 이상주의자이기도 하죠. 아니, 이성주의자보다 이상주의자의 비율이 더 높을 거예요. 동양철학이나 현대 서양철학에서는 이성을 그다지 중시하지 않는 철학자들도 많으니까요. 하지만 그들도 대부분 이상을 중요하게 여겼지요. 심지어 니체(F.W. Nietzsche)도, 노자와 장자도 어떤 이상을 꿈꿨다고 할 수 있으니까요. 어찌 보면 철학은 이상이 생명과도 같다고 할 수 있고, 그와 반대되는 현실주의, 정확히 말해, 현실지상주의에 대한 반감이 생기는 것은 당연해요. 그리고 저 또한 현실지상주의를 싫어하고 이상주의를 선호해요. 다만 현실이라는 말에 너무 부정적인 선입견을 가질 필요는 없어요.

(나) 그러면 그 '현실'이라는 것이 무엇인지 설명해주실 수 있나요?

(구루) 다수가 객관적이 된다고 했던 그 현실에 대해 이야기 했었죠? 그것도 디테일하게 설명할 수 있지만… 그 전에 먼저, 전반적으로 민준군과 같은 사람들이 '현실적'이라는 말을 왜 터부시하고 있는지에 대해 더 따져볼 필요가 있겠군요. 왜냐하면 민준군에게 현실 감각을 키워 주는 것이 이 상담의 큰 목적 중에 하나이니까요. 아까 제가 민준군이 현실주의에 반발한 것을 이해한다고 말했었죠? 그 부분은 철학을 공부한 입장에서 동의하는 것이지만, 제가 동의하지 못하는 부분이 있어요. 민준

군은 그것을 넘어서서, 현실을 그대로 받아들이기를 거부하는 경향이 있어요. 이런 말을 해서 미안하지만, 마치 현실에 대한 혐오증과도 같은 태도이지요. 그러한 태도로 인해서 아까 다수가 객관적이 된다는 것이 현실이라는 말이 더욱 더 이해가 되지 않았을 거예요. 아마도 현실 감각이 뛰어난 사람이 비슷한 지적 능력을 가졌을 때는 자세한 설명이 없이도 그 말을 이해했을 거예요. 그런데 민준군은 현실에 대한 거부감이 너무 커서, 평소에 현실 파악 능력이 떨어지고, 그 말이 도대체 무슨 뜻인지조차 감을 잡을 수 없었던 것이죠.

(나) 하하, 좀 억울한 기분이 드네요. 과연 저만 그 말을 이해하지 못할까요? 제가 보기에 대부분의 사람들이 이해하지 못할 것 같은데요.

(구루) 아니에요. 평소에 현실 파악을 잘하고 있는 사람은 그 말을 이해할 수 있어요. 물론 디테일하게 왜 그렇게 되는지 까지는 모르더라도, 경험과 직관으로 이해할 수 있죠. 그런데 어떤 사람들은 유독 현실을 그대로 받아들이지 않고 주관과 논리만 따지다 보니 민준군처럼 이해하기 어려워할 거예요.

(나) 믿기지 않지만… 그러면 제가 현실 파악 능력이 떨어진다고 치고, 그렇다고 해서 제가 현실을 거부하고 있다는 말은 너무 성급한 추측이 아닐까요? 도가 지나친 말씀 같군요.

차분하게 말하려고 했지만 화가 난 뉘앙스가 전달된 것 같았다. 이에 구루가 말했다.

(구루) 흥분할 필요는 없어요. 저는 민준군이 실용적인 학과를 선택하지 않고 남들처럼 빨리 번듯한 직장을 갖지 않아서 현실적이지 않다고 하는 뜻이 전혀 아니에요. 어쩌면 민준군은 주변의 그런 눈초리들이 스트레스로 작용해 와서 제 말에 발끈했을 수도 있는데, 그런 뜻이 아니에요. 저는 앞서 말했던 것처럼 행복의 정의나 목표를 제시하지 않아요. 어떤 일을 하건, 학업을 계속 하건 간에 생활 속에서 현실 파악과 자기객관화가 유익하다는 것을 말할 뿐이에요.

(나) 알겠어요. 제가 자존심이 좀 강해서 그런 말 듣기를 싫어하거든요. 그런데 선생님은 그런 뜻은 아니었군요. 그렇다면 저한테 도움이 되는 상담이 될 것 같네요. 제가 자존심이 강하다 해도 부족한 부분을 인정하고 보완할 필요가 있다는 건 알고 있으니까요. 그런데 제가 현실에 대한 거부감을 가지고 있다는 말은 좀 낯설게 느껴지네요. 알 듯 말 듯 하기도 하고요.

(구루) 민준군의 개인 성향도 영향을 미치고, 사주의 영향일 수도 있지요(제길, 사주 이야기를 또 듣게 되다니!). 하지만 무엇보다 중요한 것은 지금 세계를 지배하고 있는 교육과 학문의 전반적인 분위기가 그쪽으로 몰고 간 경향이 있어요. 특히 철학을 공부하게 되면 그 전반적 분위기의 핵심을 따르게 되죠. 철학은 사회 조류에 큰 물결을 일으키고, 철학 전공자는 그 발원되는 것을 진지하게 배우게 되니까요. 그래서 민준군은 더욱 현실에 거부감을 가지게 되었을 거예요. 지금까지의 주류 철학, 특히 서양철학이 그런 분위기를 주도해왔으니까요.

(나) 그러면, 서양철학이 현실 파악 능력을 떨어뜨리는 역할을 한다, 그런 뜻인가요?

(구루) 하하 너무 공식화시키지는 말고, 떨어뜨린다기보다는 개발에 관심이 없었던 거죠. 이제까지 사회 분위기와 학문을 주도해 온 서양철학의 역사가 개인의 현실 파악 능력을 너무 도외시하고 다른 방향으로 간 것은 사실이에요. 이것은 '자기객관화'에 대해 학계에서 이제까지 연구되지 않았다는 것만 봐도 알 수 있어요. 이것에 관해 학교에서 배운 적이 있나요?

(나) 아니요. 저도 일상에서는 들어봤지만 책에서 본적은 없어요. 혹시 심리학에서 나오는 용어인가요?

(구루) 아니요. 제가 알기로는, 심리학에서도 자기객관화에 대해 연구하는 걸 본적이 없어요. 그러니까 학술적으로 정립된 용어가 아니라는 거예요. 그 개념도 그렇고요. 왜 그럴까요? 학문을 선도하는 서양철학과 서양학문에서 그 쪽에 관심이 전혀 없었기 때문이죠.

(나) 신기하네요. 연구가 있을 줄 알았는데.. 그러면 선생님은 어떻게 자기객관화에 대해 처음에 연구하게 된 건가요?

(구루) 저도 그 용어가 낯설었고, 오랫동안 알지 못했어요. 중요한 건, 용어 자체가 아니에요. 다만 저는 타인의 마음을 통해 자신을 올바르게 인식하는 방법에 대해 생각해왔어요. 그러다가 맨 나중에, '자기객관화'라는 단어가 존재한다는 것을 알게 되었어요. 그것을 그저 갖다가 썼을 뿐이에요. 그러니까 그 용어에 집착하지 마세요. 다만 그 기능을 가장 적절하고 직관적으로

쉽게 이해하도록 만드는 단어가 그것일 뿐이에요.

(나) 음… 그렇다면 그 '객관화'가 적합한 용어가 아닐 수도 있는 거 잖아요. 시중에서 그저 뭣도 모르고 쓰는 말일 수도 있고요.

(구루) 글쎄요. 적합하다는 것이 어떤 기준이냐에 따라서 달라질 수 있지만, 예를 들어 보다 적합한 단어로, '상호주관성'을 넣어서 새로 만들어볼까요? 그것은 2인칭의 것을 지칭하기에 적합하고, 철학적으로 정립된 단어죠. 하지만 그 단어는 너무 어렵고 직관적으로 쉽게 이해가 되지 않아요. 게다가 '자기객관화'에는 상호주관성에는 없는 장점이 있어요. 그것은 바로 '현실'과 연결되어 있고, 그로 인해 현실에 가까워진다는 점이에요. '객관'이라는 것은 어떤 실재나 현실적 상태를 반영한 것을 말해요. 우리가 원하는 것은 그렇게 현실적 상태를 반영하여 올바른 지식과 지혜를 갖는 것이지요. 이렇게 여러 가지 이유로 자기객관화라는 단어는 적합해 보여요.

(나) 어떤 현실적 상태를 반영하므로 객관적이다… 타인의 실제 생각을 알 수만 있다면 그것이 현실을 아는 것이므로 객관적이라는 말은 이해가 되지만, 하지만 선생님은 다수의 생각이 객관적이 된다고 하셨잖아요? 그건 조금 다른 이야기가 아닌가요?

(구루) 맞아요. 전자의 경우처럼 타인의 실제 생각을 안다는 것은 진실을 아는 것이므로 일종의 객관화라고 할 수 있죠. 그 뿐 아니라, 더 많은 타인들의 일치된 생각일수록 객관적이 되는 것도 맞아요. 물론 아까 이야기했듯이, 3인칭 관점의 객관성과는

무관한 이야기에요. 2인칭, 사람들의 생각 차원이지요. 더 많은 일치된 생각들이 모이면 객관화되지요. 아직도 이해가 되지 않나요?

(나) 사실 아직도 가물가물해요. 왜 아직도 그것과 '객관'과의 관계에 대해 꺼림직스럽게 느껴질까요… 아마도 저는 객관이란 진리에 부여하는 것이라고 생각하는 것 같아요. 사람들의 생각에 따라 바뀌지 않는 것이 진리잖아요. 그것은 생각과는 무관하게 존재하는 것이지요. 그런데 단지 많은 사람들의 생각이라고 해서 객관이라고 한다면, 저의 생각과 괴리가 발생하지요. 하지만 저는 진리가 단지 사람들의 생각에 의해 결정되는 것은 아니라고 봐요. 그건 옳은 생각 아닌가요? 단지 많은 사람들이 어떤 대상을 보고 나쁘다고 생각한다고 해서 그 대상이 정말로 나쁜 건가요?

(구루) 하하, 그 말은 맞아요. 그럼 약간 디테일한 부분까지 들어가 보죠. 물론 다수가 어떤 생각을 했다고 해서 그것이 진리는 아니에요. 하지만 '다수의 생각이 객관이 된다는 것'은 현실이에요. 뿐만 아니라 그것은 진리이기도 해요. 왜냐하면 그것은 '자연 법칙'이기 때문이에요. 자연과학에서 각종 법칙들을 발견하잖아요. 그리고 그것을 진리라고도 부르잖아요. 다만 현실에서 발견한 진리이죠. 그것을 경험과학이라고도 하고요. 다수의 생각이 객관이 된다는 것도 그러한 경험과학, 자연 법칙의 진리예요.

(나) 하지만, 자연 법칙은 불변성을 가정하잖아요. 예를 들어 뉴턴

의 법칙 같은 물리학 법칙은 불변할 것임을 가정하잖아요. 정말로 이상한 미래를 상상하지 않는 한… 그런데, 그것도 불변한다고 할 수 있어요?

(구루) 그래요. 다수의 생각일수록 객관적이 된다는 원리는 불변해요. 그건 자연과학의 법칙이 불변하는 정도와 똑같아요. 아니 어쩌면 그 이상으로 더 믿을 수 있지요. 그러면 이 끝도 없는 논의를 끝내기 위해서, 왜 그렇게 다수의 일치된 생각이 현실에서 강력한 효과를 발휘하는지 간단한 예를 들어볼게요. 신비적인 이야기를 하려는 건 아니에요. 사회과학이거나 인류학적인 이야기를 해보죠. 많은 사람들의 생각에서 실질적 효력을 발견하는 것은 민주주의 제도에서도 볼 수 있지요. 민주주의는 다수의 의견일수록 힘이 실리는 제도이지요. 어떤 대상 A에 대해 다수가 X라고 생각하고 소수가 Y라고 생각한다면, X와 Y 간에는 어떤 실질적인 차이가 발생해요. 물론 3인칭 관점의 진리와는 무관할 수 있지만, 2인칭 차원의 격차가 발생해요. 그래서 정치에서도 다수결 투표 방식으로 대표자를 선출하고, 법도 만들지요. 그렇게 다수로 인해 어떤 객관화가 되는 '자격'이 발생해요. 이 자격을 다른 말로 '권위'라고도 하죠. 이렇게 다수가 믿을수록 권위가 생긴다는 점은 불변해요. 과거에도 그랬고, 미래에도 그럴 거예요. 그것은 자연 법칙과 같아요.

(나) 그 말은 상당히 논란이 많겠는데요. 어떻게 그렇게 단언하실 수 있죠? 선생님은 다수의 생각을 너무 긍정적으로 보시는 것 같아요. 많은 철학자들은 아마 반대할 거예요.

(구루) 민준군이 제 말에 거부반응을 보일 법도 하군요. 다만 나는 '바람직한 권위'라고 말하지 않았고, 단지 '권위'가 된다고 말했을 뿐이에요. 그 부분에 유의해야 해요. 그리고 그게 현실이에요. 사회과학분야까지 디테일하게 들어가지 않으려고 했는데, 민준군이 가지고 있는 기본 사상의 문제를 해결하기 위해서 이 부분의 논의도 도움이 되겠군요. 그러면 잠시 쉬었다가 다시 그 문제에 대해 좀 더 이야기해 봅시다.

다수의 힘을 어떻게 볼 것인가

나는 쉬는 시간이 끝나고 강의실로 돌아와 구루에게 말했다.

(나) 선생님은 바람직한 권위와 그냥 권위를 구분하셨는데, 바람직한 권위는 폭넓은 권위 사례들 중에 일부분이겠지요? 그리고 바람직한 권위란, 도덕적으로 올바르거나 진리를 반영하는 권위를 말하는 것이고요. 다수의 생각이 권위를 만든다고 해서 그것이 모두 바람직한 권위는 아니라는 말이죠?

(구루) 그렇죠. 다수의 생각은 단지 권위를 만들 뿐이지요. 도덕이든 진리든, 그와 무관하게 권위는 만들어질 수 있어요. 예를 들어 포퓰리즘이나 더 심각하게는 2차세계대전 때 나치당이나 히틀러의 사례도 있어요. 나치와 히틀러는 민주적으로 선출되었어요. 즉 당시 다수의 사람들이 그들을 신뢰했다는 것이죠. 그러니까 저는 민주적 방식이 도덕이나 진리차원에서 옳은 결과

를 반영한다는 것이 아니라, 단지 그것이 현실에서 권위가 된다는 것을 말한 거예요.

(나) 그 부분은 납득이 되네요. 하지만, 그것이 자연 법칙이라는 점이 걸려요. 과거에 한때에 사람들은 무지로 인해서 다수가 잘못된 생각을 가졌을 수 있고, 그로 인해 나치와 히틀러가 지지를 받았겠죠. 그런데 미래에 사람들이 점차 현명해지고 그러한 민주주의 방식의 부작용까지 해소될 수도 있잖아요. 그리고 어쩌면, 단지 다수결의 민주주의를 넘어서는 제도가 만들어질 수도 있잖아요. AI(인공지능)가 급격히 발달한다던지, 미래는 어떻게 바뀔지 모르니까 어떤 기술적 장치로 인해 정말로 현명하고 도덕적인 사람을 선출하는 제도가 생길지 어떻게 알겠어요? 그리고 우리는 그 방향을 지향해야 하는 게 아닌가요?

(구루) 하하, 당연히 그 방향을 지향해야겠죠. 하지만 그러한 도덕적 방향과 그 자연 법칙과는 무관한 이야기예요. 데이비드 흄(David Hume: 영국의 근대철학자)이 말했듯이 자연 법칙과 도덕의 차원은 별개예요. 도덕으로 자연 법칙을 바꿀 수는 없어요. 도덕이 승리한다고 해서 그 법칙이 깨어질까요? 아니에요. 그 법칙이 깨어지려면 반례로 '다수의 사람들이 믿지 않는 것이 권위가 될 때'가 존재해야 해요. 저는 이것을 상상하기조차 어려워요. 불가능하죠. 도덕이 승리하는 사회라도, 다수의 사람들이 도덕적인 것을 믿고 그것이 권위가 될 뿐이에요. 그러니까 그 법칙이 깨어진 것이 아니죠.

(나) 음… 저는 그 반례를 생각해 볼 수 있어요. 과거 조선시대나 외

국의 어떤 시대에, 민심이 기득권층과 분리되어 나타나는 경우가 있었잖아요. 다수의 백성들이 왕과 귀족을 미워하고 신뢰하지 않는 시대인데, 단지 어떤 권위적인 종교의 계율이나 전통적 법에 따라 왕이 막강한 권한을 가지고 있다면, 그때의 권위는 어떻게 설명할 수 있나요?

(구루) 그러면 그 종교나 그 전통의 권위에 대해 따져봐야겠죠. 당시 백성들이 그 종교와 그 전통까지 깡그리 무시하고 있는 상태를 말하는 겁니까?

나는 잠시 아무 말을 하지 못했다. 그러자 구루가 말했다.

(구루) 만약 그 종교와 그 전통을 백성들 중 다수가 신뢰한다면, 그로 인해 권위가 형성되고 유지되겠죠. 하지만 그렇지 않은 경우도 있을 거예요. 백성들이 그 종교나 전통 자체를 신뢰하지 않는 경우도 있죠. 그러면 문제가 심각해지지요. 그 지배체제의 권위가 사라진 것이거든요. 이렇게 지배체제의 실질적인 권위가 사라져도 지배층은 자신들의 이익을 위해 반항심을 억누르려 하고, 무력으로 탄압하는 경우가 있습니다. 이것은 권위에 의한 것이 아니라 단지 폭력으로 억압하고 있는 상태일 뿐입니다. 어쩌면 그들은 입으로는 자신들이 권위가 있다고 주장할 것입니다. 하지만 권위가 있다고 제멋대로 주장하는 것과 실제 권위가 있는 것은 다릅니다. 실제 권위는 다수의 생각에 의해 결정될 뿐입니다. 다수가 아닌 소수의 생각이 권위가 되는 것은 상상조차하기 어려워요. 저는 권위라고 멋대로 주장하는

것이 아니라 실제적인 권위에 대해 말하고 있는 거예요.

(나) 그렇다면, 예를 들어 어떤 권위 있는 전문가의 경우는 어떤가요? 임진모가 팝음악에 대한 권위 있는 전문가라고 하면, 왜 그가 그런 권위를 가지게 되었는지 대부분의 사람들은 알지 못하잖아요. 다수가 알지 못하고 소수의 전문가 그룹에서 인정하는 것이 아닐까요?

(구루) 물론 그런 경우가 많지요. 다양한 전문 분야에서 권위 있는 사람들이 있는데, 국민들은 그 분야에 대해 잘 알지 못하고, 관심도 없는 경우가 많죠. 이런 경우에는 국민들이 직접 알고 지지하는 것이 아니라 그저 그 전문가 집단과 체제를 '인정'하고 있다고 봐야겠죠. 그리고 그것을 대체할만한 좋은 대안에 대해 알지 못하기 때문에 인정하는 것이기도 하고요. 사실 앞에서 말한 국가 체제도 마찬가지예요. 오래전 매우 많은 백성들은 무지하기도 하고 정치에 대해 그다지 관심도 없었을 거예요. 그보다 나은 대안을 알지 못하고 그저 인정하고 있는 상태인 경우가 많죠. 권위는 많은 경우에 각자가 잘 알기 때문에 믿는 것이 아니라 대체로 세세한 사항은 잘 모르지만 그나마 그 방식이 제일 나을 것이라고 생각하고 인정하는 데에서 나와요. 과학자와 의사에게 권위가 있고 우리가 그들의 말에 귀를 기울이는 것도 마찬가지예요. 예를 들어 민준군은 헬리코박터균이 위암을 유발한다는 것을 믿지 않을 겁니까? 그것은 노벨상을 받은 연구입니다. 민준군이 그것을 믿지 않기 위해서는 그것을 능가하는 전문적인 지식과 탐구가 필요합니다. 그것이 없

다면 민준군은 인정하는 편이 낫겠죠. 민준군이 그것을 믿기로 했다면, 그로 인해 그 권위는 더욱 커지고 공고해집니다. 게다가, 사람들은 자신이 잘 모르는 분야에 대해서 자신과 가까운 사람이나 자신이 존경하는 사람이 믿고 지지하는 것에 따라가는 경우가 흔히 있습니다. 이렇게 단지 타인을 따라하는 행위, 즉 생각의 모방도 권위를 형성하는 한 표로 더해지죠.

(나)   대강 그렇다고 생각할 수 있겠네요. 하지만 문제는 미래의 변화예요. 앞에서 제가 말했듯이 다수의 생각에서 발생할 수 있는 나쁜 권위의 부작용을 방지하기 위해서 계속 노력하고, 미래에는 어쩌면 다수의 생각에 따르는 것이 아니라 어떤 뛰어난 시스템만으로 중요한 문제를 해결하는 세상이 올지도 모르잖아요. 대단한 AI가 나온다던지, 그러면, 다수의 생각이 권위가 되는 것이 아니라 그 뛰어난 시스템의 처리 결과가 권위가 될 수도 있을 거예요.

(구루) 그러면 그 AI가 뛰어나다는 건 어떻게 알 수 있죠?

(나)   그 AI의 처리 결과가 현실적으로 훌륭하다는 것이 입증되는 것이겠죠.

(구루) 훌륭함의 입증과 권위는 다른 차원의 문제예요. 진리, 도덕과 권위가 다른 차원이라고 앞에서 말했잖아요. 훌륭함이 사실이더라도 권위가 없을 수 있고, 사실은 훌륭하지 않은데도 권위가 있을 수 있어요. 실제로는 엄청나게 똑똑한 사람이 유명하지 않아 권위가 없는 경우가 있어요. 그처럼 그 AI가 아무리 뛰어나더라도, 권위를 갖기 위해서는 사람들의 인정이라는 또

다른 관문을 통과해야 해요. 그 AI는 뛰어난 전문가와 다를 바 없고, 전문가가 권위를 가지려면 앞에서 말한 것과 같은 다수의 인정을 받아야 해요. 그러므로 그 자연 법칙은 깨지지 않아요.

(나) 아무리 뛰어난 전문가라도 권위가 없을 수 있다는 말인가요? 흠…

(구루) 물론이죠. 물론 여기서 '전문가'의 개념에 이미 권위가 부여된 것이라는 전제를 빼야 해요. 다만 실력이 엄청나게 뛰어난 사람 혹은 그런 AI라고 해야겠지요. 예를 들어 무인도에 홀로 사는 어떤 사람이 엄청난 능력을 발휘해서 미래의 날씨를 매우 정확하게 예측하는 방법 혹은 그런 기계를 발명했다고 해봅시다. 그 기계는 실제로 훌륭하다는 것을 입증할 수 있어요. 하지만 그것을 아는 사람은 그 사람 밖에 없지요. 그러면 그 사람과 그 기술은 권위가 있나요? 아니요. 다른 사람이 알지 못하고, 많은 사람 혹은 권위 있는 기관이 인정하지 않으면 권위가 없어요. 이렇게 권위는 진정한 능력, 실력, 도덕, 진리 이런 것과 다른 차원에 있어요. 이러한 원리를 악용해서 실제 실력과 품성에 비해 부풀려진 권위를 갖는 경우도 많이 있어요. 그 두 차원을 구분하지 못하고 하나로 착각한다면, 오히려 그러한 악용을 허용하는 꼴이 되고 말 거예요.

(나) 그 두 차원이 있을 수 있지요. 하지만, 우리의 궁극적인 희망은 그러한 괴리를 줄이고 이상을 향해 나아가는 것이죠. 언제까지나 해결할 수 없는 문제라고 미리 단언하는 것은 마치 소피

스트처럼 현실주의로의 도피 같아 보여요. 그건 바람직한 철학자의 자세가 아닌 것 같아요.

(구루) 저는 자연 법칙을 말하고 있는데 민준군은 계속 도덕적인 이상주의를 말하고 있군요. 그것을 구분해야 하는데 자꾸 혼동하면 안되죠. 도덕적 이상이 자연 법칙을 바꿀 수는 없어요. 그 정도는 배워서 알 것 같은데요.

(나) 아니에요. 제 말은, 그것이 사회의 영역이기 때문에 자연 법칙과는 다를 수 있다는 거예요. 사회의 영역은 궁극적으로 어쩌면 인간의 의지로 바꿀 수 있는 거예요. 자연 법칙과는 다르죠.

구루는 작은 한숨을 쉬더니 다음과 같이 말했다.

(구루) 다수의 생각이 권위가 된다는 것은 인간의 의지로 바꿀 수 있는 것이 아니에요. 그것은 자연 법칙이죠. 그러면, 민준군이 꿈꾸는 세상에 대해 말해줄 수 있어요? 어떤 세상이 이것에 반례가 되나요? 아까 AI의 경우에는 충분히 설명이 된 것 같은데요.

(나) 그것 말고도 분명이 있어요. 음… 예를 들어 많은 사람들이 다수의 믿음으로 권위가 생기는 것의 부작용을 알고, 앞으로 그런 식으로 권위를 만들지 않는 제도와 시스템을 구축한다면 어떻게 되나요?

(구루) 그런 식으로 권위를 만들지 않는다면, 다른 식으로 권위를 만든다는 건가요? 어떤 식일까요?

(나) 음… 어차피 상상이니까, 정말로 믿을만한 입증의 어떤 시스템

을 만드는 거죠. 믿음의 오류가 생기지 않을 정도의 시스템을 말이죠.

(구루) 믿음의 오류가 생기지 않는다고요? 그런데 그 오류 없는 믿음이라는 것도 다수가 인정하거나 믿는 상태를 말하는 것이고, 그렇다면 또다시 다수의 믿음이 권위가 되겠는데요? 아니면, 다수가 믿지 않고 소수만 정확하게 아는 것이 권위가 된다는 말인가요? 그러한 소수의 믿음을 권위로 만들 만한 방안은 대체 무엇인가요?

(나) 글쎄요… 지금 당장 생각이 나지는 않지만… 어쩌면 플라톤이 꿈꾸었던 것이 그런 것이 아닐까요? 플라톤의 철인정치(지혜로운 자의 정치)가 그 한 가지 방안일 수 있겠지요. 정말로 현명한 사람이 통치하는 세상이라면… 그런데 이것도 AI의 사례와 같아지는지도 모르겠네요… 아니면, 어차피 사고실험이니까, 신이 세상에 강림해서 모든 것을 가르쳐준다면 어떤가요?

(구루) 그러면 그 신도 권위가 있어야겠죠. 다시 말해, 다수가 그것을 진짜 신으로 인정할 것인지, 그 신의 말을 따를 것인지에 대한 다수의 믿음이 있어야만 권위가 생기겠죠. 신이 기적을 행하는 것을 다수가 목격하던지, 아니면 신이 직접 마인드컨트롤로 다수의 생각을 바꿔버리든지… 어떤 것을 가정해도 권위는 다수가 믿어야 해요.

(나) 그렇다기보다는… 신이 모든 사람들의 능력을 최대치로 높여주게 된다면, 혹은, 모든 사람들이 굉장히 똑똑해져서 거짓된 권위를 판명하는 힘이 생긴다면 어떻게 되나요? 그렇다면 진

실과 권위가 두 차원으로 나눠지지 않을 거예요.

(구루) 어떤 상상인지 알겠어요. 그런데 그 세상에서는 각자가 모든 것을 잘 알기 때문에 권위라는 것이 아예 사라진 세상이겠군요. 혹은, 여전히 그 똑똑한 사람들의 사회에서도 다수의 생각이 권위가 되겠죠. 일단, 권위가 사라진 세상은 그 법칙의 반례가 되지는 않아요. 그 법칙은 권위가 존재할 때 그 구성 원리를 말한 것이니까요. 그러면, 과연 권위가 사라지는 세상이 올까요? 현대 포스트모더니즘 사회는 탈권위 경향이 있다고 하지만, 권위는 인류의 수렵채집시대부터 있어왔고, 미래에도 사라지기 어려울거에요. 왜냐하면 한 사람이 모든 분야에서 최고의 전문가가 될 수는 없으니까요. 모든 사람이 그렇게 된다고요? 한 사람도 그렇게 되기 어려워요. 상상하기도 어려운 일이죠. 더구나 현대는 과거보다 더욱 복잡해지고 전문분야가 많아졌어요. 우리는 매우 많은 판단을 권위에 의존하고 있어요. 그것이 없으면 정상적 삶이 불가능해요.

(나) 권위가 세상에서 사라지기 어렵다는 점은 이해했어요. 그런데, 혹시 인간들이 다수의 생각에 따르는 경향이 있다는 말인가요? 글쎄요, 저는 그렇지 않은 데요. 저는 남들과 다른 생각을 많이 하는 것 같기도 하고, 비판적 관점을 자주 가져요. 저는 그것이 좋다고 생각해요. 그리고 개인적으로 저는 사람들이 많이 보는 영화나 책을 일부러 안 보려는 경향이 약간 있는 것 같아요. 좀 독특한 성향이라고 할 수도 있겠지만요.

(구루) 하하, 그것은 자유지요. 권위는 표지판일 수도 있고, 심지어 포

장이나 선전물과도 같은 거예요. 우리는 그것에 끌려서 선택하지요. 그 포장이란 '이것이 진실이다, 이것이 훌륭하다' 이렇게 홍보하고 있어요. 노벨상의 권위를 갖는 헬리코박터균에 대한 연구에 대해서 누가 그것이 다수의 믿음일 뿐이라고 생각하겠어요? 단지 그것이 진실이라고 생각하는 것이죠. 이렇게 우리 각자는 수많은 진실들을 가정하고 있고, 그 밖의 영역에서는 자신의 주관과 개성, 자유를 내세울 수 있는 거죠. 민준군도 의사의 말이나 의약품의 효능은 믿잖아요. 뭐 물론 사람에 따라 의사도 잘 안 믿는 사람도 있지만.

(나) 선생님의 말을 들으니 토머스 쿤(Thomas Kuhn)의 《과학혁명의 구조》가 떠오르네요. 토머스 쿤은 과학이 시대의 문화나 정치적 상황에 의해 결정되는 것이라고 했죠. 일종의 상대주의 주장인데, 그러면 선생님은 그 책의 주장에 동의하는 건가요?

(구루) 아니요. 저는 생각이 달라요. 이건 다른 문제예요. 왜냐하면 토머스 쿤은 과학 자체를 문제 삼았지만 저는 과학 자체는 진실이라고 믿거든요. 제가 다루고 있는 것은 그 진실에 권위라는 포장이 한 겹 더해져서 홍보 기능을 한다는 거예요. 노벨상이나 권위 있는 시상식, 권위 있는 전문가의 평가는 어떤 것이 정말로 훌륭한지를 표시해주는 역할을 해요. 그러한 권위를 통해 우리는 믿고 선택할 수 있는 것이죠. 다수가 믿는다고 해서 그것이 모두 거짓은 아니죠. 다만 종종 거짓이 있을 뿐.

(나) 권위가 포장과 같다면, 그런 포장이 사라진 세상은 존재할 수 없을까요?

(구루) 권위의 한 가지 기능이 포장이라는 것이에요. '포장'에는 약간 부정적인 뉘앙스가 있군요. 다른 기능도 많아요. 중요한 것은 커뮤니케이션 기능이라 할 수 있어요. 알리는 기능이죠. 그러한 기능들은 인류의 생존과 번성에 도움이 되기 때문에 진화상에서 인류에게 나타나게 된 것이고요… 이제 권위에 대한 디테일한 논쟁은 그만해도 될 것 같군요. 다시 자기객관화로 돌아가서, 자신에 대한 다수의 생각은 마치 권위처럼 어떤 객관적인 강력한 힘을 가져요. 그것이 권위인지는 애매하지만, 구조적으로 같아요. 그래서 자기객관화를 할 때에는 가급적 많은 사람들의 생각, 사고방식, 감정을 아는 것이 중요해요. 거기에서 다수의 일치된 생각이 있다면 권위와 비슷한 작용을 하기 때문이죠.

(나) 하지만 저는 그런 권위를 별로 좋아하지 않아요. 저는 그냥 저대로 사는 것이 좋아요.

(구루) 그런 반응이 나올 것 같았어요. 다만 저는 그것을 권위주의로 받아들여 억압받으라는 뜻이 물론 아니에요. 그러한 다수의 생각을 인지하고 본인이 활용해야 하는 것이지요. 그럴 때 오히려 진정한 자유를 얻을 수 있을 거예요.

자존감이란 무엇인가

나는 잠시 생각한 후에 말했다.

(나) 다수의 생각을 아는 이유가 그것을 활용하기 위함이라고 하셨는데요. 되돌아보니 제가 많은 사람들의 생각에 대해 좀 소홀했던 면이 있었던 것 같아요. 하지만, 제가 그런 태도를 가졌던 이유는 저의 주체적인 길을 가고 싶었기 때문이었어요. 다른 사람들의 눈치를 적게 보고 싶고, 저에 대해서는 제가 가장 잘 안다고 생각했어요. 그런데 이 생각이 틀린 건 아니잖아요. 저의 내면에 집중하는 것은 나쁜 것인가요?

(구루) 그런 건 아니에요. 자신의 삶을 자신이 원하는 방향으로 이끄는 것은 나쁠 게 없죠. 저는 다만 그 과정에서 도움이 되는 방법을 알려 드릴 뿐이에요. 타인들이 어떻게 생각한다는 것을 안다면, 있을지 모르는 그들의 방해를 방지하기에도 유리하고,

그들의 도움을 받기에도 유리하겠죠. 세상은 자기 혼자만의 힘으로 살아갈 수는 없어요.

(나) 하지만 여전히 꺼림직 한 부분은, 결국 타인의 눈치를 보게 될 것이란 점이에요. 저는 정말로 주체적인 삶을 살고 싶어요. 그게 저의 단점일 수도 있겠지요. 친구가 적을 수도 있고, 돈을 많이 벌지 못할 수도 있겠죠. 저도 한때는 큰 부자가 되고 싶은 꿈도 꿨어요. 하지만 이제는 그런 꿈도 접었어요. 이제 저는 다만 제가 하고 싶은 일을 하면서 자유롭게 살고 싶어요.

(구루) 호오… 그게 주체적 판단인가요?

(나) 어쩌면, 현실을 파악한 건지도 모르죠. 아니면 저의 본 모습이거나…

나는 울컥한 기분이 들었다. 내가 평소에 이런 생각을 하고 있었는지 나 스스로 약간 놀라기도 했다.

(구루) 저는 부자가 되어야 한다고 설파하는 게 아니에요. 친구를 많이 사귀라고 말하지도 않죠. 그리고 저는 주체성과 모순되는 이야기를 하고 있는 것이 아니에요. 민준군이 진정으로 원하는 길이라면 뭐든지 해도 돼요. 불법적인 일만 아니라면요. 제가 민준군이 원하지 않는 특정한 길로 유도하거나 그러지는 않아요. 오히려 이 상담은 민준군의 주체성을 더 높여줄 수 있을 거예요. 예를 들어, 부자가 되고 싶은 꿈을 접은 것은 정말로 주체적이고 자유로운 선택인가요? 아까 현실을 파악한 건지도 모른다고 했죠. 그건 자유로운 선택이라기보다는 현실적 벽에

부딪힌 결과일수도 있겠네요.

(나) 그럴지도 모르죠. 다만 포기한 거죠. 그것도 저는 주체적인 선택이라고 생각해요.

(구루) 뭔가 이상한 말이군요. 포기한 것이 주체적 선택이라니. 자기합리화나 심리적 위안일 수도 있겠네요.

(나) 하지만, 나름대로 제 입장에서 최선의 판단을 내린 것일 수도 있잖아요. 그래서 주체적이라고 생각해요.

(구루) 네. 저도 스스로를 위안하기 위해 포기를 선택하는 것도 주체적일 수 있다는 것에 동의해요. 하지만 만약, 부자가 되든지 무엇이 되든지 간에 자신에게 현실적인 가능성과 선택권이 더 커진다면, 보다 주체적이고 자유롭게 선택할 수 있게 되겠죠. 어쩔 수 없이 포기하는 것과 할 수 있는데 안하는 것은 차이가 있으니까요.

(나) 저를 점점 이상한 방향으로 유도하시는 것 같네요. 저는 별 문제가 없어요. 그리고 정말로, 저는 지금 큰 돈을 벌고 싶은 욕구가 없어요. 저는 그저 철학상담사라는 길이 매력적이고 그 분야를 개척하고 진출하고 싶어요.

(구루) 아, 오해는 하지 않으시길 바래요. 제가 뭐라고 다른 사람의 진로에 대해 이래라 저래라 할 수 있겠어요? 이 상담은 진로 상담이 아니에요. 일상적인 삶의 철학에 대한 상담이죠. 그리고 평소의 심리적 만족감과 행복을 위한 목적이에요. 그건 전제로 하기로 해요. 그런데, 민준군은 자존감이 꽤나 높은 편인 것 같군요. 그래서 심리치료가 필요하지 않다고 할 수 있겠군요.

(나) 그런데 자존감의 뜻이 무엇인가요? 저는 대충 알고 있지만 선
     생님이 사용하신 뜻이 무엇인지 궁금해서요. 아시다시피 그
     용어가 좀 애매한 부분이 있잖아요.

(구루) 민준군이 생각하는 의미와 다르지 않을 겁니다. 영어로 'self-
       esteem'이라 하는 것이지요. 우리가 같은 것을 생각하는 것은
       맞지만, 여전히 난해한 개념입니다. 그것은 아직도, 심지어 영
       어권 사람들도 어떤 이들은 나르시시즘이라고 생각하기도 하
       고, 또 어떤 사람은 많을수록 좋다고 생각하기도 하지요. 세부
       적으로는 학자들도 해석이 달라요. 하지만 대강의 합의점은
       찾을 수 있을 겁니다. 자신을 사랑하고 자신에게 높은 가치를
       부여하고 자신을 세상의 중심이라고 생각하는 것, 이 정도면
       되겠지요?

(나) 그렇게 볼 수 있겠네요.

(구루) 그런데 자존감이 너무 높아도 심리치료가 필요하다는 것을 아
       시나요? 그것은 과해지면 나르시시즘 경향이 커져서 현실을
       제대로 인식하지 못하게 되죠. 그런데 자존감이 높은 사람들
       은 대체로 심리치료를 받기를 꺼려합니다. 다만 매우 심각해서
       누가 봐도 정상이 아닌 경우에 자의반 타의반으로 치료를 받
       게 되는 거죠. 그런데 많은 경우에 그것이 자존감 과잉이라는
       진단을 내리지 않고, 다른 병명(자기애성 인격장애 등)으로 분류합
       니다. 왜냐하면 자존감은 좋은 것이라는 인식이 학계와 사회
       에 팽배해 있기 때문이죠.

(나) 자존감도 너무 크면 곤란하다는 데에 동의해요. 대체로 뭐든

과유불급이 될 테니까요. 그런데 저의 자존감 상태는 심각한 수준은 아니겠죠? 어느 정도 높은 자존감은 좋다고 보이는데요.

(구루) 어느 정도 높은 자존감에도 장점이 있지요. 주체적이기도 하고, 실패한 뒤에 용기를 내어 다시 회복되게 만드는 작용도 할 겁니다. 장점도 있는 반면에 단점도 있어요. 문제는 그 단점에 대해 누구도 잘 말을 안 한다는 점입니다. 그저 자존감은 좋다는 말밖에 들려오지 않지요. 여기에 대해 문제의식을 가진 적이 있었나요?

(나) 글쎄요. 딱히 생각해본 적은 없었어요. 다만 상담하는 선생님들이 철학상담이든 심리상담이든 자존감이 높은 내담자를 반가워하지 않는다는 말을 들은 적이 있어요. 자존감이 높으면 상담사의 말도 잘 경청하지 않고 속내도 잘 털어놓지 않으려 하거든요. 그러니까 상담 진행에 어려움이 많겠죠. 그리고 일단, 자존감이 높은 사람들은 상담에 잘 찾아오지 않아요. 자존감이 낮아서 힘들어하는 사람들이 훨씬 많이 찾아오죠.

(구루) 그렇겠죠. 자존감이 높은 사람은 대체로 스스로 문제를 해결하려고 하고, 남의 말을 잘 믿지 않는 경향이 있으니까요. 그것이 심각해지면 타인과 소통의 문제도 생기고, 벽을 쌓기도 하죠. 민준군의 경우는 애매합니다. 심리치료까지는 필요하지 않겠죠. 다만 그것이 어느 정도가 치료를 요하는지 진단기준이 마련되어 있지 않고, 더욱 큰 문제는 거기에서 발생할 수 있는 단점을 치료하거나 예방하는 방안도 잘 개발되지 않고 있다는

거예요.

(나) 확실한 건, 저는 치료는 필요하지 않다는 거예요. 저는 정당하게 저의 주관을 활용하고 타인에게 거의 피해를 끼치지 않고 살고 있다고 생각해요.

(구루) 그래요. 저는 치료를 하려는 게 아니라 단지 철학적인 상담을 하는 것뿐이에요. 치료는 종종 폭력적인 의미가 될 수도 있으니까요. 치유라면 또 모를까…

(나) 치유라고요? 그것과 치료가 과연 무엇이 다를지 모르겠네요. 본인이 원하지 않는다면 그것도 마찬가지로 폭력이 될 거예요.

(구루) 본인이 원하지 않는다면 폭력이 된다고요? 그럴 수도 있지만, 제가 말한 폭력은 그 뜻이 아니에요. 치료가 간혹 폭력이 될 수 있는 건, 비정상과 정상의 기준이 누군가에 의해 일방적으로 정해질 수도 있기 때문이에요. 반면에 치유는 비정상과 정상의 기준이 필요하지 않아요. 다만 어떤 막혀있는 상태에서 해소되어 더 나아지는 방향성만 있으면 되죠.

(나) 그렇게 더 나아지는 방향이라는 것을 타인이 마음대로 정하는 것도 폭력이죠.

(구루) 개중에는 그런 폭력도 있죠. 예를 들어 자신은 가수가 되고 싶은데 그걸 가로막고 공부해서 회사에 취직하라고 강요하는 것도 폭력적이겠죠. 그런데 혹시, 자신이 더 나아지는 방향을 자신이 가장 잘 알고 있다고 생각하는 겁니까? 자신이 아는 그것이 가장 좋은 것일까요? 세부적 직업 선택처럼 남들이 잘 알지 못하는 경우는 제외하고요.

(나) 물론 자신의 생각에 따라 뭔가를 했을 때 실수할 수도 있고 어쩌면 후회할 수도 있겠죠. 하지만 자신의 생각대로 하는 것이 가장 좋을 거예요. 저는 그게 후회도 덜할 것 같아요. 자신의 의지를 접고 타인의 말대로 하다가 실패하면 더 억울하지 않겠어요?

(구루) 그 부분은 대체로 동의해요. 그러나 제가 지적하는 점은, 좋은 판단을 하기 위해서는 정확한 자료를 통한 합리적 비교 검토로 판단을 해야 하는데, 자신이 아는 것이 가장 좋은 것이라는 생각은 그것을 어렵게 만든다는 거예요. 그래서 실패할 확률을 높인다는 점이에요. 가급적 후회를 적게 하는 것이 목적이라면, 자신의 생각에 매몰되는 것도 나중에 후회할 수 있어요. 마음을 열 필요가 있지요.

(나) 설마, 저의 생각이 잘못되어 있다고 보고 계신 건 아니겠지요? 만약 그렇다면 이 상담은 시간 낭비가 될 거예요.

(구루) 계속 오해를 하는 것 같으니, 이렇게 전제를 두기로 하죠. 저는 민준군의 삶에 직접적인 개입을 전혀 하지 않을 겁니다. 사실 처음부터 그럴 예정이었어요. 그래서 민준군의 사생활도 말할 필요가 없다고 했었죠. 그러면, 상담이라기보다는 차라리 강의라고 생각하세요. 저는 단지 민준군에게만 통하는 이야기를 하는 것이 아니라, 보편적인 세상의 이치에 관해 이야기하려는 거예요. 그리고 제 말을 받아들일지 말지는 결국 본인의 판단일 뿐이지요. 이제부터 제 말의 대상은 민준군이 아니라 일반적인 사람들에 관한 이야기예요. 다만 자유롭게 스스로를 대

입해보도록 하세요.

(나) 네. 이 상담이 어떤 의미인지 알겠어요. 앞으로 저의 사생활이나 진로와 결부시키지 않도록 할게요. 토론식 수업이라고 생각할게요.

(구루) 좋아요. 그러면 자존감에 대해 더 이야기해볼까요. 제가 보기에 내담자의 자존감을 높여주는 일은 철학자들이 아주 잘할 수 있을 거예요. 특히 서양철학을 전공한 사람이 잘 하겠죠. 왜 그런지 아시나요?

(나) 음… 그럴듯하네요. 서양철학이 주체를 중요하게 여기고, 그런 방식으로 유도하기 때문이겠죠. 특히 서양의 근대 이후 철학은 자신의 관점에서 바라보고 비판하고 의심하라고 가르치니까요.

(구루) 맞아요. '철학함'이라는 건 단지 지식을 배우는 것이 아니라, 자신의 관점에서 의심하고 따져보는 것을 말하죠. 그리고 철학 전공에서는 단지 철학 지식을 배우는 것이 아니라 그러한 자세를 가르치는 것이 정석이죠. 그리고 타인에게도 그것을 권장하는 태도를 갖게 되죠. 그런데 자존감이 낮은 사람들은 자신에 대한 자신감도 적고 타인의 말에 쉽게 흔들리고 의존하는 경향을 갖죠. 그것을 개선하기 위해서는 철학함과 같은 사고방식을 가르쳐주면 도움이 될 거예요. 그 부분에서 철학 상담은 효과적일 수 있어요.

나는 비로소 그가 나의 길에 대해 긍정적으로 평가해주는 것으로 보였고 기분이 좋아졌다. 그리고 구루가 말했다.

(구루) 흥미로운 점은, 아까 제가 자존감이 세상의 중심을 자신으로 두는 것이라고 말했는데, 민준군이 그것을 이해하고 긍정했다는 점이에요. 사실 이 말은 좀 과한 면이 있거든요. 세상의 중심이 자신이라는 것은 객관적 관점에서는 좀 이상하게 보이는데, 민준군은 그것도 괜찮다고 생각했어요. 이것도 어쩌면 서양철학의 깊은 영향이었겠군요.

(나) 저도 어찌 보면 그 말이 이상하다는 건 알아요. 다만 자존감의 느낌이 그런 것이라는 직관이 있었던 것 같아요. 하지만 한편으로, 그런 생각도 괜찮지 않을까요? 특히 자존감을 가지기 위해서는 그런 생각도 필요할 것 같아요.

(구루) 그래요. 사실 자존감을 높이는 방법은 간단해요. 자신이 세상의 중심이라고 생각하면 돼요. 그게 어렵다면 중심에 가까운 사람이라고 생각하면 되겠죠. 다만 그것이 부작용을 낳는다는 점을 간과해서는 안 된다는 거죠. 자기객관화와 현실 파악이 어려워질 수 있다는 점이 있죠.

(나) 그 말이 이해는 되지만… 저는 사실 세상의 중심이 자신이라고 생각해도 된다고 봐요. 철학적인 이야기인데, 어차피 자신이 없으면 이 세상도 없는 것과 마찬가지가 아닐까요? 그리고 세상은 자신이 느끼고 경험하는 대로 존재한다고 볼 수 있죠. 그러니 세상의 중심은 자신이라는 생각이 틀린 건 아니죠. 물론 이건 이기주의와는 다른 뜻이에요. 아시겠지만.

(구루) 저도 그 생각에 장점이 있다고 생각해요. 부처가 탄생하자마자 말했다는 '천상천하 유아독존'의 깊은 의미도 아마 그러할 거예요. 그러나 그 생각에 매몰되어서 현실에서 구분을 하지 못한다면 실패할 확률이 커요. 방금 제가 재미있는 것을 깨달았어요. 동양에서는 '자존감'이라는 용어가 없었고 그 개념을 찾기가 어려워요. 그 용어는 서양 문물을 번역하면서 급조되다시피 한 것이죠. 그런데 지금 생각해보니, 그러한 심적 상태를 전통적인 동양에서는 주로 '고집'으로 불렀던 것 같아요. 동양 전통에서 '고집'은 약간 부정적인 의미가 있어요. 사주를 볼 때에도 '고집이 세다'라고 하면 대체로 안 좋은 의미로 여겨지죠. 다만 서구화의 영향으로 과거에 비해 최근에는 그 부정적 의미가 줄어들었을 거예요. 이렇게, 서양과 동양은 자신을 중요하게 보는 태도에 대해 상반된 관점을 가지고 있어요. 고집은 아집의 전 단계와 같은 부정적 이미지를 풍기면서 동양 문화에서는 안 좋게 보았어요. 반면에 서양 근대철학과 그 영향을 받은 현대의 학문과 사회 분위기는 자존감을 좋게 보는 경향이 있지요.

주체성과 가스라이팅

내가 말했다.

(나) 그런데 그 경향이 나쁜 건가요? 오히려 저는 아직도 한국과 같은 동양에서는 고집을 나쁘게 보고 자존감이 부족하기 때문에 좀 더 그 쪽으로 갈 필요가 있다고 보여요. 동양이 서양에 비해 과거에 뒤떨어졌던 이유는 그 부분이 부족했기 때문일 수 있어요. 서양근대철학으로 인해 실제로 과학이나 기술 발전 같은 근대 문명이 만들어졌잖아요. 저는 자존감과 주체성이 비록 서양에서 중요하게 여겨졌다고는 하지만, 보편적인 덕목이라고 생각해요. 그리고 지금 우리는 더욱 그 부분을 함양할 필요가 있다고 생각해요.

(구루) 과거 동양이 너무 그 부분을 등한시 한 면이 있었죠. 서양이 과학 발전과 근대화를 먼저 이룬 이유에 그런 요인이 있었던 것

은 사실이에요. 자신을 믿지 않고 떠도는 소문이나 권위에 의
존하게 되면 새로운 도전과 개척이 일어나기 어렵지요. 그런데
민준군은 현재 우리나라에 그런 서양의 경향이 이미 막강한
권위가 되어 있다는 것을 잘 모르고 있는 것 같군요. 주체성과
자존감을 키워야 한다고 수 십년전부터 전문가들이 누차 주
장해왔고, 국민들은 그것을 자연스럽게 받아들이고 있어요. 그
런데 민준군과 같은 생각, 다시 말해 우리에게 그것이 더욱 필
요하다는 생각은 개화기부터 대략 20세기 정도까지 유효했던
것이에요. 그때는 빠르게 서양의 것을 받아들여 뒤쫓아 가야
만 했으니까요. 하지만 지금은 달라요. 지금은 오히려 서양을
앞질러 갈수도 있어요. 그러기 위해서는 그것을 극복해야 해
요. 언제까지 따라하기만 할 건가요?

(나) 그러면 선생님은 주체성과 그로 인한 실존주의도 비판하고 극
복해야 할 대상이라고 보시는 건가요? 저는 아직 생각이 짧아
서 그런지 납득하기 어렵네요. 그것을 비판하고자 하는 시도
는 종종 위험할 수 있어요. 전체주의나 집단주의로 흐를 수도
있고, 무엇보다 주체적인 삶의 자세가 왜 나쁜지 저는 잘 모르
겠어요.

(구루) 하하, 저는 전체주의를 정말로 싫어해요. 저도 자유주의자예
요. 개인주의자이기도 하고요. 그래서 제가 민준군에게 개인적
으로 잘사는 법에 대해 알려드리려는 거예요. 오히려 대부분
의 서양철학자들보다 더 개인주의일 거예요. 그 개인, 자기 자
신을 위해 필요한 말을 하고자 하는 거예요. 그런데 민준군은

주체적이고 실존적인 것이 좋다면서, 서양에서 가르쳐준 것을 그대로 받아들이고 다르게 할 생각도 안하고 있군요. 뭔가 앞 뒤가 안 맞지 않나요?

나는 잠시 생각하고 나서 말했다.

(나)   아니에요. 저는 순전히 주체적으로 따져보았고, 실존주의와 주체성이 좋다는 것을 스스로 깨달았어요. 그것이 역사적으로 서양에서 만들어졌다는 것은 우연과도 같은 것이고 저의 판단과는 관계가 없어요.

(구루) 글쎄요. 주체적으로 따져보기를 전제로 했다는 것부터가 쓸데없는 고집일 수 있겠군요. 아니면 어떤 세뇌와 비슷할 수도 있어요. 그것을 극복하기 위해서는 좀 더 마음을 열 필요가 있어요.

(나)   주체적 태도가 세뇌라는 건 말이 안 되는 이야기 같아요. 그것은 이미 그 안에서 모순적이군요. 주체성은 이미 세뇌가 아님을 함의하는데요.

(구루) 흠… 거기서도 착각이 일어날 수 있지요. 세뇌가 된 사람도 내가 주체적으로 사고했다고 얼마든지 스스로 생각할 수 있어요. 주체성이 세뇌가 아님을 함의한다는 단순 언어 논리로 인해 그런 일이 일어나지 않는 것은 아니죠. 다만 민준군은 세뇌가 아닌 진정한 주체성을 가지고 싶다는 거겠죠? 저도 그것이 좋다는 점에 동의합니다. 세뇌는 나쁜 것이지요. 그러기 위해서는 주체성조차 의심해봐야 하는 겁니다. '진정한 주체성'을

위해서는 말이지요.

(나)　제가 알고 있는 '주체성'이 잘못된 의미일 수 있다는 뜻인가요?

(구루)　그럴 수도 있지만, 특히 서양철학에 의해 유도된 주체성이 안고
　　　있는 문제들에 대해 의심해보거나 비판해보지 않았다는 뜻이
　　　에요.

(나)　저도 나름대로 비판해 봤어요. 저를 너무 서양 사대주의자로
　　　보고 계신 건 아닌가요?

(구루)　그건 아니에요. 그렇게 느꼈다면 미안해요. 서양에 대한 동경이
　　　나 사대주의 때문이 아니라, 많은 사람들이 서양에서 개발된
　　　특정한 그 방식만이 진리라고 생각하고 있기 때문에 하는 말
　　　이에요.

(나)　특정한 그 방식이란 어떤 건가요?

(구루)　간단히 말하면 아까 우리가 자존감이라고 부른 것이죠. 자신
　　　에 대한 굉장한 신뢰, 세상의 중심이 자신이라는 생각 같은 것
　　　이죠.

(나)　물론 자존감이 너무 높아도 나르시시즘의 부작용을 겪을 수
　　　있다는 점은 인정해요. 하지만 그것은 극단적인 경우이고, 일
　　　반적으로 높은 자존감은 주체적인 태도로 인해 세뇌를 방지
　　　하는 역할을 해요. 제가 요즘 관심을 두고 있는 분야 중에 '가
　　　스라이팅'이 있어요. 들어보셨나요?

(구루)　들어보긴 했지요. 그 정확한 의미가 무엇인가요?

(나)　가스라이팅이란 이를테면 한 사람이 타인에게 심리적 조작을
　　　당해서 스스로를 믿지 못하고 혼란에 빠지고, 그 가해자에게

의존하고 복종하게 되는 경우를 말해요. 일종의 세뇌와 같죠. 그 피해자는 스스로 자신이 타인에게 휘둘리고 세뇌되어 있다는 것을 잘 인식하지 못하기 때문에 문제가 심각하죠. 그런데 이 피해자들은 대체로 자존감이 낮은 경우가 많아요. 자존감이 높은 사람은 좀 더 비판적으로 생각하고, 의심하고, 자신의 관점에서 따져보기 때문에 그러한 세뇌와 가스라이팅을 쉽게 당하지 않아요.

(구루) 흥미로운 이야기군요. 좋은 주제를 꺼냈어요. 정말로 가스라이팅에서 벗어나거나 그것을 예방하기 위해서는 자존감이 필요하겠군요. 음… 하지만 제가 든 생각은, 그것이 전부가 아니라는 겁니다. 과연 그 피해자는 아무 생각이 없었을까요? 그도 나름대로의 생각이 있었을 거예요. 그를 너무 바보로 취급해서는 안돼요. 그러니까, 지적 능력이 뛰어나고 자존감이 높아도 가스라이팅은 당할 수 있다는 말이에요. 자존감만으로 해결할 수 있는 문제가 아닌 것으로 보이네요.

(나) 하지만 그 피해자는 비판적으로 사고하는 능력이 부족했을 거예요. 자존감과 주체적 사고는 그것을 높여주죠.

(구루) 비판적으로 사고한다고 다 알 수 있는 것은 아니죠. 물론 자존감 향상으로 해결되는 경우도 있겠지만, 그렇지 않은 경우도 많을 것으로 보이네요. 항상 비판적으로 사고하고 따져본다고 해서 '객관적 상태'를 잘 알 수 있을까요? 그렇지 않아요. 가스라이팅에서 진정으로 벗어나는 방법은 객관적 상태를 아는 것이에요. 자존감이나 주체적 사고만으로는 부족해요.

(나) 그 객관적 상태란 무엇을 말하나요?

(구루) 특별한 의미로 쓴 것은 아니고, 자신이 당하고 있다는 객관적인 사실을 말해요. 그것을 아는 것이 핵심이지 않겠어요?

(나) 저는 그것을 비판적 사고로 알 수 있다고 보는데, 선생님은 그렇게 보지 않으시는 거군요?

(구루) 그래요. 그 경우는 앞에서 말한 것과 같은, 세뇌가 되어 있는 사람도 자신이 주체적으로 생각했다고 착각하고 있는 경우와 같아요. 자신의 비판적 사고, 주체적 사고만으로는 객관적 사실을 아는 데 한계가 있는 거예요.

(나) 글쎄요. 물론 개인적 착각도 있겠죠. 어떤 사람이 관찰과 추론, 논리의 방식에 오류가 있다면 당연히 틀린 결론에 이르겠죠. 그런데 저는 그 과정에서 실수나 오류가 없는 것을 가정하고 말했어요. 그래도 알 수가 없다고요?

(구루) 그런데 전건에 제한을 둬야겠군요. 완벽한 모든 조건들을 집어넣고 그것으로 알 수 있다는 것은 말할 필요도 없는 동어반복이 될 테니까요. 그것은 마치 '만약 내가 신과 같은 능력을 가진다면 신만큼 알 수 있다'라는 말과 다를 바 없어요.

(나) 그러면 선생님이 제한을 제시해주세요.

(구루) 자신의 생각과 경험만으로 아무리 합리적이고 논리적으로 추론한다 해도 한계가 있다는 말이에요. 그의 아이큐가 아무리 높고 아무리 많이 공부하고 경험한다 하더라도.

(나) 음… 저는 그 상황이 완벽한 모든 조건과 다를 바가 없어 보이는데요?

(구루)　달라요. 그러면 민준군은 어떤 사람이 아이큐가 무한대로 높고, 무한대로 많이 공부하고 무한대로 많이 경험하면 신처럼 모든 것을 알 수 있다고 생각합니까?

(나)　그렇지 않나요? 무한대라고 했잖아요. 그러면 지금의 과학도 초월해서 무한대의 과학과 철학을 그 사람이 개발할 수도 있고, 그러면 신의 능력까지도 다다를 수 있겠죠.

(구루)　참으로 서양철학의 교육을 잘 받으셨군요. 아 이건 놀리는 게 아니라 칭찬이기도 합니다. 다만 이제 그 수준도 극복할 필요가 있어요.

(나)　하지만 저는 납득할 수가 없어요. 분명히 무한대라고 했잖아요. 저는 거기에 얼마나 많은 힘이 드는지, 얼마나 오래 걸릴지, 실제적으로 가능한 확률 같은 것은 고려하지 않았어요. 그렇다면 가능할 수도 있잖아요.

(구루)　그렇게 생각하면 가능할 수 있겠다는 생각이 들겠죠. 여기에 서양철학과 동양철학의 근본적인 차이가 있어요. 그것은 워낙 큰 주제이기 때문에, 당장 자세히 들어가지는 않기로 합시다. 우리 상담 전반에 걸쳐 있는 문제이니까요. 지금은 그 가스라이팅에 대해 더 이야기해 봅시다.

(나)　그러면 선생님께서는 동양철학이 근본적으로 서양철학보다 올바르다고 생각하시나요? 그래서 서양철학을 동양철학으로 대체해야 한다고 보시는 건가요?

(구루)　그렇지는 않아요. 각기 장단점이 있지요. 간단히 말하자면… 어떤 부분에서 서양철학이 동양철학에 비해서 잘못 알고 있는

부분이 있어요. 그런데 문제는 동양철학이 그 부분을 합리적으로 설명하지 못한다는 거예요. 그것이 동양철학의 문제점이에요. 그 합리적 설명이라는 것이 바로 서양적 방식이거든요. 그렇지 않으면 우리들이 주체적으로 받아들이기 어려워요. 스스로 주체적으로 받아들이기 위해서 동양철학의 장점 부분을 합리적으로 설명하는 것은 서양철학을 동양철학으로 대체하는 것이 아니지요. 결합으로 볼 수 있겠죠… 그러면 그 가스라이팅 상황에서 객관적 상태를 잘 알 수 없는 이유에 대해 더 이야기 해볼게요. 그 피해자가 자신이 속고 있고 피해를 당하고 있다는 것을 깨닫기 위해서는, 자신이 가진 기존의 생각을 강하게 믿고 유지해야 할까요? 아니면 자신의 닫힌 생각에서 벗어나 현실을 직시해야 할까요?

(나) 음… 후자이겠지요.

(구루) 물론 그렇죠. 가스라이팅의 심각한 문제점은 자신이 객관적으로 어떤 사고와 행동을 하고 있다는 것을 본인이 모른 채, 자신이 가진 기존의 생각에만 집중하고 그것을 지속하고 아무렇지 않게 생각하기 때문이에요. 어쩌면 자신이 폭력과 괴로움을 당하고 있다는 느낌은 가질 수 있어요. 하지만 그 원인이 어디에 있는지를 몰라서 혼란에 빠지겠죠. 가해자가 누구인지도 모르고, 가해자를 짐작하더라도 자신의 세계 안에서는 합리적이고 논리적으로 보이겠지요. 이럴 때 주체적 사고와 자존감만 키우면 될까요? 그것이 의존성을 줄이는 데에는 효과적이겠지만, 종종 그것은 자신의 생각을 더욱 강하게 믿게 만들고,

고착된 사고방식에서 벗어나기 어렵게 만들어요. 즉 자존감이 높으면서 가스라이팅 당하는 경우가 있을 거예요. 그래서 그보다 확실한 해결책은 자기객관화예요.

자신에 대한 착각

나는 아직 구루가 말한 자기객관화가 어떠한 것인지 정확한 의미를 알지 못했지만 일단 그의 말을 받아들이고 넘어가기로 했다. 하지만 아직 받아들이기 힘든 부분이 남아있었다.

(나)   그건 그렇겠군요. 그런데 그 자기객관화란 자존감과 충돌하는 것이 아닌가요? 아무래도 선생님께서 의도하시는 것은 자신의 고집을 꺾고 자존감의 부작용에서 벗어나는 것 같은데, 그렇다면 자기객관화와 자존감을 가지는 것은 물과 기름 같아요. 물론, 한때는 자존감을 중요시하다가 한 때는 자기객관화를 하는 식으로 때에 따라 교체하는 방식도 있겠지만, 혹시 그렇게 하라는 말인가요?

(구루)   실제 과정에서는 그것도 좋은 방식이겠지요.

(나)   그렇다면 일관성이 아쉽군요. 물과 기름처럼 섞이지 않는 것은

모순과도 같은데, 그것을 그냥 받아들여야 한다면 상당히 혼란스러울 거예요. 그리고 세부적으로 언제 어떤 것을 선택해야 할지도 애매할 수 있고요.

(구루) 좋은 지적이에요. 먼저, 모순처럼 보이는 것이 공존할 수 없는 것인가부터 따져보고 싶군요. 동양철학에서는 가능하다고 봅니다. 있음과 없음, 음과 양은 모순적이지만 마치 태극도처럼 결합되고, 서로 상생하죠. 상생이란 서로가 서로를 낳고, 활성화시킨다는 뜻이에요. 그러니까 논리적 모순처럼 하나를 없애야 하는 게 아닙니다. 또, 현대 심리학에서는 일반적으로 사람의 사고체계와 믿음들은 일관성이 없고 종종 모순되는 것들도 가지고 있다고 합니다. 왜냐하면 인간의 사고체계는 모듈로 이루어진 부분이 많거든요. 즉 각각의 전문 시스템이 서로 분리되어 있습니다. 다만 이제까지 말한 건 단지 참고사항이었고요. 사실 알고 보면, 자기객관화와 자존감은 물과 기름처럼 섞이지 못한다거나 모순적인 것이 아닙니다. 어떻게 보면 자기객관화는 오히려 자존감과 주체성을 높여주는 역할도 합니다. 그래서 일관성이 없는 것도 아니지요.

(나) 어떻게 그렇게 될 수 있나요?

(구루) 일단, 제가 설명하려고 하는 자기객관화는 단지 동양철학을 따르는 것이 아니라는 점을 분명히 해둬야 되겠군요. 예를 들어 서양식 자존감과 상반되는, 자신을 낮추라거나 자신의 생각과 고집을 굽히라는 둥, 그런 것이 아닙니다. 자기객관화는 '잘' 해야 하는 것입니다. 자신을 낮추고 타인의 의견에 따르는 것

이 자기객관화를 잘하는 것이 아닙니다. 자기객관화를 잘 하게 되면 자신의 모습에 대한 어떤 흔들림 없는 중심을 잡게 됩니다. 객관적인 어떤 것은 여러 개가 아니라 '하나'이기 때문입니다. 그 하나를 자신이 인식하고 있다면, 주변 사람들의 허튼 소리에 흔들리거나 휘둘리지 않게 됩니다. 그래서 자신이 안정되고, 자존감과 주체성 향상에 도움을 줍니다.

(나) 객관적인 어떤 것이 여러 개가 아니라 하나라고요?

(구루) 당연하지요. 이 책상 위에 놓인 펜을 보세요. 이것은 지금 민준 군이 보는 것과 나에게 보이는 것이 다르지요. 하지만 객관적으로 동일한 하나의 펜이지요. 그와 마찬가지에요.

(나) 이것은 물질이니까 그러하겠죠. 그러면 물질적인 자신을 말하는 건가요?

(구루) 자신의 물질적인 육체도 물론 자신이겠죠. 그러나 그것만으로는 너무 부족해요. 자신의 정신도 있고, 사회적인 자신도 있지요. 거기에서도 객관성을 찾을 수 있어요. 우리가 찾고자 하는 자기객관화는 주로 육체를 말하는 것이 아니에요. 주로 정신과 사회에 있는 자기 자신이지요. 육체에 비해서 그것을 찾기가 훨씬 어려우니까 많은 문제가 발생하고 있는 것이지요.

(나) 거기에서 객관성을 찾을 수 있다는 말이 놀랍군요. 그것은 혹시, 앞에서 말했던 다수의 생각과 같은 것인가요?

(구루) 놀라워할지도 모르지만, 그래요.

(나) 여전히 납득하기가 어렵네요. 어떻게 다수가 생각한다고 해서 객관이 될 수 있죠? 그건 이 펜이 객관적으로 존재하는 것과

는 전혀 다른 이야기 같은데요.

(구루) 앞에서 우리는 다수가 어떻게 객관이 되는지에 대해 이야기 했었지요. 물론 이 펜이 객관적으로 존재하는 것과는 근본적 방식에 차이가 있어요. 이것의 객관성은 물질에서 찾을 수 있으니까요. 그런데 공통점도 있어요. 과연 다수의 생각과 권위는 물질과 전혀 다른 차원에 완전히 분리되어 존재할까요? 그렇지 않아요. 그것은 물질 차원에도 영향을 줄 수 있고, 그래서 객관성의 근본적 토대가 확보되는 거예요.

(나) 네? 아까는 다수의 생각은 2인칭 관점이고, 그것은 3인칭 관점의 진리와 분리되어 다른 차원에 존재한다고 말씀하시지 않으셨나요?

(구루) 다수가 생각하는 그 내용이 진리가 아닐 수 있다는 말이었지요. 그렇더라도 그것은 물질 세계에 영향력을 가져요. 그러니까 객관적인 존재이지요. 물질적인 것만 객관적 존재가 아니에요. 지난 심리철학 시간에도 다루었지요? 그 증거로는 컴퓨터의 알고리즘 같은 것들이 있었지요.

(나) 네. 유물론은 물질적인 것만 존재한다고 보지만, 인지과학에 따르면 심리적인 것도 객관적 존재가 될 수 있다고 하셨지요(유물론은 인과적 원인이 물질 밖에 없다고 생각하는 반면, 인지과학은 기능적으로 추상화된 것도 인과적 원인이 될 수 있음을 가정한다). 하지만 그것과 다수의 생각이 하나의 객관이 된다는 것은 어떠한 관계가 있나요?

(구루) 한 사람의 심리적인 것이 작더라도 어떤 실제적 영향력이 있는

존재임을 이해했다면, 그러한 것들이 특정한 방식으로 구성될 때, 예를 들어 다수가 공통된 생각을 가져서 권위와 같은 것이 될 때 그 실제적인 영향력이 더 커지고 객관성도 더 커짐을 이해할 수 있겠지요.

(나) 흠… 권위가 된다고 해서 객관적이 된다는 건 좀 이상한 말이군요.

(구루) 앞에서 말했듯이 그것의 내용에서 도덕적이거나 과학적인 진리를 뜻하는 객관성은 아니지만, 적어도 객관적인 권위는 되지요.

(나) 만약 그렇다고 해도, 특히나 그것을 자기 자신에 적용시켜서 객관적이 된다고 하기는 어려워요. 왜냐하면 자기 자신에 대해서는 타인들보다 자신이 더 잘 알 수 있고, 또 자신에 대한 정의는 자기 자신이 우선적으로 내릴 권리도 있기 때문이에요. 타인에게는 그럴 권리가 없어요. 있다고 하더라도 자기 자신에 비해 후순위지요.

(구루) 자신의 정의를 자기 자신이 우선적으로 내린다고요? 그것은 부작용이 너무 커요. 우리는 지금 그 부작용을 줄이기 위해서 자기객관화 하는 법을 모색하고 있는 거예요. 그러면, 자신에 대한 정의를 자기 스스로 내리는 것에 어떠한 장점이 있는지 말해볼래요?

(나) 아마 선생님은 혼자만 자신에 대해 잘못 생각하고 있는 것의 문제점에 대해 생각하고 계시겠지요. 하지만 자신이 스스로를 좋은 쪽으로 정의함으로써 더 나은 결과를 얻을 수 있어요. 예

를 들어 영화 〈아이 필 프리티〉 같은 경우가 있어요. 그 영화를 혹시 보셨나요?

(구루) 아이 필 프리티라… 보지는 않았지만 소개하는 영상을 보고 대강의 줄거리는 알아요.

(나) 거기서 여자 주인공은 객관적으로는 예쁘지 않고 뚱뚱한 외모이지만 어느 날 머리를 다친 이후에 자신이 매우 예쁘다는 생각을 갖게 되지요. 그래서 자신감인지 혹은 자존감 같은 것이 급격히 높아지게 되는데 주변 사람들은 그러한 태도를 보고 호감을 가지게 되고, 그 자신감으로 인해 사회적으로 계속 성공하고 승승장구하게 돼요. 물론 이것은 영화이지만, 실제 상황에서도 이와 유사하게 자신에 대한 긍정적인 정의를 하게 되면 타인의 생각과 다르더라도 실제 좋은 효과를 낳을 수 있을 거예요. 무엇보다도 본인의 행복 지수도 올라갈 거예요.

(구루) 그런데 그건 착각에 불과한 게 아닐까요? 그렇게 착각을 해도 좋은 경우가 있다는 건가요?

(나) 그걸 착각으로 매도할 필요는 없지요. 어쨌든 자신에 대한 긍정적인 생각으로 인해 사회적으로 인정받고 성공하고 행복할 수 있으니까요.

(구루) 그렇게 얼렁뚱땅 해버리면 안되죠. 착각과 긍정적인 마음은 엄연히 다르니까요. 자신의 객관적인 모습을 인지하고 그것을 긍정하는 것이 보다 바람직하겠죠. 영화는 영화일 뿐이에요. 착각은 대체로 실패와 불행을 낳지요. 다만 영화에서처럼 그런 경우가 실제로 있다면, 자신이 예쁘다는 그 착각 때문이라기

보다는 자신감의 향상으로 인해 일의 능률이 올랐기 때문이라고 볼 수 있겠군요. 그런데 자신감을 얻는 방법은 자신에 대해 착각하는 방법만 있는 것은 아니죠. 그 방법은 다양할 거예요. 착각으로 인해서 이익이 생기는 경우는 매우 소수이고, 운이 매우 좋아야 해요. 그보다는 손해와 불행을 겪는 것이 일반적이지요. 자신을 착각에 맡기고 좋아지길 바라는 것보다는 올바른 것을 인식하는 것이 더 낫지 않겠어요? 우리는 지금 그 올바른 것을 찾아서 활용하자는 거예요. 철학을 하는 목적도 그것이 아닐까요? 착각에서 벗어나는 것이 우선이겠죠.

(나) 물론 일반적으로 착각은 안 좋지만… 착각으로 너무 몰아붙이는 것도 문제라고 생각해요. 자신에 대한 긍정적인 평가는 용기와 자신감을 주고, 할 수 있다는 생각도 키우죠. 그것까지 착각이라고 할 수 있을까요? 어떤 약한 착각은 자신감과 매우 밀접한 관련이 있어 보여요.

(구루) '약한 착각'이라는 말은 조금 애매하군요. 예를 들면 어떤 거죠?

(나) 예를 들면, 모두가 못생겼다고 하는데 매우 잘생겼다고 생각하는 것이 강한 착각이라면, 모두가 평범하다고 생각하는데 약간 잘생겼다고 생각하는 경우라든지, 그렇게 완전히 상반된 평가의 정도가 아니라면 약한 착각이겠지요. 그 영화의 사례는 강한 착각일수도 있지만, 그것은 좀 과장된 경우이고, 실제 상황에서는 약한 착각이 도움이 되는 경우가 많을 거예요.

(구루) 결과적으로는 그러한 믿음이 다수의 생각에서 큰 정도로 벗

어나지 않으니까 괜찮을 수 있겠군요. 그런데 그것은 결과적인 것이고, 그러한 생각을 자신이 어떻게 갖게 되었느냐가 중요합니다. 만약 그가 타인들의 평가를 감안하고 그러한 약한 착각과 같은 상태가 되었다면 자기객관화를 약간 잘하는 쪽에 가깝겠죠. 하지만 타인의 평가를 전혀 모른 채, 단지 자신만의 생각으로 그렇게 생각하게 되었다면, 단지 운에 맡긴 것이고 위험할 수 있는 것이지요. 그 경우는 우연히 크게 벗어나지 않은 것이고요. 자기객관화는 그렇게 착각의 정도를 줄여주는 역할을 합니다.

(나) 그러면 선생님은 약한 착각의 효용성에 대해서는 인정하시는 건가요?

(구루) 약한 착각이든 강한 착각이든 운이 좋게도 좋은 결과가 나오는 경우가 있겠지요. 하지만 결국 약하든 강하든 착각은 운에 맡기는 것입니다. 차라리 도박 참여라면 주체적으로 운에 맡기는 것이 될 수도 있지만, 이것은 자신이 운에 맡기는지도 모른 채 운에 맡겨지기 때문에 더욱 불행한 일이죠. 왜냐하면 그는 스스로 자신이 진짜 그 모습인 것이 '객관적'이라고 생각하기 때문입니다. 하지만 객관적인 것은 자신이 스스로 정하는 것이 아닙니다. 타인들 다수의 생각에 있는 것이지요. 그 약한 착각의 효용성이란, 대부분 '약함'에 있는 것이지, '착각'에 있는 것이 아니에요.

(나) 제 말은, 그러한 약한 착각조차 전혀 없다면, 있는 것에 비해서 더 불리하다는 점이에요. 용기와 자신감을 준다는 점에 대해

서는 어떻게 생각하시나요?

(구루) 약한 착각이 종종 용기와 자신감을 줄 수 있다는 점은 인정해요. 하지만 용기와 자신감이 모두 약한 착각에서 나오는 것은 아니지요. 착각이 전혀 없어도 자신감과 용기가 있을 수 있어요. 그것이 너무 어려운 일일까요? 그렇지 않아요. 예를 들어 다수가 못생겼다고 생각하는 한 사람이 있다고 해봅시다. 그를 맹구라고 해봅시다. 맹구는 자신이 꼭 잘생겼다고 생각해야 자신감이 생길까요? 자신이 못생겼다는 것을 인정하고도 '이것은 나의 개성이야'라고 생각한다면 어떤 일에서든 자신감을 가질 수 있습니다. 그는 다른 능력에 관해서 착각한 것도 아니에요. 다만 '잘생긴 배우 선발대회'에서만 자신감이 없겠죠. 그 선발대회에 나가려면 자신에 외모에 착각을 하면 안될 것입니다. 오히려 자신의 객관적인 모습을 받아들이는 용기, 그리고 그것을 바탕으로 하더라도 어떤 어려운 일에 대해 할 수 있다고 생각하는 것이 진짜 용기와 자신감이지요.

(나) 문제는 그런 진짜 용기와 자신감을 가지기가 어려울 수 있다는 점이 있네요. 그래서 보다 편한 방법을 찾으려고 약한 착각을 하게 되는 건지도 모르겠어요.

(구루) 보다 편한 방법이라… 얼마나 더 편한 방법을 택하려고 착각까지 해야 할까요. 진정한 용기와 자신감에는 일정부분 어려움에 대한 극복이 필수적입니다. 사람들이 그것을 칭찬하는 이유는 어려움을 극복하려는 자세나 어려운 과정이 선행되었다고 생각하기 때문이에요. 그러면, 그 영화를 다시 분석해 볼 수

있겠군요. 주변 사람들이 주인공을 칭찬했던 이유는, 그녀가 어려움에도 불구하고 불굴의 의지로 현실을 극복하는 용기와 자신감을 가지게 되었을 것이라고 추측했기 때문일 수 있습니다. 그러나 그 추측은 사실이 아니죠. 단지 그녀가 우연하게 시각적 환상과 착각에 의해 그런 태도를 가짐이 밝혀진다면, 과연 얼마나 칭찬할까요? 특히 그것은 '용기'라고는 할 수 없을 거예요.

타인에게 휩쓸리지 않기 위하여

나는 잠시 생각을 해 본 뒤에 구루에게 말했다.

(나)　착각은 진정한 용기가 아니라는 말씀이시군요. 그런 부분은 있
　　　지만, 꼭 타인의 칭찬을 받기 위해서만 용기와 자신감을 가지
　　　는 것은 아닐 거예요. 용기와 자신감을 가짐으로 해서 실제 일
　　　의 능률이 오를 수 있어요. 그 뿐 아니라 그 좋은 성과로 인해
　　　결과적으로 타인의 칭찬도 받을 수 있겠죠. 예를 들어 실제로
　　　자신의 능력이 50일 때 자신의 능력이 60이라는 약한 착각을
　　　한다면 좀 더 많은 일을 시도할 수 있고, 잘 할 수 있다는 용기
　　　와 자신감이 생기고, 그러한 태도가 더 많은 결과적 성공을 높
　　　일 수 있을 거예요. 물론 오판으로 인한 실패도 있겠지만, 그것
　　　이 좋은 경우가 있다는 것을 부정할 수는 없지요.

(구루)　그런 용기와 자신감이 종종 일의 능률을 높이기도 하지요. 약

한 착각이 그것을 일으킬 수 있다는 점에서 제가 장점이 전혀 없다고 말하지는 않고, 종종 가져도 돼요. 그것은 '허세'와 비슷한 점이 많겠군요. 허세는 대체로 주위 사람들이 별로 좋아하지 않는 편이지만, 그것에도 장점이 있기 때문에 일부러 가지기도 하지요. 자신감과 용기가 생길 수 있기 때문이지요. 그렇게 약한 착각의 장점은 허세의 장점일 뿐이에요. 저는 그것을 절대 가져서는 안된다는 것이 아니라, 그와 별개로 자신의 정신건강과 행복한 삶을 위해 자기객관화를 잘 하는 것이 좋다는 것을 말할 뿐이에요. 그러면… 아직 민준군에게 풀리지 않는 문제는 가스라이팅 등 타인에 의해서 자신이 휘둘릴 때에 자기객관화가 어떻게 도움이 되는지 이겠군요.

(나) 맞아요. 특히 자신에 대한 다수의 생각이 어떻게 확실한 자아라고 할 수 있는지가 이해가 안가요. 다수가 생각하는 내가 어떻게 진짜 자신이라고 할 수 있나요? 그건 납득할 수 없어요.

(구루) 진짜 자신이라… 그것은 분석을 해봐야 하는 개념이네요. 저는 자신에 대한 다수의 생각이 진짜 자신이라고 말한 적은 없어요. 다만 객관적인 자신일 뿐이죠. 그리고 그것을 인식할 때 타인에게 쉽게 흔들리거나 휩쓸리지 않을 수 있다는 것을 말할 뿐이에요. 진짜 자신의 뜻은 두 가지가 있습니다. 하나는 객관적인 자신이고, 또 하나는 그와 무관한 순수한 자신이지요. 그런데 민준군의 생각도 그렇고, 많은 경우에 진짜 자신이 후자라고 생각을 하지요. 그런 의미가 틀리다고 말하려는 것은 아니에요. 많은 타인들이 자신에 대해 모르고 있는 것이 있겠

지요. 자신이 일부러 감추고 있거나 타인들을 속이고 있는 경우도 있을 겁니다. 진짜 자신은 그렇게 타인들이 모르는 자신의 순수하고 오롯한 면을 지칭하는 것일 수 있습니다. 예를 들어 자신의 꿈은 버스운전기사가 되는 것인데, 타인에게 공개하지 않았지만 그 꿈을 가진 자아가 진짜 자신으로 볼 수 있습니다. 문제는 이제부터 시작입니다. 민준군은 그렇게 자신만 알 수 있는 진짜 자신이 흔들리지 않는 자아이고 그것을 고수하고 보호하는 것이 자존감을 상승시키고 가스라이팅 등 타인에게 휘둘리지 않는 방법이라고 생각하는군요. 그렇죠?

(나) 대략 그렇죠. 다만 자신의 생각과 욕망이 정말로 올바르고 합리적인지 스스로 의심해보고 비판해볼 필요가 있겠지요. 그것은 스스로 알아서 할 일이지만, 적어도 그렇게 자신이 스스로를 믿고 돌보는 것이 다수의 생각에 따르는 것보다 더 자존감을 지키고 타인들에게 휩쓸리지 않게 될 것이라는 점이에요. 그건 상식적으로 알 수 있는 일이에요.

(구루) 다수의 생각에 따른다고요? 저는 따라야 한다고 말하지 않았어요. 다만 그것을 인식하고 자신이 능동적으로 활용할 뿐이에요.

(나) 다수의 생각이 단지 정보나 참고자료라는 말씀이시군요. 하지만, 아무리 정보와 참고자료라 해도 그것을 객관적 자신이라고 받아들인다는 점이 문제예요. 그것은 단지 타인들의 생각일 뿐이고, 그것은 나의 실제 모습과 다를 수도 있는 것인데, 어떻게 그것이 객관적인 자신이 되나요?

(구루) 하하, 객관적인 자신이 되지요. 그리고 '나의 실제 모습'이라는 말도 애매하군요. 민준군은 그것이 자신이 가장 잘 아는 순수한 나의 모습으로 생각하고 있군요. '진짜 자신'에 대해서는 민준군의 생각처럼 자신이 가장 잘 아는 나의 모습으로 받아들일 수 있어도, '나의 실제 모습'에 대해서는 양보하기가 어렵겠군요. 저는 그것을 다수가 생각하는 나의 모습으로 보는 게 좋다고 봅니다. 다만 이것은 언어적 쓰임의 문제일 뿐이고 말꼬리 잡기 같으니 제쳐두기로 합시다. 일단 문제는 민준군은 스스로 생각하는 자신의 모습에 너무 큰 가치를 부여한 나머지, 자기 객관화의 필요성과 중요성을 지나치게 낮게 여기고 있다는 점이에요. 그렇게 되면 오히려 타인에게 휘둘릴 가능성이 더 커집니다.

(나) 왜죠? 제가 보기에는 다수 타인들의 생각이 객관적 자신이라고 생각하는 것이 오히려 타인들에게 휘둘리고 휩쓸리는 것으로 보이는데요. 거기에는 자신의 주관이 없잖아요.

(구루) 자신의 주관이 왜 없나요? 그것을 객관적 자신으로 받아들여도 자신의 주관은 멀쩡하고, 자신은 얼마든지 주체적이고 비판적인 사고를 할 수 있어요. 민준군이 말한 의도는, 타인들의 생각은 나의 주관과 무관하므로, 타인들의 생각으로 이루어진 자신의 모습은 주관이 빠져있다는 의미 같은데, 그것은 당연한 것이지요. 주관으로 그것을 왜곡해서는 안 되지요. 예를 들어 타인 A가 'B는 바보 같아'라고 생각하고 있는데 B는 'A가 나를 똑똑한 사람으로 보고 있구나'라고 생각해서는 안 되겠지

요. 다수가 'B는 바보 같아'라고 생각하고 있다면, B는 '객관적인 나는 바보 같아 보인다는 것이다'라고 생각하는 것이 맞아요. 그러고 보니, 여기에서 오해가 있었겠군요. 다수가 그렇게 생각했다고 해서 B가 '나는 바보야'라고 생각할 필요는 없고, 그게 객관적인 것은 아니에요. 객관적인 것은 '다수가 B를 바보 같다고 생각 한다'일 뿐이에요. '나는 바보야'라는 생각은 진짜 자신까지도 바보라는 뜻인데, 아까 말했듯이 객관적인 나는 진짜 자신까지 포함할 필요는 없으니까요.

(나) 음… 아까와 이야기가 좀 다른 것 같은데요? 아까는 다수가 못생겼다고 생각한다면 그가 못생긴 사람이 된다고 했잖아요. 그런데 왜 이것은 바보가 되지 않는 것인가요?

(구루) 그것은 다르지요. 좀 더 명료하게 하기 위해서 바보를 '머리가 나쁨'으로 바꿔서 표현해볼게요. '잘생김/못생김'과 '머리 좋음/나쁨'은 큰 차이가 있는 개념이지요. 이렇게 바꿔보세요. '잘생겨 보인다'와 '잘생겼다'는 큰 차이가 없지만, '머리가 안 좋아 보인다'와 '머리가 안 좋다'는 큰 차이가 있어요. 왜냐하면 머리 좋음/나쁨은 타인이 알기 어려운 내적인 요소를 많이 포함하고 있기 때문에, 타인에게 그렇게 보인다고 해서 실제 본질까지 그것이 되는 것은 아니지요. 정확한 자기객관화는 '다수의 타인들이 내가 머리가 나쁜 것 같다고 생각 한다'는 것을 알 뿐이지요. 이것을 알았다고 해서, 내가 남들이 보지 않는 곳에서 어려운 문제를 푸는 등 사실은 똑똑한데도 내가 정말 머리가 나쁘다고 생각하는 사람이 있을까요? 누구나 쉽게 구분할 수

있어요. 반면에 잘생김/못생김은 표면적인 것이기 때문에 다수의 타인들이 나를 잘생겼다고 생각한다는 것과 나는 잘생겼다가 딱히 구분되지 않는 것이지요. 사실은 여기서도 정확히 자기객관화를 한다면 '다수의 타인들이 나를 잘생겼다고 생각한다'를 알 뿐이에요.

(나) 그렇다면 자기객관화는 다수가 그렇게 보고 있다는 것만 알면 되는 것인가요?

(구루) 물론이지요. 그건 진짜 바보가 아니라면 쉽게 구분할 수 있어요. 다수가 이 사람은 운동을 못한다고 생각했다고 해서 사실은 남들 모르게 운동을 잘하는데 나는 운동을 못하는 사람으로 확신하는 사람이 있을까요? 그렇게 바보가 되라고 말하지는 않아요.

(나) 그런데, 다수가 '~인 것 같다'라고 생각하는 것이 아니라, '~이다'라고 확신하고 있는 경우는 어떠한가요? 즉 다수가 '이 사람은 머리가 나쁜 것이 확실하다'라고 생각한다면 어떻게 되나요?

(구루) 그것도 마찬가지지요. 거기에서 자기객관화는 '다수가 나를 머리가 나쁜 것이 확실하다고 생각한다'일 뿐이에요. 그런데 다수의 확신도 틀릴 경우가 있지요. 만약 자신이 정말로 똑똑한 점을 숨기고 있고, 그것이 확실하다면, 그러한 자기객관화를 한다고 해서 진짜 자신이 머리가 나쁘다고 생각할 필요는 없어요.

(나) 음… 그러면 많이 좁혀진 것 같네요. 하지만 선생님은 다수의

생각이 객관적이라고 하셨잖아요. 그러면 객관적인 것을 따르지 않아도 된다는 뜻인가요?

(구루) 또다시 '따르다'라는 말을 쓰셨네요. 앞서 말한 것처럼 당연히 따르지 않아도 되지요. 다만 객관적인 것은 객관적인 것으로 남겨놓아야 해요. 주관이 좋다고 해서 객관을 주관으로 대체시켜서는 안 되는 것이지요. 내가 똑똑하다고 해서 남들은 그렇게 생각하지 않는데 그 부분은 전혀 생각하지 못한 채, 내가 똑똑하다는 것이 객관적인 것처럼 생각해서는 안 되는 것이지요.

(나) 하지만, 남들이 몰라도 만약 내가 정말로 똑똑하다면, 그것은 객관적으로 똑똑한 것이 아닌가요?

(구루) 그것은 아까부터 이야기한 3인칭 관점으로 본 것이군요. 그건 타인이 없어도 상관없는 객관성이지요. 마치 무인도에서 아무도 발견하지 못했던 새로운 생물을 발견했을 때처럼 말이지요. 그런 관점에서 똑똑한 것이겠죠. 그래도 2인칭 관점에서 객관성이 없을 수 있어요. 3인칭 관점의 진리적 객관성으로 인해 타인들의 관점의 객관성이 담보되는 것은 아니에요. 그것을 혼동하는 것은 큰 문제예요.

(나) 알겠어요. 확실한 것이라도 타인들이 모른다면 객관성이 없을 수 있다… 좀 어색하긴 하지만 받아들이려고 노력해볼게요.

(구루) 그래요. 타인이 모른다면 3인칭 관점이든 뭐든 주관과 다를 바 없으니까요. 그러면, 원래 문제를 해결해 봅시다. 혹시 이제는 왜 자기객관화를 하면 타인에 의해 흔들리지 않을 수 있는지

아시겠어요?

(나) 자기객관화가 다수의 생각을 아는 것이라고 한다면, 그것과 연관되어 있겠죠? 그렇다면… 다수가 아닌 소수의 타인에게 흔들리지 않는다는 뜻인가요?

(구루) 따져보면 그런 식이죠. 예를 들어 자기 주변에 한 사람이 '너는 참 바보 같아'라고 말을 하거나 그런 생각을 가지고 있다고 해봅시다. 그런데 사실 다수의 관점에서는 자신에 대해 그런 생각을 안하고, 그걸 자신이 안다면, 그 한 사람의 말에 휘둘리지 않고 가볍게 여기거나 무시해버릴 것입니다. 왜냐하면 객관적인 자신의 모습은, 물론 진짜 자신의 모습과는 다를 수도 있겠지만, 자신은 바보 같지 않다는 것이기 때문입니다. 우리가 주변의 몇몇 사람들의 말에 휘둘리고 흔들리는 이유는, 그의 말이 진실일 수 있다고 생각하기 때문입니다. 하지만 그 소수의 말이 진실이 아니에요. 객관적인 자신은 더 넓은 곳에, 다수의 생각에 있습니다.

진정한 나를 찾기 위하여

점차 구루에게 스며들고 있다는 느낌이 들었다. 하지만 나의 자존심을 꺾기는 싫었다. 일방적으로 설득당하지는 않을 테다라며 투쟁심을 다시 북돋았다.

(나)　자기객관화를 하면 다수의 생각을 알게 됨으로써 소수의 말에 흔들리지 않는다는 점은 이해했어요. 그런데 그것으로 자존감과 주체성은 어떻게 높일 수 있는 건가요? 아까 그것에도 도움이 된다고 하셨잖아요. 그리고, 주변 소수의 말을 무시해버릴 수 있는 장점이 있다고 하셨는데, 꼭 자기객관화를 통하지 않고서도 주체적 사고와 자존감을 키워서 자신의 내면을 강화한다면 그것을 통해 주변의 허튼 소리를 무시하는 방법도 있지 않을까요? 또는 자신이 혼자서 발견한 자신의 참 모습을 가질 수도 있고요.

(구루) 저는 앞에서도 주관적인 자존감과 주체성이 가스라이팅의 해소에 어느 정도 도움이 된다고 말했지요. 다만 그것만으로 상당히 부족하다고 말했었지요. 그런데, 자기객관화를 하지 않고 스스로 주체적 사고와 자존감을 키우는 경우에, 주변의 허튼 소리에 흔들리지 않는 이유는 아마도 타인을 의심하고 자신이 가진 논리와 경험에 의존하기 때문이겠지요?

(나) 그렇죠. 물론 혼자만의 착각을 일으킬 수도 있겠지만, 그것은 사고 훈련이 덜 되어 있어서 그런 거예요. 정말로 주체적이고 비판적으로 사고한다면 그것을 극복하고, 주변의 허튼 소리에서 벗어날 수 있어요.

(구루) 일정 부분 그렇기도 하지요. 여기서 중요한 것은 타인의 말이 정말로 옳은지를 의심한다는 것이지요. 그런데 타인의 말을 의심한다면 결국 무엇이 옳은 것인지를 알기 위해서는 올바른 자료들을 가지고 있어야 합니다. 자기객관화는 거기에서 올바른 자료로 활용할 수 있어요. 그러니까 자기객관화는 타인의 말을 의심하고 비판적 사고를 하면서 올바른 결론에 이르도록 도움을 주는 작용을 합니다.

(나) 하지만, 제 말은 자기객관화를 굳이 하지 않더라도, 물론 어떤 경우에 도움이 되기도 하겠지만, 자신이 생각하는 자신의 모습에 확고한 믿음이 있다면 타인이 자신을 어떻게 보든 간에 흔들리지 않는다는 말이에요. 예를 들어, 가스라이팅이라는 용어가 생겨난 일화를 살펴보면, 남편이 가스등의 불빛을 주기적으로 줄였는데, 부인이 종종 불빛이 약해진 것 같다고 하

자, 남편은 당신이 잘못 본 것이라고 타박을 했어요. 그 말에 설득당한 부인은 자신이 잘못된 것 같다고 생각해버리게 되었어요. 만약 그 부인이 자신의 감각 능력과 이성적 사고를 믿었다면, 자신을 타박하는 남편에 대해 더 의심했을 거예요. 이렇게 자신의 능력과 주체적 사고에 대해 믿는 것이 중요해요.

(구루) 그것은 그 부인의 시각적 능력이 객관적으로 정상이라는 것을 전제로 하는군요. 자기객관화를 한다면 그 상황에서 더욱 잘 벗어날 수 있었을 겁니다.

(나) 하지만 그것을 주변 사람 다수에게 물어볼 수 있는 상황이 아닐 수도 있잖아요. 그런 경우는 실제로 매우 많을 거예요. 그럴 경우에 결국 자기 자신에 대한 확고한 믿음과 자신감이 중요할 거예요.

(구루) 자기 자신에 대한 믿음이 중요하다고요? 제가 보기에 가스라이팅의 많은 경우는 자기 자신의 생각을 너무 믿고 자기객관화를 하지 못한 데에서 비롯되는 것 같군요. 그런 태도는 위험할 수 있어요. 흔히 가스라이팅을 당하고 있는 사람은 다수의 말을 귀담아 듣기보다는 오히려 가해자 소수의 말에 더 의지하지 않나요? 그가 자신의 생각에 큰 영향을 주고 있을 것이고, 자신의 생각에만 너무 빠지게 되어서 그렇게 되는 것이겠죠.

(나) 제 말은 그게 아니라, 순수한 자기 자신을 믿어야 한다는 것이에요. 가해자는 타인에 불과하지요.

(구루) 순수한 자기 자신이라… 그것은 모든 타인이 배제된 것을 말

하는 것이겠지요? 굉장히 낭만적인 이야기군요. 이와 비슷한 이야기를 소설《데미안》에서 본 것 같기도 하군요. 자기 자신을 찾아야 한다는 낭만적인 이야기 말이지요. 그런 의미로 말한 것 이외에, 자기 자신이 믿을 만 하다는 근거는 별로 없어요. 심리학적으로도 설명할 수 있지만, 철학 상담이기 때문에 그런 이야기는 하지 않기로 하죠. 다만 분명한 것은 자기 자신만 너무 믿으면 오히려 좁은 공간 안에 갇혀 버릴 수 있다는 점이에요. 그런데, 민준군이 듣기에 제가 너무 개인의 자존감과 자신감을 깎아내리는 것처럼 보이지 않나요?

(나) 맞아요. 그게 문제에요. 저는 심리학이나 경험과학에서 뭐라고 하는 지와 무관하게, 개인이 나아갈 방향을 중시하고 있어요. 혹시 여기에서 선생님과 제가 지향하는 바가 다른 건가요? 저는 기본적으로 철학을 바탕으로 가장 바람직한 이상향을 제시하려 하고 있을 뿐이에요.

(구루) 아니요. 우리가 궁극적으로 지향하는 바는 다르지 않아요. 다만 오해가 있을 뿐이지요. 저도 이상향을 제시하려 하는 거예요. 철학적으로 말이에요. 일단 저는 개인의 자존감을 깎아 내리려는 게 아니에요. 자기객관화를 통해서 오히려 자존감이 높아질 수도 있어요. 앞에서 착각에 대해 이야기 했었죠. 자신을 객관적 모습을 모르고 착각을 한 상태에서 가지는 자존감과, 자신의 실제 모습을 알고 그것에 스스로 높은 가치를 부여하는 자존감 중에 어느 것이 진정한 자존감일까요? 진정한 자존감이란 자신이 어떠한 상태인지와 무관하게 자연스러운 자

신의 모습 자체를 존중하는 것이겠지요. 자신이 못생겼든, 능력이 낮든 간에 자신감을 가지고 자신을 사랑하는 것이 자존감이지요. 자기객관화를 하고 그것에 실망해서 자기 자신을 사랑하지 않는다면 그것은 이미 자존감이 없는 상태이지요. 반면에 자기객관화가 아니라 자신에 대한 주관적인 과대평가는 그로 인해 어느 정도 자신감과 자기애를 낳을 수 있겠지요. 하지만 그것이 자존감의 진정한 의미입니까? 자존감은 어떤 평가와 무관하게 자신을 사랑하는 게 아닌가요? 아마도 과대평가를 동원해서라도 자신을 높이고 싶어하는 건 자존감이 아니라 자존심이라 할 수는 있겠군요.

(나) 네. 저도 자존감이 높은 평가에서 나오는 것이 아니라는 것을 알아요. 어떠한 상태이든지 단지 자신을 사랑하는 것이죠. 그래서 저는 사회적 평가와 무관하게 순수한 자기 자신을 찾고 그것을 믿고 사랑해야 한다는 것을 말하는 거예요.

(구루) 그 순수한 자기 자신이라는 것이 애매해요. 그것은 에고와 같은 것인가요? 그러니까 자신의 의식적인 정신세계 같은 것?

(나) 프로이트가 말한 것의 정확한 의미는 잘 생각나지 않네요. 제 말의 의미는… 표면적인 것이 아닌 심층의 진정한 자기 자신을 말하는 거예요. 어쩌면 의식하지 못할 수도 있지요. 다만 분명한 것은 타인들은 자신보다 그에 대해 훨씬 알지 못한다는 거예요. 그에 비해 자신은 훨씬 많은 부분을 알 수 있지요. 자신의 생각을 말하지 않으면 타인들은 모르는 것처럼 말이에요. 그 부분은 자신의 고유한 공간이고, 타인이 알 수 없기 때문에

챙겨줄 수도 없어요. 자신이 스스로를 챙기고 보살피고 신뢰해야 하는 것이죠.

(구루) 무슨 말인지 알겠습니다. 타인이 알 수 없는 자신만의 내면적 공간과 생각이 있다, 그것을 소홀히 여기지 말고 소중하게 여겨야 한다는 것이군요. 아 물론, 의식 차원만 있는 것이 아니죠? 경험과 기억, 의지도 자신의 것이니까, 통틀어서 '주관'이라고 할 수 있겠군요. 결국 자신의 주관을 사랑하고 중요하게 여겨야 한다는 것이군요.

(나) 맞아요. 그런데 여기서 주관적인 혼동이나 착각 혹은 이기주의 같은 이야기가 나오지 않겠죠? 그건 진부하고 유치한 이야기가 될 테니까요.

(구루) 알아요. 서양철학의 전통에서 강조한 것이 그러한 주관이었지요. 그렇다고 해서 그들이 착각이나 이기주의까지 긍정한 것은 결코 아니니까요. 그렇다면, 진정한 자기 자신은 자신의 주관에 있다는 말이군요. 그리고 주관이 뚜렷하게 된다면 타인에게 쉽게 흔들리거나 휩쓸리지 않는다는 말이고요. 상식적으로도 납득할 수 있는 말입니다. 하지만 자기객관화를 한다고 해서 주관이 와해되거나 약해지는 것은 아닙니다. 그것은 주관과 무관하지요. 게다가 자기객관화는 주관이 올바르게 일을 처리하고 좋은 결과를 낳는데 도움을 줍니다. 그것은 주관의 폭주로 인한 부작용을 방지하는 역할을 합니다. 주관이 대체로 좋다고 해서 그 부작용까지 좋은 것은 아니지요. 주관주의의 문제점은 올바른 세계 인식을 하지 못하게 만든다는 것입

니다. 그것은 주관이 게을러서 일어나는 유치한 문제가 아닙니다. 그것은 이를테면, 자폐적 상태의 문제이지요.

(나) 저는 주관주의가 올바른 세계 인식을 하지 못하게 만든다는 점을 납득하기가 어려워요. 그러면 근대 서양은 어떻게 주관주의 철학을 바탕으로 과학을 그렇게 크게 발전시킬 수 있었을까요?

(구루) 과학 발전의 원인은 좀 더 복잡하지요. 그에 대해 설명하자면 길기 때문에 다음 기회에 다루도록 하지요. 지금 저는 개인의 현실 파악에 대한 이야기를 하고 있어요. 제가 지적하고 싶은 것은 그러한 폐쇄적인 자아, 주관을 진정한 자신이라고 여기면서 거기에 집중하게 되면, 객관적인 자신의 모습을 소홀히 여기고 부정하게 되고, 무시하게 된다는 점입니다. 진정한 자신이란 나만이 아는 폐쇄적인 곳에만 있는 것이 아니고, 타인들 다수의 생각 속에도 있는 것입니다. 그것도 진정한 자신의 일부라고 생각해야 합니다.

(나) 저는 그 부분이 납득이 안 되는 것 같아요. 다수의 생각 속에 있는 나의 모습은 진짜 내가 아닐 수 있는데, 그것이 어떻게 진정한 나라고 할 수 있나요?

(구루) 그것은 진정한 나의 전부는 아니지만 한 모습이지요. 나만이 생각하는 나의 모습만 옳은 것이 아니라, 타인들이 생각하는 나의 모습도 나입니다. 타인들이 민준군에 대해 어떠하다고 생각하는 것은 어떤 타인에 대한 것이 아니고 바로 민준군에 대한 것입니다. 고유한 민준군을 가리키고 있는 것이에요. 그래

서 그것은 진정한 민준군의 일부입니다. 그것을 회피해서는 안 됩니다. 타인들이 민준군을 가리키고 있는데 마치 옆 사람을 가리키는 것처럼 취급해서는 안 됩니다.

자신의 한계 알기

나는 잠시 타인들이 나에 대해 어떻게 생각하고 있을지를 곰곰이 생각해 보았다. 그리고 구루의 말처럼 그것이 진정한 나라고 가정해 보았다. 그러자 가슴이 답답해져 오는 것이 느껴졌다.

(나) 음… 제가 그런 식으로 생각해 보았는데요. 갑자기 짜증이 일어났어요. 나를 가두어버리는 기분이랄까요. 그렇게 생각하니까 오히려 자신이 갇혀버리는 것 같은데요. 자유롭지도 못할 것 같고. 이것은 문제가 아닐까요?

(구루) 하하, 그것과 본인의 자유와는 아무런 관계가 없어요. 그건 단지 사람들의 자유로운 생각일 뿐이지요. 단지 그것을 앎으로써 착각에서 벗어나게 만들고 올바른 선택을 하는데 도움이 되지요.

(나) 그런데 '착각은 자유'라는 말처럼, 착각할 자유라는 것도 있지

않을까요? 약한 착각이 종종 장점이 있는 것처럼 종종 그것이 필요할 수도 있어요.

(구루) 그것도 따져봐야겠군요. 어쩌면 착각이 자유가 되는 경우가 있을 수도 있어요. 그것은 스스로 착각을 해야겠다고 선택한 경우에요. 하지만 그것을 바라지도 않고 의도하지도 않았는데, 착각이 아니라 진실이라고 믿고 있는데 그것이 착각이 된다면, 과연 그것이 자유일까요? 자유라기보다는 오판과 혼란이지요. 자기객관화는 그것을 방지할 뿐이에요. 우리가 원하는 자유의지의 형태와는 관련이 없어요.

(나) 제가 느낀 그 갑갑한 기분이 무엇 때문이었는지를 생각해보면, 아마도 타인들의 생각은 단지 현재에 머물러 있는데 저의 내면에 있는 이상향은 희망과 미래를 향하고 있기 때문인 것 같아요. 그렇다면… 타인들은 미래의 나의 모습까지 규정하고 있는 것은 아니겠죠?

(구루) 물론이죠. 설령 타인들이 미래에 민준군의 모습이 어떠할 것이다라고 예상하더라도, 그것이 미래의 민준군과 무슨 상관일까요? 미래가 현실이 되었을 때 만약 타인들의 예상과 다르게 되었다면 타인들은 예상이 틀렸다고 생각하지, 현실과 다른 그 과거의 예상을 고집할 수는 없어요. 당연한 말이지만 사람들의 생각은 시대와 현실에 따라 바뀌는 거예요. 아마 그 답답함은 타인들의 현재 인식과 자신의 꿈과의 괴리가 크기 때문에 발생했을 거예요. 그건 자연스럽다고 생각해야지 답답해 할 필요가 없어요. 많은 경우에 한 사람의 미래는 타인들의 예상

과 다르게 일어나요. 사람들은 대체로 그걸 알고 성급한 확신을 갖지 않지요. 그리고 오히려 타인들의 성급한 예상과 다르게 자신의 꿈을 이룬다면, 그것이 본인 입장에서 더 재미있는 일이 되지 않겠어요?

(나) 그건 그렇네요. 그러면, 타인들의 나에 대한 인식은 현재에 대한 것일 뿐이라는 말씀이죠?

(구루) 그렇죠. 자기객관화에서 타인들의 생각은 단지 현재의 모습일 뿐, 미래가 아니라고 생각하세요. 미래는 얼마든지 바뀔 수 있으니까요. 그런데 간혹 '타인이 나를 어떻게 봐주었으면 좋겠다'와 '타인이 나를 어떻게 본다'를 구분하지 못하는 경우가 있어요. 전자는 자신의 희망이거나 미래의 모습이에요. 반면에 후자는 현재의 객관적 모습이지요. 후자를 인식한다고 해서 전자가 사라지는 것은 아니에요. 다만 그것을 혼동해서 객관적인 모습을 자신이 원하는 모습으로 대체해버리면 안돼요. 그 둘은 구분해야 해요. 그럴 수 있겠어요?

(나) 네, 알겠어요. 하지만… 여전히 거기에 문제점이 남아 있을 수 있어요. 타인이 나를 어떻게 본다는 것에 신경을 덜 쓰고, 자신을 어떻게 봐주었으면 좋겠다에 더 집중한다면, 자신에게 보다 발전적인 역할을 할 수 있지 않겠어요?

(구루) 흠… 그렇다고 대체할 수 있는 것은 아니에요. 그 둘은 구분되는 거예요. 마치 아까 이야기했던 자연 법칙과 도덕적 가치가 별개의 영역인 것처럼, 현실의 영역과 희망의 영역은 구분해야죠. 다만 그 둘을 모두 함께 가질 수 있다는 것이 중요해요. 자

신의 발전을 위해 어떻게 봐주었으면 좋겠다고 생각하기도 하면서, 현실의 자신의 모습을 알기도 해야지요.

(나) 대충 알겠어요. 그건 알아서 할 문제 같군요.

잠시 침묵이 흘렀고 구루는 벽시계를 보았다. 오후 3시 55분. 두 시간째에 가까워졌다.

(구루) 시간이 벌써 이렇게 됐네요. 애초 계획한 만큼 진행되지는 못했는데, 마지막으로 한 가지만 이야기하고 끝냈으면 좋겠네요. 민준군은 자신의 한계를 알아야 해요. 사실 민준군 뿐 아니라 모든 사람은 자신의 한계를 아는 것이 좋아요. 그럴 때, 자신의 운이 좋게 바뀌게 되는 것이지요. 그런데 이 말에 거부반응이 들겠지요, 아마?

(나) 약간 그런 느낌이 드네요. 저의 한계를 알라니… 그런데 운이 좋아진다는 말은 어떤 뜻인가요?

(구루) 신비적인 이야기라기보다는 일이 잘 풀린다, 보다 행복해지고 성공한다 정도로 생각하면 돼요. 자신의 한계를 알 때 그렇게 될 가능성이 커져요. 아니, 그것을 모르면 대체로 그렇게 될 수 없어요.

(나) 납득하기 어렵네요. 저는 평소에 반대로 나의 한계를 규정짓지 않는 게 좋다고 생각하는 편이었거든요. 그리고 많은 사람들이 그렇게 생각할 거예요. 예를 들어 '불가능이란 쓸데없는 것이다' 이와 비슷한 모토를 종종 들을 수 있잖아요. 그런데 자신의 한계를 규정짓게 된다면 자신의 발전에 악영향을 미치게

될 거예요.

(구루) 종종 그렇기도 하지요. 이것도 세밀하게 구분할 필요가 있어요. 자신의 미래의 모습에 대한 한계를 너무 빨리 규정짓는다면 발전에도 한계가 있겠죠. 그러나 꿈의 크기는 자신의 한계를 아는 것과 무관할 수도 있어요. 오히려 자신의 한계를 앎으로써 궁극적인 꿈을 이루거나 더 행복해질 수 있지요. 왜냐하면 제가 말한 한계란, 풀어서 설명하자면 현재 자신이 가진 능력의 한계를 말하기 때문이에요.

(나) 잘 이해가 안 되네요. 현재가 어떠하든 간에 능력은 높아질 수 있는 것이잖아요. 오히려 능력을 더 높이기 위해서 한계가 없다고 생각해야 하는 것 아닌가요?

(구루) 아니에요. 오히려 능력을 더 높이기 위해서 자신의 한계를 알아야 해요. 여기에서 오해가 있었군요. 자신의 한계를 알게 되면, 답답함을 느끼겠죠. 그때 비로소 사람은 자신의 능력을 개발해야겠다는 생각을 하게 되고 새로운 능력과 기술을 익히게 되지요. 능력을 얻는 과정은 현재의 한계를 인식하고 노력을 통해 그 상태를 바꾸는 것이에요. 그런데 만약 자신에게 한계가 없다고 생각하거나 한계를 인식하지 못하면, 나는 뭐든지 할 수 있다는 착각에 빠지게 되고, 나태해지게 될 거예요. 자신에게 한계가 없다는 것은 착각일 뿐이고 능력이 부족한 상태인데 자신은 그것을 모르고 있는 상태가 되겠죠.

(나) 그렇다면 그 한계를 안다는 것은 현재의 자신이 능력이 부족한 상태라는 것을 인식한다는 뜻이군요. 그럴듯하네요.

(구루) 그것도 중요한 부분이기는 한데… 단지 그것만 뜻하는 것은 아니에요. 정말로 불가능한 것도 있을 수 있어요. 그것도 아는 것이 좋아요. 즉 자신의 능력이 발전할 가능성도 무한대가 아니라는 뜻이죠. 만약 그것이 허황된 꿈이라면 그것도 버리는 것이 좋아요.

(나) 그 부분은 조금 거부감이 드네요. 위험한 말 아닌가요? 꿈을 미리 포기하게 만드는 것 같군요.

(구루) 저는 위험한 말을 한 게 아니라, 당연한 자연 법칙에 관한 이야기를 한 거예요. 포기하지 않아도 되는 꿈도 많지만, 포기해야 하는 꿈도 있어요. 저는 모든 꿈을 포기하라는 게 아니라, 포기해야 할 꿈에 대해 자신의 한계를 알고 포기하라는 말이에요. 이것은 단지 꿈의 크기로 나누는 것이 아니에요. 어쩌면 큰 꿈을 포기하지 않아도 되고, 그보다 작은 꿈이 포기해야 하는 것일 수 있어요. 예를 들어 나중에 국회의원이 되는 꿈이 큰 꿈이라고 하고, 자신이 짝사랑하는 어떤 여성과 결혼하는 것이 작은 꿈이라고 해봅시다. 그렇게 가정해보자는 것이지요. 그런데 잘하면 능력을 키워서 국회의원이 될 가능성은 있는데, 그 여성과 결혼할 가능성은 그보다 훨씬 적거나 없을 수 있어요. 그런데 자신의 한계를 모르고 그것을 모두 이룰 수 있다고 생각하면 좋지 않습니다. 즉 큰 꿈을 버리라는 것이 아니라, 이루지 못할 꿈을 버리라는 말이에요. 다르게 표현하자면, 선택과 집중을 하라는 것입니다.

(나) 음… 그렇다면 인간은 다양한 욕구가 있는데, 그것을 모두 이

루는 것은 현실적으로 불가능하다는 말씀인 것 같군요. 하긴, 꿈과 욕구들끼리 충돌할 수도 있고, 어떤 꿈을 이루려면 다른 꿈을 포기해야 할 때도 있으니까요. 하지만 문제는 어떤 것이 이룰 수 있는 꿈이고, 어떤 것이 불가능한 꿈인지 알기가 어렵다는 점이에요. 그것을 알 수 있는 방법이 있나요?

(구루) 그건 굉장히 어려운 질문이군요. 저도 아직 정확하게는 몰라요. 다만 본인이 합리적으로 따져봐야겠지요. 제가 알려드리는 건, 자신의 꿈이 전부라고 생각하지 말고 현실을 인식해야 한다는 점이에요. 그리고 꿈 중에서 일부를 선택할 필요가 있다는 점이에요. 자신의 몸은 하나일 뿐이에요. 자신의 한계를 안다는 것은 자신의 현재 능력의 부족을 아는 것이기도 하고, 모든 꿈을 동시에 이룰 수 없도록 자신의 몸이 하나라는 그 한계를 아는 것이에요.

(나) 혹시 그것을 아는 방법이 자기객관화와 연관되어 있지 않을까요?

(구루) 자기객관화를 잘하게 된다면 어느 정도 연관은 있겠지만, 별개의 주제라고 생각해도 돼요. 한계를 알라는 것은 다만 현실을 파악하는데 도움이 되는 이야기였어요. 현실 파악의 방법에는 여러 가지가 있지요. 예를 들어 병원에서 건강검진을 받는 일도 일종의 현실 파악이에요. 자기객관화는 그와 다른 특정한 방식으로 현실의 일부를 파악하는 거지요. 그런데 오늘은 자기객관화에 대한 본격적인 이야기는 들어가지 못했네요. 다음 시간에 하기로 하지요.

(나) 본격적인 이야기를 하지 않았다고요? 오늘도 많은 이야기를 나눈 것 같은데요.

(구루) 자기객관화가 필요하다는 것은 어찌 보면 당연한 이야기라 할 수 있어요. 본격적인 이야기는 어떻게 하면 자기객관화를 잘할 수 있는가예요. 그 방법이 중요한 문제가 되겠지요. 그럼, 다음 주에 봅시다.

(나) 네. 감사합니다.

2장.

두 번째 오후

인간은 신만큼 알 수 있는가

나는 일주일 동안 지난 상담에서 겪은 일에 대해 종종 생각해 보았다. 처음에는 단지 호기심의 동기와 약간의 두려움도 있었지만, 지금 드는 생각은 뭔가 새로운 자극이 되었다는 것이었다. 어쩌면 구루가 말한 것처럼 그 자극으로 인해서 나의 운이 바뀌었을 지도 모른다. 다만 대화 내용을 노트에 즉각 필기하지 않은 것이 후회되었다. 두 번밖에 남지 않았지만 다음부터는 그의 말을 들으며 노트에 기록해야겠다. 기억을 더듬어내 노트에 정리해보았는데, 한 가지 시원치 않게 넘어간 부분이 있었다. 나는 먼저 그것을 물어봐야겠다고 생각했다. 앞으로도 눈을 부릅뜨고 그의 말의 허점을 찾아 비판해 볼 것이라는 점에는 변함이 없다.

작은 강의실의 문을 열고 들어가니 구루가 흰 책상에 손을 얹고 앉아있었다.

(나) 선생님 안녕하세요.

(구루) 네, 안녕하세요. 앉으세요.

(나) 질문이 하나 있어요. 지난 시간에 나눈 이야기 중에 해결되지 않은 부분이 있어서요.

(구루) 질문은 환영이죠. 무엇인가요?

(나) 지난 시간에 선생님께서는 사람이 무한대로 아는 것이 많아지더라도 신만큼 알 수는 없다고 하셨어요. 저는 그 점이 이해가 되지 않아요. 논리적으로도 이상하고요.

(구루) 음… 약간 기억에 착오가 있을 거예요. 아마 저는 무한대로 많이 알 때를 가정하지 않았을 겁니다. 아이큐나 경험, 탐구 같은 것이 무한대로 증진될 때를 가정했지요. 그것과 무한대로 많이 아는 것의 차이를 아시겠어요?

(나) 글쎄요. 현실적으로 무한대가 되는 것이 어렵다는 차원의 이야기는 아니겠죠? 그렇다면 아이큐나 경험, 탐구, 기타 등등이 무한대로 증진된다면 논리적으로 신이 아는 만큼 알 수 있겠지요.

(구루) 그 기타 등등에 함정이 있어요. 아이큐, 경험, 탐구와 같은 것들은 각각의 항목들이에요. 만약 그 항목들까지 무한대로 늘어난다면 신이 아는 만큼 알 수 있겠지요. 하지만 우리는 어떤 특정한 항목들에 대해서는 무한대로 많이 발전한다 가정할 수 있지만, 무한대의 항목들을 모두 가지는 것은 불가능해요. 그것은 신이 아는 만큼 알면 신 만큼 안다는 동어반복과도 같지요.

(나) 그러면 우리가 결코 가질 수 없는 항목이란 어떤 것이죠?

(구루) 제가 정확히 알지는 못하지만, 신 또는 자연 자체만이 가질 수 있는 어떠한 항목이 있겠지요.

(나) 그건 신비적인 이야기 같은데요. 혹은 단지 현실적인 불가능성의 이야기가 아닌가요?

(구루) 아니에요. 신비주의도 아니고, 현실적인 불가능성이란 현재 시점과 발전 과정에서의 어려움과 고단함을 이야기하는 것이지요. 하지만 이미 저는 특정 항목들에서 무한대의 발전이 가능하다는 것을 가정했잖아요. 그것도 사실 현실적이지는 않지만, 그것을 가정했을 때도 논리적으로 신만큼 아는 것이 불가능하다는 뜻이에요.

(나) 논리적으로 어떻게 우리가 결코 알 수 없는 항목이 있다는 말인가요? 그것은 논리가 아니라 기껏해야 경험 과학이겠지요. 그래서 현실적인 불가능성으로 보이는 거예요.

(구루) 논리적으로 우리가 모든 항목을 알 수도 있다는 건가요? 그건 논리가 아니라 환상과 오만에 불과해요. 오히려 논리적으로 그 불가능성이 밝혀지기도 했지요. 쿠르드 괴델(Kurt Gödel)이라는 수학자는 '불완전성 정리'로 인해서, 어떤 체계 안에서의 어떤 증명은 그 체계 안에서 결코 해결할 수 없는 부분이 있다는 것을 밝혀내었지요. 이것을 다르게 말하면, 어떤 닫힌 체계 안에서 아무리 모든 것을 알 수 있다고 의기양양하더라도 그 체계의 밖에 의해서 제한되고, 앎의 밖에 있는 영역, 그 무지의 영역이 항상 존재한다는 것을 뜻하지요.

(나) 그러면 선생님은 우리가 닫힌 체계 안에 살고 있다고 생각하시나요?

(구류) 당연하지요. 신만이 완전히 열린 체계에서 살고 있겠지요. 신은 자연에 대한 비유이긴 하지만.

(나) 인간이 닫힌 체계 안에서 산다는 것을 가정한다면, 선생님의 말처럼 논리적으로도 신만큼 아는 것이 불가능하다는 것이 성립될 거예요. 그런데 인간이 닫힌 체계 안에서 산다는 것 자체도 경험적인 게 아닐까요?

(구류) 하하, 따져보면 그것도 경험적이지요. 우리가 올림포스의 신이 아니라 인간으로 태어난 것은 후천적 경험이니까요. 그것이 뭐가 문제인가요?

(나) 우리는 지금 철학적인 토론을 하고 있고, 경험에 의해 알게 된 제한들로 인해 불가능하다는 것은 우리의 논의 영역이 아닌 것 같아요. 그것은 경험과학에 의한 불가능성이죠. 그러니까, 인간이 닫힌 체계에 살고 있다는 것도 경험에 의한 것이므로 어쩌면 바뀔 수도 있고, 거기에 얽매여서는 안 된다는 점이에요.

(구류) 논리에 대한 절대적인 신뢰를 가지고 계시군요. 논리가 경험을 초월한 것이라고 믿고 있는 것 같아요. 하지만, 논리와 수학이라는 것은 사실 인류의 경험에 토대를 둔 것이에요. 그렇기 때문에 논리와 수학을 포함한 우리의 앎은 닫힌 체계 속에 머무를 수 밖에 없지요.

(나) 그렇다면 선생님의 말씀은 논리와 수학이 경험에 토대를 두고,

닫힌 체계이기 때문에, 우리들이 논리적으로 닫힌 체계에 살고 있다는 말 아닙니까? 그것은 순환 논법이 아닌가요?

(구루) 그렇게 볼 수도 있지요. 하지만 그 비판이 논리와 수학이 경험을 토대로 하지 않는다는 근거는 되지 않지요. 논리와 수학이 경험을 토대로 한다는 것은 '경험적으로' 알 수 있어요. 민준군은 그것을 경험으로 알면 안 된다고 생각하는 겁니까?

(나) 저는 안 된다고 생각해요. 왜냐하면 순환논법이기 때문이지요.

(구루) 순환논법은 단지 추가적 정보를 제공하지 않는다는 아쉬움일 뿐, 완전한 논리적 오류는 아니에요. 추가적 정보는 경험적으로 찾아볼 수 있어요.

(나) 저는 그것을 경험적이 아니라 논리적으로 찾아봐야 한다고 생각해요.

(구루) 그렇게 순수하게 논리적으로 찾아볼 수 없어요. 왜냐면 논리는 경험에 토대를 두기 때문이죠. 권위에 호소하기는 싫지만, 비트겐슈타인(L. Wittgenstein)은 심지어 수학이라는 것은 발견이 아닌 '발명'이라고 말했지요. 발견도 후천적이지만 발명은 더욱 인위적이지요. 그의 주장이 현재 수학계에서 헛소리 취급받는 것도 아니고요.

(나) 음… 하지만 제가 보기에, 수학이 그러하다거나 인간이 그러하다는 것을 경험에서 찾으려 하는 것은 도피처럼 보이는 군요. 아무런 해결을 주지 못하는 것 같아요.

(구루) 아무런 해결을 주지 못한다라… 흥미로운 관점이군요. 철저한 서양식 합리론의 관점인 것 같아요. 이 논쟁은 지금 쉽게 해결

되기가 어려울 것 같으니, 이렇게 해봅시다. 실용성을 고려하기 위해서 경험을 통해 참과 거짓을 가리는 것입니다. 과학의 발전도 결국 실용적인 쓰임을 위해서 경험을 참조한 것이니까요.

(나) 하지만 지금 우리는 과학을 배우는 시간이 아니라, 철학적 대화의 시간이 아닌가요?

(구루) 물론이지요. 다만 철학상담은 실용적인 목적이 있지요. 치료이든 치유이든, 성공의 방편이든 그러하지요. 그러한 실용성을 위해서는 경험적인 부분을 참조해야 해요. 우리는 과학시간도 아니지만 순수한 논리학 시간도 아니니까요. 사실 논리학도 실용성이 있기는 하지만…

(나) 알겠어요. 철학이 꼭 순수한 논리학과 같은 것은 아니니까요. 다만, 한 가지만 더 말할게요. 논리는 선험적(a priori, 경험에 앞선)이라고 하는데, 그에 대해서는 어떻게 생각하시나요? 그것은 경험에 토대를 둔다는 것의 반례가 아닌가요?

(구루) 하하, 논리의 선험성이라는 것은 선천성과 같은 의미일 뿐이에요. 인간 종의 선천적인 능력은 진화의 과정에서 경험적 적응이 농축된 결과일 뿐이지, 인류에게 경험도 없이 생겨난 것이 아니에요. 그러한 인간 종의 한계를 뛰어넘어서 신 같은 완벽한 능력이 부여되어 있다고 믿는다면 그것이 오히려 신비주의지요.

(나) 음… 뭔가 꺼림직스러운 점이 있지만, 나중에 개인적으로 생각해보기로 할게요.

자기객관화는 왜 연구가 없었나

구루가 말했다.

(구루) 오늘은 자기객관화를 잘 하는 방법에 대해 알려준다고 했는데, 그 본격적인 이야기를 하기 전에, 서론을 좀 더 이야기하는 것이 좋겠어요. 먼저, 자기객관화라는 개념이 왜 이제까지 학계에서 연구되지 않았는가에 대한 이야기를 더 해보도록 하지요.

(나) 네. 저도 그것이 궁금하네요.

(구루) 한주 동안 제가 생각해보니, 한편으로 쉽게 이해할 수도 있어요. '자기객관화'라는 용어는 학술용어로 탄생한 것이 아니고, 우리가 일상적 필요에 의해 새로 만들어진 용어라 할 수 있어요. 그런데 전 시간에 그 효과가 현실을 파악하는 능력을 키운다고 했지요?

(나)   네.

(구루)   그러면 현실을 파악하는 능력도 새로운 용어로 만들어볼 수 있을 거예요. '현실파악력'이라고 할 수 있을 텐데, 현실파악력도 학계에서 연구되지 않은 개념이죠. 그런데 그 이유는 비교적 쉽게 이해가 되지요. '현실파악력'은 새롭게 조합해서 만들어낸 단어일 뿐이고, 그 개념은 폭이 매우 넓어 보이니까요. 어쩌면 앞으로 그 용어와 개념이 중요하게 다루어질지도 모르지만, 아직 애매해보이겠지요. 자기객관화가 학계에서 이제까지 쓰이지 않았고 연구되지 않았던 것도 그와 비슷하게 볼 수 있어요.

(나)   아 그러니까 자기객관화라는 것은 현실파악력처럼 새롭게 조합해서 만든 단어라서 이제까지 연구되지 않았다는 거군요.

(구루)   그런 면이 있죠. 하지만 차이점도 있어요. 현실파악력은 자기객관화를 포함해서 매우 폭이 넓어요. 저번 시간에 현실 파악에 건강검진도 포함된다고 했던 것처럼, 다양한 정보 습득과 감각 능력, 지적 능력이 모두 포함될 수 있어요. 그래서 그것들을 각각 개별적으로 연구할 뿐, 굳이 현실파악력이라는 개념을 다룰 필요가 있느냐는 생각이 들지요. 반면에 자기객관화는 그렇게 폭넓고 모호한 개념이 아니에요. 독립적으로 다룰 수 있고, 삶에서 중요한 기능을 하지요. 그런데도 심리학과 철학에서 연구가 없었다는 것이 희한한 일이에요.

(나)   제가 보기에 그 객관화라는 것이 기존 학계에서 인정받지 못한 게 아닐까요? 지난 시간에 제가 다수의 생각이 객관적이라는

것을 인정하지 못했잖아요. 아마 그 점이 크게 작용했을 것 같아요.

(구루) 철학적으로 그런 경향이 있지요. 그런데, 지금은 인정하시나요?

(나) 객관적임의 의미도 다를 수 있고, 진리가 아닐 수 있다는 점을 가정한다면 인정할 수 있어요. 다수가 생각하는 것이 진리는 아니지만 어떤 측면에서 객관적일 수는 있겠죠.

(구루) 근대 이후 학문은 과학적 방식을 추구하면서 다수든 소수든 사람들의 생각과 무관한 진리를 찾아왔지요. 사람들의 생각은 뜬소문이거나 오해일 수 있고, 사람들의 생각에 의해 변하거나 좌우되지 않는 것을 찾으려 했거든요. 다수이든 소수이든 사람들의 생각은 주관일 뿐이고, 진리는 그와 다른 차원에 있는 것이죠. 중세의 마녀사냥이나 천동설 등 계몽되지 않아서 사람들에게 오해가 많았지요. 미래에도 얼마든지 그럴 수 있고요. 그러니까 학자들은 당연히 다수의 생각 같은 것은 관심이 없고, 오히려 싫어하는 편이죠. 그런 전통에서는 다수의 생각이 객관적이 된다는 주장에 혐오감 같은 것이 생길 거예요.

(나) 저도 혐오감이 들기는 하지만, 그에 대해서는 지난 시간에 충분히 이야기한 것 같으니, 받아들일 수도 있을 것 같아요. 다만 주의해서 받아들여야겠지요.

(구루) 맞아요. 다만 오해만 하지 않으면 돼요. 저도 그 혐오감을 이해해요. 지난 시간에 자기객관화와 '따르다'라는 것을 구분했지요. 따른다는 것은 그것이 진리임을 가정해요. 하지만 자기객

관화는 다만 다수가 어떻게 생각하고 있다는 것을 알 뿐이에요. 우리는 다수가 생각한다고 해서 진리가 아님을 알기 때문에, 그러한 혼동만 하지 않는다면 괜찮아요.

(나) 알겠어요. 아마도 학자들은 진리를 탐구하기 때문에 자기객관화에 대해 관심을 안 가졌겠군요. 그런데 문제는… 두 가지가 있어요. 첫째는 다수의 생각이 진리가 아니라면, 자기객관화를 하는 것이 과연 어떤 필요가 있느냐 하는 점이에요. 현실에서 필요하다는 말은 진부한 말이고, 우리는 그러한 다수의 생각을 뚫고 나아가 자신의 삶을 주체적으로 개발시킬 필요가 있다는 점이에요. 다시 말해서, 진리라든지 자신만의 길을 찾아가는 삶이 필요하다는 점이에요. 그리고 둘째는 그와 연결된 것인데, 자기객관화를 강조하다보면 어떤 사람들은 타인들의 생각에 매몰되어서 자존감과 자신감을 갖지 못하고 너무 눈치를 보는 삶을 살게 될 거에요. 그런 부작용이 있겠지요.

(구루) 지난 시간에도 그와 관련해서 많은 이야기를 나눴지만, 역시 쉽게 해결되는 문제는 아니었군요. 첫번째에 대해서는 오늘 다룰 내용과 연관이 많고, 먼저 두 번째에 대해 말씀드리지요. '어떤 사람들'에게 부작용이 생길 수 있다는 점을 지적했군요. 다시 강조하지만 자기객관화는 자신의 주체성과 무관해요. 타인들이 어떻게 생각하고 있다는 것을 알고, 그 후에 자신이 주체적인 결단을 내릴 수 있지요. 그래서 자존감도 얼마든지 가질 수 있는 것이고요. 그런데 어떤 사람들은 자기객관화보다 자신의 내면에 집중하는 것이 더 시급한 문제일수 있어요. 예를 들

어 자신의 주관이 너무 부족해서 타인들의 생각에만 따라서 살아가는 사람은 자존감이 너무 낮아서 문제일 수 있지요. 그 경우에 보다 선행되어야 할 일은 오롯한 자신에 집중하고 믿는 일이겠지요. 그러나, 그 경우에도 사실 자신이 주체성이 부족하다는 것도 자기객관화로 알 수 있기도 해요. 다른 사람에 비해서 주관이 너무 부족하다는 것을 깨달을 필요도 있으니까요. 그것을 제외하고도 정말로 자기객관화가 불필요한 사람도 있겠지요. 어떠한 약이든 영양소이든 과잉이면 좋지 않으니까요. 다만 자기객관화가 부족한 사람이 많이 있고, 특히 민준 군의 경우에는 그것이 필요해요. 각자 자신에게 부족해서 문제가 되는 부분은 보충해주는 것이 좋지요. 그래서 자기객관화가 모두에게 똑같이 좋다는 것은 아니지만, 심지어 소수에게만 필요하다고 하더라도 그것은 연구될 필요가 있어요. 약도 그래서 연구하는 것이지요. 그 약이 모두에게 당장 필요하지는 않다고 해도 말이에요.

(나) 그러면 귀가 얇은 사람은 어떻게 하나요? 타인이 어떻게 생각하느냐에 따라 자신의 생각이 결정되기 쉬운 성향의 사람이라면 자기객관화로 인해 오히려 고통을 받을 수 있을 거예요.

(구루) 그가 고통을 받는다는 것을 왜 성급하게 추측하는 건가요? 고통 받지 않고 잘 살수도 있잖아요.

(나) 당연한 것을 질문하시네요. 주변사람의 말에 쉽게 넘어간다면 예를 들어 사기 같은 것을 당하기도 쉽고, 귀가 얇은 사람들은 그래서 흔히 손해를 보지요.

(구루) 자기객관화는 다수의 생각과 관련 깊은 것이에요. 저번 시간에 다수의 생각을 앎으로 인해서 오히려 소수의 꾐에 빠지지 않을 수 있다는 이야기를 했었지요. 그래서 자기객관화와 귀가 얇은 것은 아무 상관이 없어요.

(나) 음… 제 말은, 다수의 생각에도 귀가 얇다면 문제가 된다는 거예요. 그러한 성향은 결국 불행을 낳을 거예요. 다수의 생각이 진리는 아니고, 결국 오판에 이를 수 있기 때문이지요.

(구루) 그것은 결국 다수의 생각과 진리를 혼동하기 때문에 생기는 문제가 아닐까요? 그 불행이란 실제와 다르게 속았다는 것에서 나오는 것이니까요. 그것을 방지하기 위해서 주체적이고 비판적인 사고를 키울 필요도 있지요. 하지만 자기객관화는 그와 별개이죠. 그리고, 귀가 얇은 사람이 항상 불행할 것이라고 생각하는 경향이 있는데, 꼭 그렇지 않아요. 극단적으로 손해를 너무 많이 보는 사람을 제외하고, 타인들의 말에 잘 따르는 사람도 나름대로 잘 살 수 있어요. 어떻게 살든 그것은 자신의 선택이에요. 그것이 바로 실존주의이겠지요.

소수를 존중할 수 있는가

내가 약간 점색하는 표정으로 말했다.

(나) 이해가 안되네요. 그것이 실존주의가 맞나요? 그러니까, 다수
      의 생각에 따라 사는 것도 실존주의라는 말인데…

(구루) 그것도 존중받을만한 실존이지요. 그것이 자신의 성향이라면
      요. 민준군처럼 그런 삶을 싫어할 수도 있고, 사람에 따라 그것
      이 좋고 더 행복할 수도 있지요. 이것에 참견하는 것도 실존에
      반하는 행위지요.

(나) 저는 그것이 실존주의가 아니라고 생각해요. 왜냐하면 실존주
      의는 다수나 타인의 생각에 따라 사는 것이 아니라 주체적으
      로 자신의 삶을 사는 것이기 때문이에요.

(구루) 허… 그것은 민준군의 생각일 뿐이지요. 아니면 서양철학의 문
      제점이든지요. 그것은 제가 보기에 실존주의가 아니라 플라톤

주의에 가까운 것이에요. 그럴꺼라면 실존주의를 포기해야 겠지요. 그러고 보니 제가 민준군보다 더욱 실존주의자였군요.

(나) 저는 플라톤주의를 말한 게 아니라 실존주의를 말한 거예요. 저는 실존주의가 타인들이 규정하는 것에서 벗어나서, 순수한 자기 자신, 주체적인 자신을 찾는 것이라고 배웠어요. 그런데 타인의 생각대로 산다고 한다면 그것은 실존이 아니겠지요.

(구루) 그런데 타인의 생각대로 사는 것을 본인이 주체적으로 선택하거나, 또는 그것이 더 나은 삶이 되는 그만의 독특한 성향이 있다면 어떻게 하시겠어요? 그래도 못하게 할 건가요? 그건 실존주의의 진정한 의도나 순기능이 아닌 듯 하네요. 저는 그게 진정한 실존주의가 아니라고 봅니다.

(나) 타인의 뜻대로 사는 것을 주체적으로 선택하는 것이 가능할까요?

(구루) 가능하지요. 물론 항상 그렇게 살겠다는 사람은 극히 드물겠지만, 평범한 사람들은 종종 그렇게 해요. 예를 들어 항상 식사 메뉴를 골라야 하는 것이 귀찮아서 다른 사람에게 알아서 메뉴를 골라 주라고 할 수도 있고, 자신이 여행 코스를 정하기가 귀찮아서 여행 가이드에게 맡길 수도 있고요. 그렇게 우리는 종종 타인의 생각에 따라가는 것이 편할 수 있어요. 그게 행복할 수도 있고요.

(나) 하지만 그 예들은 자신이 메뉴를 짜거나 여행코스를 정하는 데 힘이 들고 어렵거나 전문적 능력이 부족하기 때문이 아닌가요?

(구루) 그러니까 더 행복할 수 있다는 거지요. 그런 어려움의 비용을 줄이니까요.

잠시 나는 할 말을 찾지 못하고 있었다. 그러자 구루가 말했다.

(구루) 민준군이 생각하는 실존주의는 서양의 주체적 철학의 연장 선상에 있는 것이에요. 세부적으로 차별화를 시도했지만 주체성은 오히려 더 강해졌죠. 특히 독일의 야스퍼스(K. Jaspers)와 하이데거(M. Heidegger)가 그런 철학을 주장했는데, 고유한 나, 본래적 자아를 찾기 위해 객관적인 것을 '초월'해야 한다고 주장했어요. 그런 초월을 통해 실존을 찾을 수 있다고 했지요. 그것도 편협한 생각이죠. 왜 초월을 해야만 실존이 있을까요? 타인들과 관계를 맺고 있는 이 현실에도 실존이 있지요. 그런 식의 실존주의는 주체의 고립감을 더 키우는 부작용을 낳고, 별로 쓸모도 없어요. 비도덕적 행동의 명분이 되거나 하이데거처럼 나치(Nazi)에 가담하는 등의 부작용이 있으면 있었지.

(나) 그러면 선생님은 실존주의의 개념을 확장하고 계시는 것 같군요. 저는 서양에서 발달한 그 개념을 말하는 것인데요.

(구루) 개념에 혼선이 있을 수 있겠군요. 다만 제가 생각한 실존주의는 그것이 아니라 다수가 긍정적으로 받아들일만한 개념이었어요. 과연 그것이 확장일까요? 실존주의도 해석이 다를 수 있겠죠.

나는 잠시 생각하다가 말했다.

(나) 그런데 자기객관화에서 또 다른 문제점이 생각났어요. 다수의 생각이 중요하다고 하는 태도는 소수에게 불리할 수 있어요. 소수의 생각과 관점이 무시되는 문제에 대해서는 어떻게 해결하실 건가요? 설마 소수는 무시되어도 된다고 하진 않으시겠죠?

(구루) 소수에 대한 존중의 문제군요. 하지만 그런 걱정은 안 해도 돼요. 왜냐하면 자기객관화는 다수의 생각이 어떠하다는 것을 알아서 스스로 활용할 뿐이지, 소수를 탄압하는 것과는 전혀 상관이 없으니까요. 저도 민준군 이상으로 독특한 사람이고, 소수에 속하겠지요. 저는 소수가 존중받고 다양성이 있는 사회가 좋다는 신념을 가지고 있어요. 소수 존중에 관해서는 아무런 문제가 안될 것 같아 깊이 생각해 보지 않았는데, 그러면 같이 생각해 봅시다…

잠시 침묵이 흘렀다. 나는 어쩌면 그의 논리에 허점을 발견할 수 있을지도 모른다는 생각에 약간 의기양양해졌다. 구루가 입을 뗐다.

(구루) 간단히 말하면 이렇게 보면 되겠네요. 자기객관화는 다수의 생각을 알라는 것이지요. 그런데 그것은 다수에 속하라는 말이 아니고, 다수가 되라는 말이 아니지요. 그것은 전혀 다르지요. 받아들이는 사람들도 쉽게 이해할 거예요. 그러니까 자신이 소수임을 유지할 수 있고, 그것을 바탕으로 소수의 권익도 얼마든지 보호할 수 있지요.

(나) 그것이 다르다는 점은 이해했어요. 하지만 타인들 중에 다수의

생각만 중요하게 여긴다면, 소수의 영향력이 줄어들게 되고 존재할 가치가 없어지겠죠. 그것은 '침묵의 나선 이론'(다수 여론의 눈치를 보고 소수의 의견이 점점 줄어드는 사회 현상)처럼 줄어들게 될 거예요.

(구루) 그 비판은 그럴싸해 보이지만, 빗나갔어요. 왜냐하면 침묵의 나선 이론은 겉으로 표현되는 의견에 관한 것이고, 자기객관화에서 감안하는 것은 '생각' 차원이기 때문이지요. 사회적으로 표현된 의견들의 크기와 사람들 다수의 생각은 다를 수 있어요. 예를 들어 억압이 극심한 독재국가에서 언론을 통제하고 사람들의 말도 감시하고 통제하고 있는데, 어쩌면 다수의 사람들은 이 세상을 바꿔야 한다고 생각할 수 있지요. 다만 그 생각을 표현하면 폭력적으로 억압당하니까 말을 안 할 뿐이지요. 침묵의 나선 이론에서도 대체로 침묵하는 사람들은 생각은 가지고 있지만 사회적 불이익이 두려워서 말을 안 하게 되는 것이지요.

(나) 하지만, 표현을 안 한 생각을 우리가 어떻게 알 수 있나요? 그렇게 표현되지 않는 타인들의 생각을 안다는 것 자체가 너무 어려운 일 아닌가요?

(구루) 그래서 자기객관화 하는 법을 알 필요가 있지요. 그것이 오늘 잠시 뒤에 다룰 내용입니다.

(나) 아무리 어떤 비책이 있다고 하더라도, 우리는 표현된 것에 더 영향을 크게 받을 거예요. 그리고 다수가 주장하는 것에 더욱 신경을 쓰게 되겠죠.

(구루) 겉으로 표현된 주장은 어떤 생각에서 나오고, 겉으로 표현된 것에서 어떤 생각을 하는지에 대한 많은 단서를 얻을 수 있지요. 다만 거짓말과 농담, 허튼 소리 같은 것도 얼마든지 할 수 있어요. 그리고 자신의 생각의 극히 일부만 표현할 뿐이지요. 민준군은 타인에 대한 자신의 생각을 그에게 솔직히 전부 말합니까? 표현된 것으로는 잘 알 수 없어요. 생각을 추측해야지요. 특히, 다수가 어떻게 생각하는지는 더욱 표현으로 알 수 없어요. 일일이 대규모 설문조사를 할 수도 없고, 그들이 자신에 관해 피드백 해주는 것도 아니니까요. 그래서 만약 표현된 것에 큰 영향을 받는다면, 주변에 몇몇이 직접 말한 것에 큰 영향을 받고, 전 시간에 이야기한 가스라이팅 같은 것에 휘둘리기 쉬워요.

(나) 음… 자기객관화가 표현된 것이 아니라 생각 차원을 알아야 한다는 것은 이해했어요. 어떻게 가능할지는 모르겠지만 기대해 볼게요. 그런데 그것과 소수를 존중할 수 있다는 것이 어떻게 연결되는 것인지 잘 이해가 안가요. 여전히 소수의 생각은 무시되는 것 아닌가요?

(구루) 무시되는 것이 아니지요. 다만 다수의 생각이 어떤 힘을 갖는 것은 자연의 이치일 뿐이고, 다수는 다수의 역할, 소수는 소수의 역할이 있을 뿐이지요.

(나) 그것이 자연의 이치라고요? 약육강식과 같은 이치인가요?

(구루) 흠… 폭력적이고 비도덕적인 약육강식을 떠올리는 것 같은데, 그런 것이 아니라 투표나 민주주의와 같은 거예요. 약육강식

은 폭력적 힘만 많이 가지면 소수여도 지배할 수 있지만 다수로 결정하는 것은 그와 달라요.

(나) 하지만 다수가 가진 폭력적 힘도 크잖아요. 그것으로 지배하는 것 아닌가요?

(구루) 부도덕한 폭력적 힘을 가정하고 있군요. 하지만 다수의 생각 혹은 다수결 방식으로 정당하게 해소되는 문제가 많이 있어요. 예를 들어 과거에는 '자장면'이 표준어였고, '짜장면'은 쓰지 말라고 했지요. 하지만 다수가 일상적으로 '짜장면'을 쓰고 있으니까 얼마 전부터 표준어가 되었어요. 그것이 다수의 폭력은 아니지요. 어떤 소수가 짜장면 대신 '블랙면'으로 부른다고 하면, 우리 입장에서는 무시해도 되고요. 그것은 소수의 권익 보호와는 무관한 겁니다.

(나) 하지만 그것은 소통의 편의를 위한 것이잖아요.

(구루) 사실, 자기객관화도 소통에 관한 실용성을 위한 것으로 볼 수 있어요. 그래서 나중에 우리는 소통의 문제에 관해서도 다룰 예정이에요. 빠르면 오늘, 아니면 다음 주에 이야기 하지요.

나는 자기객관화와 소통이 어떤 연관이 있는지 현재로서는 잘 이해되지 않았으나 나중에 다룬다고 했으니 넘어가기로 했다. 그러나 평소 소수의 보호와 존중에 관심이 많았던 나는 여전히 다수가 중요하다는 것 자체에 반감이 남아있었다. 그래서 다음과 같이 말했다.

(나) 그런데 저는 여전히 소수가 목소리를 내지 못하고 다수에게 밀려 움츠려 드는 부작용이 걱정돼요. 그 우려는 해소될 수 없을

까요?

(구루) 저도 그런 생각이 드는군요. 그러면, 소수의 권익을 더욱 존중하고, 사회의 다양성이 커질 방안을 생각해 봅시다. 일단 자기 객관화 또는 객관화에서 중요한 것은 다수의 생각이지요. 그런데 그것과 소수에 대한 존중이 과연 충돌하거나 모순되는 것일까요? 저는 그렇지 않다는 직관이 있는데, 어떻게 조화될 수 있는지 생각해 봅시다. 저는 한 가지가 떠올랐어요. 어떤 사례가 있을까요?

(나) 음… 혹시, 다수가 소수의 권익을 보호해야 한다고 생각한다면?

(구루) 그래요. 다수가 소수를 존중해야 한다고 생각하고 사회적 다양성을 선호한다면, 그것이 객관적인 여론이 될 것이고, 그 다수의 의견만 참조한다고 하더라도 소수가 부당하게 억압받지는 않겠지요. 그래서 민주주의는 다수의 횡포나 전체주의가 될 수도 있고, 다수의 인식이 바뀐다면 소수를 존중하는 사회가 될 수도 있지요.

(나) 하지만 만약 전자처럼 다수가 소수를 탄압해도 된다고 생각하는 사회라면 어떻게 하나요? 그것이 객관적인 의견이 되고 전체주의가 되잖아요.

(구루) 바꿔나가야지요. 다수의 생각은 변할 수 있고, 변하지 않는 진리는 아니니까요. 앞에서 말했듯이 자기객관화는 당시에 다수의 생각을 인식하는 것이지, 다수가 되라는 것이 전혀 아니에요. 많은 사람들이 오해하고 있다는 것을 자신이 알 때, 자신까

지 덩달아 오해해야 하는 것은 아니지요. 그래서 주체적 관점과 자기객관화는 함께 가질 수 있는 것이에요. 갈릴레이처럼 사회적 폭력에 굴복해서 지동설을 주장하지 않겠다고 겉으로 선언했어도, 그는 다수가 잘못된 생각을 가지고 있다고 계속 생각할 수 있어요.

(나) 그렇다면 자기객관화는 단지 현 시점에 사람들의 생각을 알아보는 것일 뿐, 도덕적이거나 정치적인 지향점과는 무관하게 되는 것이군요. 알겠어요.

(구루) 더구나 자기객관화는 표현된 의견보다는 사람들의 생각 차원을 감안하기 때문에 오히려 표현되지 못하고 억압된 생각을 더욱 잘 반영하기도 하지요. 결코 폭력적인 것이 아니에요.

자신을 의심하기의 장점

구루가 그의 노트를 흘끔 보고 나서 다음과 같이 말했다.

(구루) 이제까지 자기객관화에 대한 연구가 왜 없었을까, 그에 대해 더 살펴봅시다. 만약 이 주제를 다룬다면 주로 철학이나 심리학에서 다뤄야 하겠죠. 그런데 심리학은 19세기 후반, 철학에서 분리되어 근현대에 발달한 학문이에요. 그 시초가 된 프로이트(S. Freud), 제임스(W. James), 분트(W. Wundt)는 철학자에 가까운 심리학자이죠. 즉 심리학의 역사는 짧고 근대 서양철학의 연장선상에 있어요. 물론 지금 심리학자들은 철학과 다르고 자연과학이라고 주장하겠지만, 과학자들도 서양철학에서 강조하는 방식으로 교육을 받았고, 서양철학의 영향에 짙게 물들어 있어요. 그래서 아직까지 자기객관화에 대한 연구가 미진했던 것이지요.

구루는 일어나서 등 뒤에 있던 화이트보드에 마커펜으로 다음과 같이 글자를 적었다.

> 너 자신을 믿어라
> 주체적으로 사고하라
> 고유한 너 자신을 찾아라
> 언제나 긍정적인 마음을 가져라
> 세상의 중심은 너다

구루가 자리에 앉더니 말했다.

(구루) 민준군은 아마 여기 써진 말들에 공감할 거예요. 왜냐하면 이 것들은 서양철학이 가르쳐온 내용이고 모토이기 때문이지요. 그런데 바로 이것이 자기객관화에 대한 관심과 연구가 없었던 주된 이유예요. 이제부터 하나씩 차례로 이야기해 보도록 하 지요.

(나) 저기 써진 말들은 어디선가 들어본 것들이네요. 저는 대체로 공감이 가요. 그런데 혹시 선생님은 저 말에 반대하시는 건가 요? 그렇다면 굉장히 파격적인 주장이겠네요.

(구루) 완전히 반대하는 건 아니에요. 저 말들에도 장점이 있어요. 주 체적으로 사고하는 것에 장점이 있다고 전에도 제가 말했었지 요. 다만 저것이 일방적으로 맞다고 생각하는 태도로 인해, 이 것에 과도하게 집중할 때 생기는 부작용을 간과하고, 이 말에 상반되는 생각의 장점에 대해 알지 못하고, 자기객관화와 같

은 좋은 기능에 방해가 된다는 점을 알아야 해요. 그러면 먼저 '너 자신을 믿어라'라는 모토에 대해 논의해 볼게요. 민준군은 이 주장이 옳다고 생각하시나요? 그렇다면 그 이유를 말해보세요.

(나) 자신을 믿는다는 것은 주체성 뿐 아니라 자신감과도 많은 연관이 있겠네요. 자신감이 부족한 사람에게 자신을 믿으라는 말은 좋은 영향을 줄 거예요. 자신감이 왜 좋은지에 대해서는 일반적으로 많이 알려져 있기 때문에 제가 군이 설명할 필요는 없을 것 같네요. 지난 시간에도 그에 대해 이야기를 나눴던 것 같은데요. 만약 저 말을 부정하게 된다면 저 말을 긍정하는 것보다 부작용이 훨씬 더 클 거예요.

(구루) 저 말이 자신감과 관련이 큰 것은 사실이에요. 자신감이 부족한 사람이 자신감을 가지면 좋다는 말은 당연한 말이므로 따져볼 필요는 없겠네요. 자신감이 너무 없으면 좋지 않고, 부족하면 채우는 것이 좋은 것은 당연하지요. 저는 앞으로 저 말들이 가진 부작용에 대해 말할 거예요. 그런데 민준군은 저 말들을 부정하게 되면, 긍정하는 것보다 부작용이 훨씬 더 클 것이라고 했군요. 그 말은 즉, '너 자신을 믿지 말라'는 주장은 틀렸거나 나쁘다고 생각하시나요?

(나) 아마도 선생님께서는 간혹 자신의 생각이 틀리는 경우가 있으니 믿는 것이 항상 옳지는 않다고 말하시려는 것 같은데, 그런 경우가 있긴 하지만, 대체로 그런 주장을 따르는 것보다는 자신을 믿는 것을 모토로 삼는 것이 훨씬 낫지요.

(구루) 간혹 자신의 생각이 틀릴 수 있다는 것을 알아서 다행이군요. 그런데 자신을 믿는다에 집중하게 되면 그런 생각이 안 나게 되지요. 왜냐하면 믿는다와 믿지 않는다는 모순되는 것이고, 그 중 하나를 선택하면 다른 하나는 지워지게 될 테니까요. 제 말은, 자신을 믿는 것이 때에 따라 좋을 수도 있고, 믿지 않는 것이 좋을 수도 있는데, 지금 학계와 사회 분위기가 서양철학의 막대한 영향으로 자신을 믿어라에 쏠려 있고, 그로 인해 자신을 믿지 않는 것의 장점이 지워져 있다는 점이에요. 그건 큰 문제예요. 그런데, '자신을 믿지 않는 철학'이 바로 동양철학의 핵심적 내용이에요. 놀랍지 않나요?

(나) 그것이 동양철학이라고요? 흠… 그런데 서양 근대철학의 창시자 데카르트도 자신의 생각을 의심하지 않았나요? 모든 생각들을 다 의심하고 나서 결코 의심할 수 없는 것은 '나는 생각한다 고로 존재한다'라고 말했잖아요.

(구루) 좋은 지적이에요. 그런데 데카르트가 왜 서양 근대철학의 창시자일까요. 그것은 주체의 관점에서 의심하기 시작했기 때문이지요. 즉 타인, 소문, 권위가 아닌 자기 자신이 가장 믿을만한 밑바탕이 되어 의심을 하지요. 그가 혼자서 생각해보았더니 경험도 착각이나 속고 있는 것일 수 있고, 결국 논리, 연역적 방법이 가장 믿을만한 것이 되었죠. 그 계통이 유럽대륙의 합리론이고, 영국의 경험론은 그것만으로는 얻을 수 있는 지식이 너무 적으니 경험을 적극 활용하자고 했는데, 그것도 자신의 입장에서 경험한 것을 믿는 것이 되는 것이죠. '보는 것이 믿는

것이다(Seeing is believing)'라고 하는 영국 속담처럼요. 거기에는 자신이 본다는 것이 전제로 깔려 있지요. 데카르트 이후 서양 근대철학은 주체와 주관을 강조하는 철학이고, 타인이나 권위를 믿지 않고 자신의 관점을 믿는 철학이에요.

(나) 그건 동의해요. 서양 근대철학이 주체를 강조하는 철학이었다고 알고 있어요. 그런데 그러한 태도로 인해서 근대에 과학이 발전하고, 문명도 발전해서 동양을 능가하고 이기게 되었지요. 그것은 그 정신이 객관적으로 좋기 때문이라는 증거가 될 거예요. 그래서 지금도 서양 선진국들에서 그러한 방식의 교육을 많이 하고 있는 거지요. 자신의 생각을 믿고 표현하는 것을 장려하잖아요.

(구루) 드디어 과학에 대해 이야기할 때가 되었군요. 그런데 민준군이 아직 모르는 것은, 과학을 잘 하기 위해서는 자신의 관점에 너무 집중해서는 안 되고, 자신을 너무 믿어도 안 되고, 겸손해야 한다는 것이에요. 그것은 주체, 주관을 강조하는 것과 상반되는 태도예요. 그것이 실용적으로 결합될 때 과학이 발전할 수 있는 거예요.

(나) 이해하기 어려워요. 과학이 서양에서 발전한 건 사실이잖아요. 그러면 서양의 주체를 강조하는 철학과 무관하다는 뜻인가요? 그러면 왜 서양에서 과학이 발전했나요?

(구루) 서양에서 과학이 발전한 원인은 여러 가지 요인들이 있겠지만, 제가 보기에 가장 유리했던 점은 수학과 논리학의 발전으로 측정과 계산이 정확해졌다는 점이 있어요. 그에 비해 동양은

수학과 논리학 발전이 미진했었지요. 이 차이는 상거래를 많이 하는 문화와 농업 중심 문화의 차이 때문이었다고 할 수 있지요. 주체적 관점이 좋은 영향을 끼친 부분은 호기심을 갖기 쉽다는 것, 그리고 자신감 있게 스스로 가설을 세울 수 있다는 점 정도예요. 그런데 진정한 과학의 발전은 그러한 토대에서 자신의 주장을 외부에 의해 검증받을 때 일어나요. 그리고 자신이 그 검증을 수용하고, 자신이 틀릴 수 있다는 것을 전제로 할 때 발전해요. 그래서 과학자들은 사실, 자신을 많이 믿는 사람들이 아니에요. 자신을 많이 의심할 때 올바른 진리에 잘 접근할 수 있어요.

(나) 음… 그것은 회의주의(방법적 회의주의)라고 생각되네요. 그것이 과학 발전에 도움이 되었는데, 그것은 주체적 관점에서도 중시 여기는 것 아닌가요? 데카르트가 모든 것을 회의해 본 것처럼요.

(구루) 방법으로서의 회의주의가 큰 도움이 되지요. 제가 말하는 건, 자신의 생각에 대한 회의(의심)라는 거예요. 그것이 중요하다는 것이지요. 그런데 왜 자신은 많이 믿고, 남의 말이나 자신의 정신 외부에 대해서만 회의하려고 하는 건가요?

(나) 음… 애매하네요. 그러고보니 서양적 경향은 자신을 믿으라고 하는 것 같긴 한데… 그런데 정말로 자신의 생각에 대한 회의가 중요한가요? 그것은 자신감을 떨어뜨리잖아요.

(구루) 지금은 일단 과학에 대해 다루고 있지요. 서양 문화의 영향으로 과학자들도 주체성이 중요하다고 알고 있지만, 알고 보면 뛰

어난 과학자가 갖는 태도는 오히려 자신의 생각을 잘 믿지 않는 태도와 '겸손'이에요. 최근에 흥미로운 책이 나왔더군요. 애덤 그랜트(Adam Grant)가 쓴 《싱크 어게인》(Think Again)이라는 책을 아시나요?

(나) 들어본 적은 있어요. 그 사람 이름도 들어봤고요.

(구루) 미국 와튼 스쿨 교수인데 세계적인 베스트셀러 작가이기도 하지요. 그 책은 올바른 의사결정을 하고 조직을 발전적으로 이끌기 위해서, 자신의 생각에 대한 확신을 줄이고, 겸손하고, 내적인 일관성 보다는 유연성을 가지라고 말해요. 그리고 '과학자의 사고방식'을 가져야 함을 강조해요. 그가 말하는 과학자의 사고방식, 과학적 사고란 바로 앞에서 말한 것과 같은, 자신의 생각에 확신하지 않고, 겸손하고, 열린 마음을 말해요. 지금 제가 말하고자 하는 것은 그 책의 주장과 다를 바 없어요. 그 책의 주장은 사실상 기존 주류 분위기를 뒤집는 것과 같지요. 그런데 실제 실험과 사례들을 통해 설명하고 있으니 옳은 주장일 것입니다. 다만 아쉬운 점은 그 책에서는 그 태도가 동양철학과 관련 깊다는 점은 설명하지 않더군요. 물론 너무 주제를 확장하는 건지도 모르겠지만.

(나) 동양철학은 저도 약간 공부해보았지만 과학과는 거리가 멀어 보여요. 어떻게 관련이 있다는 건가요?

(구루) 과학과 깊은 연관이 있다기 보다는, 자신을 믿지 않는 태도와 깊은 연관이 있어요. 서양철학은 주체와 주관을 강조했지만, 동양철학은 '무아'(無我: 내가 없음)를 강조했어요. 유, 불, 선에 공

통적이지요. 특히 도교와 불교에서 더욱 뚜렷하게 강조하는데, 유교에서는 극기복례(克己復禮: 자신을 억제하고 예를 갖춤) 같은 것에서 그것을 볼 수 있지요. 사실 유가철학을 한마디로 요약하면 극기복례라고 할 수 있을 것입니다. 동양 문화에서도 쉽게 찾아볼 수 있지요. 동양 문화에서는 겸손이 매우 중요한 덕목입니다. 그래서 자신을 쉽게 낮추지요. 현대에 서양인과 동양인의 심리행동실험을 해봐도 나타나요. 그리고, 지난 시간에 동양에서는 전통적으로 '고집'을 안 좋게 본다고 말했었죠? 그것은 자신의 생각을 꺾지 않는 것을 말해요. 지금 시대에는 고집이 왜 나쁜가라고 생각할 수 있는데, 애덤 그랜트의 그 책을 보면 왜 나쁜지를 알 수 있지요.

(나)　그러고 보니 동양철학이 확실히 서양에 비해 자기 자신을 낮추고 있네요. 그런데 그 점도 문제가 아닐까요? 그것이 실제 과학의 발전으로 이어진 것도 아니고, 특히 자신의 생각을 주장하지 않고 타인의 말을 많이 믿으면 속기도 쉽고, 사회의 권위주의에 쉽게 굴복하게 될 거예요. 그래서 발전이 늦춰진 면이 있죠.

(구루)　서양철학에도 문제점이 있듯이, 동양철학에도 문제점이 있지요. 자신을 믿지 말라고만 하면 무엇을 믿고 따라야 할지가 애매하거든요. 그러면 신비주의나 권위주의, 집단주의에 빠지기가 쉽겠지요. 한 가지 지혜만으로는 잘 살아갈 수 없다는 것은 확실해요. 자신을 믿음과 믿지 않음, 두 지혜를 모두 가지고 적절히 사용해야지요. 이렇게 모순처럼 보이는 것이 함께 필요하

고 심지어 상생한다는 것은 동양의 음양이론에도 나와 있어요.

(나) 그런데 제가 보기에 애덤 그랜트가 만약 동양철학을 이해했더라도, 그것을 굳이 책에 넣을 필요는 없어 보이네요. 동양철학의 그런 부작용까지 들어갈 수 있고, 굳이 멀리 떨어진 동양의 전통을 옹호해줄 필요는 없으니까요… 그런데 선생님은 왜 굳이 동양철학을 강조하시는 건지 물어봐도 되나요?

(구루) 제가 동양철학을 끄집어 낸 이유는, 칠판에 적힌 이것들을 강조하는 경향이 근대 이후 세계를 이끈 서양과 서양철학의 영향 때문이라는 것을 알려주기 위해서였어요. 그리고 그로 인해서 이제까지 자기객관화에 대한 관심과 연구가 없었다는 것을 알려주기 위함이었죠.

(나) 그러면 동양철학이 자기객관화에 도움이 되나요?

(구루) 하하, 동양철학을 알아야 자기객관화를 잘 하는 것은 아니에요. 다만 동양의 지혜와 서양의 지혜로 나누었을 때, 굳이 따지면 동양의 지혜가 자기객관화에 더 친화적인 것은 사실이에요. 왜냐하면 칠판에 쓰인 이러한 모토들이 자기객관화를 안하거나 못하게 만드는 작용을 많이 하고 있고, 또 주로 동양의 지혜가 외부적 관점과 자신의 한계에 주목해왔기 때문이에요. 다만 동양 문화가 중요한 것이 아니라, 여기 써진 것만이 옳다는 그 오해만 해소한다면, 이 모토들의 장점도 적당히 가지면서 자기객관화도 잘 할 수 있겠지요.

긍정적인 마음의 문제점

내가 잠시 칠판을 바라보다가 말했다.

(나) 그런데 아직도 저기에 써진 내용을 강하게 가지는 것과 자기객
관화를 못하는 것이 어떠한 연관성이 있는지 잘 이해가 안돼
요.

(구루) 간단한 이치예요. 이 모토들은 자신의 내면에 있는 것이 진짜
자신이라거나 가장 중요하다고 생각하게 만들지요. 그리고 타
인들이 생각하는 나의 모습은 가짜이거나 중요하지 않다고 생
각하게 만들지요. 그것이 바로 자기객관화인데 말입니다… 그
러니까 자기객관화가 이루어지는 과정이 중요하지 않고 가치
가 없게 되는 것이지요. 아카데믹한(학술적) 분위기도 마찬가지
고요.

(나) 이런 모토가 그런 사고방식을 낳는다는 것은 그럴듯하네요. 저

도 이 모토에 동의하고, 그로 인해서 타인의 생각보다 내가 아는 나의 모습이 진짜라고 생각하고 있었으니까요. 그래서 제가 자기객관화를 못하고 있었나 보네요.

점차 내 안에서 견고했던 사고의 틀에 균열이 생기고 아찔한 충격파가 밀려왔다. 그러자 구루가 말했다.

(구루) 이제 조금씩 본인의 문제점에 대해 인식을 하게 되었나 보네요. 좋은 징조예요. 그처럼 자신이 치유 받지 않아도 된다고 믿는다고 해서 치유의 필요성이 없는 것은 아니에요.

(나) 네. 하지만 그런 일방적 방식은 위험할 수도 있겠네요. 저는 앞으로도 계속 비판적으로 따져볼 예정이에요.

(구루) 맞는 말이에요. 민준군은 계속 비판적으로 사고하고 따져보세요. 그것이 제가 원하는 일이기도 하니까요.

(나) 그런데 저기서 긍정적인 마음을 가지라는 것이 왜 들어가 있는지 조금 이해가 안되네요.

(구루) 좋아요. 안 그래도 그에 대해 이야기해 볼 참이었어요. 이전 시간에 '긍정심리학'에 대해 언급한적이 있었지요. 현재까지 그 분야에서 다양한 내용을 다루고 있지만, 대체로 긍정적인 마음을 가지는 것이 좋다는 기조이지요. 긍정심리학은 행복한 삶을 위한 '적극적인' 심리학이에요. 영어에서 적극적이라는 말은 긍정적이라는 말과 함께 쓰여요. 'positive'에는 그 두 가지 뜻이 모두 있지요. 그런데 동양에서는 그 두 가지 의미를 구별하고, 같은 단어로 쓰지 않아요. 서양에서 유독 '적극적'과 '긍

정적'이 깊은 관련이 있다고 생각하고 있지요. 그런데 어폐가 있을 것 같지 않나요? 여기서 적극적의 의미와 반대가 되는 것은 엄밀히 말해 소극적이라기 보다는 '음성' 또는 '없음'의 의미인데, 그것이 긍정적이지 않음과 결부되지요. 그리고 뭔가 적극적으로 하는 것이 항상 긍정적인 것이고 그 역도 마찬가지라는 생각이 들지요.

(나) 적극적으로 하는 것이 대체로 좋게 보여도, 그것이 항상 긍정적이지는 않겠죠.

(구루) 맞아요. 그것은 구분해야 하는데, 서양은 혼동하기 쉬운 언어 용법을 사용하고 있지요. 다시 말해서 'positive'는 '유(有)'의 뜻인데, 서양 특유의 정신은 시간이 흐르고 역사가 만들어 지는 것이 '유'가 계속 만들어지고 쌓이는 것이라고 생각하는 경향이 있어요. 반면에 동양철학에서는 '무(無)'를 굉장히 중요하게 보지요. 그런데 그러한 '유'의 흐름이 '긍정적임', '낙관적임'과 결부되어 있어서, 발전적인 삶, 적극적인 삶, 좋은 삶이 긍정적이고 낙관적인 마음자세에서 나온다는 생각을 가지기 쉬워요.

(나) 그렇겠네요. 하지만 긍정적이고 낙관적인 자세가 좋은 삶을 사는데 도움이 되는 건 사실인 듯 한데요.

(구루) 많은 경우에 그러하다보니 그것이 절대 진리인양 생각하기 쉽지요. 하지만 긍정적인 태도에는 종종 부작용도 있어요. 가장 큰 문제는 앞에서 말한 것처럼, 자신의 생각을 그저 긍정한다는 것이에요. '나의 생각이 옳을 거야. 그것을 계속 밀고 나가야 해. 어쨌든 잘 될 거야.' 이렇게 무턱대고 긍정하는 마음이

생기지요. 그것은 성급한 낙관주의이지요.

(나) 성급한 낙관주의가 종종 부작용을 낳을 수 있다는 점은 알겠어요. 하지만 저는 대체로 낙관적인 마음가짐이 좋다고 봐요. 임상심리에서도 그것은 불행한 감정을 줄여주는 역할을 많이 해요. 그리고 미래에 대한 희망을 주고, 실패를 했을 때에도 다시 일어설 수 있는 힘을 주지요. 그래서 긍정적인 마음은 대체로 권장할 만해요. 다만 착각이나 자만까지 긍정하는 부분은 별도로 주의해야겠지요.

(구루) 물론 그런 역할도 있지요. 그러면, 엄밀하게 따져 봅시다. 실패를 겪어서 불행해지고 죽고 싶을 정도가 된 사람에게 용기와 희망을 줄 필요가 있지요. 그 좋은 방법은 크게 두 가지가 있습니다. 첫째는 자신 또는 타인이 실패의 이유나 현재 상황을 냉철하게 분석하고, 성공 가능성이 높은 방향을 제시하는 것입니다. 그러기 위해서는 기존의 방식을 긍정해서는 매우 위험합니다. 보다 냉철하고 비판적인 자세가 필요하지요. 그리고 둘째로 뚜렷한 분석 없이 단지 용기와 삶에 대한 의지를 북돋아 주는 방법도 있는데, 그러기 위해 꼭 긍정적인 마음이 필요한 것이 아닙니다. 단지 희망과 용기만 주면 됩니다.

(나) 그러면 긍정적인 마음이 희망, 용기와 다르다는 말인가요? 잘 이해가 안되네요.

(구루) 물론 긍정적인 마음을 가졌는데 희망과 용기가 생기는 경우가 있습니다. 그런데 그것은 마치 단 것을 찾아서 먹었는데 몸에 좋은 것을 먹게 되는 경우와 마찬가지입니다. 몸에 좋은 것이

필요하다면 그것을 먹으면 되지, 단 것이라고 다 먹으면 좋지 않지요.

(나) 그러면 긍정적인 마음과 다른 희망과 용기를 어떻게 구별하고 가질 수 있나요?

(구루) 예를 들어, 어떤 사람이 큰 실패로 실의에 빠져 있을 때, 이제까지 자신의 방식을 계속 고집하면서 그것을 계속 긍정하고 낙관하는 것이 좋을까요? 그보다는 좀 더 유연하고 다양한 방법에 열려 있어야 합니다. 그리고 자신에게 어떠한 방법도 없더라도, 단지 미래가 잘 될 것이라고 생각해야 합니다. 그것이 희망과 용기이죠. 즉 순수한 희망과 용기는 현재 자신에게 있는 어떤 것도 긍정할 필요가 없어요. 다만 막연하게 미래가 결과적으로 잘 될 것이라고 생각하는 것입니다.

(나) 아무런 대책과 방법이 없어도 막연하게 잘 될 것이라고 생각한다고요? 그게 오히려 위험한 낙관주의 아닌가요?

(구루) 아니요. 그게 차라리 낫습니다. 특히 실의에 빠진 사람을 위로하고 희망과 용기를 주기 위해서는 그게 필요하지요. 물론 실제로 좋은 대책을 준다면 더 좋겠지만, 응급처방과 심리적 치유를 위해서 쓰는 것이지요. 긍정적인 마음의 문제점은 주로 '확신'에 있어요. 긍정적 마음으로 인해 '이것은 분명히 잘 될 것이다, 이것이 제일 좋을 것이다'라는 확신을 가지게 되면 단 것을 먹을 때 일부분 몸에 유익한 것처럼 어느 정도 희망과 용기를 가질 수도 있지요. 하지만 확신 자체는 좋지 않아요. 오히려 다양한 방법에 열려 있지 않아서 결과적으로 안 좋아질 수 있

지요. 그보다 차라리 자신이 가진 것에 확신이 없는 상태에서 막연하게 결국 잘 될 것이다라고 믿는 것이 나아요. 그러면 오히려 그 과정에서 다양한 것들을 도입하고, 다양한 기회를 활용할 수도 있지요.

(나) 그러면 선생님이 비판하시는 긍정적인 마음은 그 확신 부분이군요.

(구루) 그래요. 궁극적으로 결과가 좋을 것이라고 막연하게 믿는 것은 괜찮아요. 거기에서 희망과 용기를 가질 수 있지요. 새옹지마(塞翁之馬)라는 고사성어가 있잖아요. 한 노인이 그의 아들이 말에서 떨어져 다리가 부러졌는데도 미래는 알 수 없다면서 희망을 가졌듯이(나중에 전쟁이 발발했는데 다리가 불구라는 이유로 징집되지 않아 목숨을 구했다), 그렇게 불확실한 상태에서 희망을 가지는 것과 자신의 생각에 대한 긍정, 확신과의 차이이지요.

(나) 음… 하지만, 자신의 생각이나 계획이 옳다는 확신을 가지고 꾸준히 밀고 나가는 것도 장점이 되지 않을까요?

(구루) 종종 그것이 좋은 효과를 낼 때도 있겠지요. 그런데 그 조건은 그 생각과 계획이 정말로 옳아야 겠지요. 사실은 옳지만 타인들이 모를 때가 있는데, 그때는 밀고 나가야지요. 그런데 그것이 정말로 옳은지를 판단하는데 긍정적인 마음이 필요한 것은 아니에요. 다각도의 냉철한 분석과 합리성이 필요한 것이지요.

(나) 그러면 예를 들어 자신이 미술을 전공하거나 화가가 되고 싶은데 주변 사람들이 반대를 하는 경우에, 자신이 미술에 큰 소질과 성공 가능성이 높은지를 항상 냉철하고 합리적으로 판단

을 해야 하는 것인가요? 그저 자신이 하고 싶어서 할 수도 있잖아요.

(구루)　그 경우는 긍정적인 마음을 가지는 것과 무관하고 다만 자존감이나 실존주의의 문제이네요. 크게 성공하지 않아도 상관없고 어떻든 간에 그저 좋아서 하는 것 아닌가요? 미래에 화가만 된다면 자신이 틀릴 수가 없는 것이네요.

(나)　그렇군요. 하지만 만약 화가로 성공하고 싶다면 냉철한 분석과 합리성이 필요하겠지요. 하지만 문제는 그것을 자신이 어떻게 잘 알 수 있는가 하는 점이네요.

(구루)　물론 그것을 잘 알기는 쉽지 않겠지요. 다만 분명한 것은 그저 자신에 대한 긍정과 확신을 하는 것은 그것을 아는데 도움이 되지 않고 방해가 된다는 점이에요. 아니면 그저 자신이 화가만 된다면 사회적 성공과 상관없이 행복할 것이라고 생각한다면 괜찮겠지요. 그것은 성공에 대한 확신이 아니니까요.

(나)　자신에 대한 확신의 부작용에 주의해야 한다는 점은 알겠어요. 다만… 긍정적인 마음에 대한 장점이 그로 인해서 가려질 위험성도 있어요. 예를 들어, 자신감이 향상되는 점이 있고, 또, 자신의 생각에 대한 확신은 앞에서 말한 것처럼 행동에 대한 추진력으로 작용하겠지요.

(구루)　자신감과 추진력이라… 그러면 간단하게 이렇게 생각해보세요. 두 가지의 긍정적인 마음이 있을 거예요. 하나는 '이것은 분명히 그렇게 될 것이다'라는 믿음과, 다른 하나는 '그렇게 되지 않아도 나는 괜찮을 것이다'라는 마음이에요. 둘 다 긍정적이

고 낙관적이지요. 저는 전자를 비판한 거예요. 그런데 사실 둘 다 함께 가질 수도 있지요. 둘 다 가지는 것은 그나마 괜찮을 수 있어요. 가장 위험한 것은 전자의 확신을 가지면서 후자를 갖지 않는 경우예요.

나 답게 산다는 것은 무엇인가

나의 꾸준한 추궁으로 인해, 구루의 주장에서 부족한 부분이 드러난 것처럼 보였다. 어떤 부분에서 단점이 있다는 것을 인정한다면 나는 너그럽게 받아들일 준비가 되어있었다. 나는 확인하기위해 이렇게 말했다.

(나)   그러면 적어도 자신감의 향상에 있어서는 긍정적인 마음이 좋다는 것을 인정하시는 건가요?

(구루) 마침 그에 대해 말하려고 했어요. 자신감은 자신에 대한 확신에서 나오기 쉽겠지요?

(나)   네. 그것이 긍정적인 마음의 장점이지요.

(구루) 글쎄요. 하지만 긍정적인 마음이 아니라도 확신과 자신감을 가질 수 있어요. 예를 들어 자기객관화를 통해서도 자신에 대한 확신을 가질 수 있고 자신감을 가질 수 있어요.

(나)   어떻게 그렇게 되지요?

(구루) 자신에 대해 확신하는 방법은 주관성에 의한 것과 객관성에 의한 것이 있어요. 긍정적인 마음은 주관성에 의한 것이고, 자기객관화는 객관성에 의한 것이지요. 과연 무엇이 더 부작용이 적고 강력한 효과를 낳을까요? 후자일 거예요.

(나) 객관성에 의한 자신감이라는 것은 자신이 객관적으로 높은 능력을 가지고 있거나 남들이 자신을 높게 평가하는 데에서 오는 자신감 아닌가요? 그러면 좋겠지만, 문제는 그렇게 되기가 쉽지 않고, 그렇게 높은 평가를 받지 않은 상태에서도 자신감을 가질 필요가 있다는 점이죠. 타인들의 평가와 무관하게 자신감을 가질 때 좀 더 적극적이고 자신감의 좋은 효과를 더 발휘할 수 있게 될 거예요. 그런 자신감이 필요하다는 거죠.

(구루) 그런 자신감도 필요하다는 데 동의합니다. 타인들이 높은 평가를 하는 데에 따른 자신감은 자연스러운 것이고, 우리가 바라는 자신감의 좋은 효과는 그에 관계없이 필요한 것이죠. 그렇다면 자신에 대한 주관적인 높은 평가 대신에, 앞에서 말한 막연한 희망과 용기로 인한 자신감을 가지면 되겠군요. 굳이 자신에 대한 주관적인 착각까지 일으킬 필요는 없어요.

(나) 그런데 저는 굳이 자신에 대한 긍정적인 평가를 하지 말아야할 이유를 모르겠는데요.

(구루) 한 가지 이유를 더 알려드리지요. 주관으로 인해 자신에 대한 긍정적인 평가를 하게 되면, 객관적인 것과 괴리가 생기기 쉽죠. 그러면 마음이 평안할까요? 불안이 발생할 것입니다. 한편으로 어떤 자신감과 비슷한 효과를 가질 수 있기도 하지만, 한

편으로 불안이 생깁니다. 양가 감정이 생기지요. 그러한 상태
가 과연 진정으로 자신감 있는 상태라 할 수 있는지 의문스럽
습니다. 객관성에 의거해서 자신감을 갖거나 아니면 그냥 근거
없이 자신감을 가지는 게 낫지요.

(나) 그렇게 근거 없이 자신감을 가지는 것도 불안을 수반하지 않나
요? 차이점이 뭐죠?

(구루) 주관적으로 높게 평가하거나 확신을 하는 것은 그것을 근거로
삼아서 자신감이 생기는 것이고, 근거 없이 가지는 자신감은
그런 게 없어요. 예를 들어 전자가 주관적으로 매우 잘 생겼다
고 믿는다거나 성공할 것이 확실하기 때문에 자신감을 가지는
것이라면, 후자는 내가 잘 생겼든 못 생겼든, 성공에 대한 확신
이 없어도 자신감을 가지는 것이에요.

(나) 흠… 과연 근거가 되는 믿음이 없이 자신감을 가질 수 있을까
요?

(구루) 그러면 긍정적인 마음의 근거는 어디 있나요? 그것도 사실은
독단적 가정에 불과하지요. 진정한 자신감은 '용기'와 같은 것
이라고 말해주고 싶군요. 용기가 없는 사람은 그 근거를 꼭 찾
아야한다고 생각하고, 주관적으로 그 근거를 만들어내지요.
하지만 위험할 수 있어요. 그리고 용기와 같은 자신감은 불안
도 적지요. 자신의 주관과 달리 타인에게 못생기게 보이면 어
떡하나, 실패하면 어떡하나라는 불안과 걱정에 휘말리지 않으
니까요. 그리고 자기객관화는 타인이 생각하는 자신의 모습에
대한 불안을 줄임으로써, 그것만으로도 자연스러운 자신감의

상승을 일으키게 될 거예요. 즉 타인들에게 꼭 높게 평가받아야만 자신감이 생기는 것이 아니라, 그렇게 객관화를 통해 불안을 줄이는 것만으로도 어느 정도 향상될 거예요.

(나) 자신감도 자존감과 마찬가지로 꼭 높은 평가에서만 생기는 것은 아니라는 말씀이군요. 그건 동의할 수 있어요. 그런데 높은 평가가 아니라 자기 스스로 자신의 참모습을 찾고 스스로 인정하는 것에서 자신감이 생길 수도 있지요. 그것이 타인들이 생각하는 것과 다르다 할지라도요. 예를 들어 다른 사람들이 너는 일을 적게 하므로 게으르다고 말할 때 자신은 게으른 게 아니라 다만 '소확행'(작지만 확실한 일상의 행복)을 즐기고 편하게 살고 싶을 뿐이라고 생각하고 자신의 모습에 자신감을 가질 수 있어요. 이것은 착각으로 볼 수도 없어요. 다만 자신만이 아는 자신의 참모습이자 실존이겠지요. 그것을 긍정하는 것에서도 자신감이 생길 수 있을 거예요.

(구루) 좋아요. 칠판에 쓴 말 중에 '고유한 너 자신을 찾아라'와 관련 깊은 이야기군요. 이걸 다르게 표현하면 이럴 거예요. '나는 나답게 살기로 했다' 이와 비슷한 제목의 책도 있었지요 아마?

(나) 네. 베스트셀러 중에 그런 책이 있었어요. 타인들이 뭐라하든, 나의 특성이 중요하고, 나만의 길을 찾아 가겠다는 것이죠. 그런데 그것을 무시하게 된다면 시대착오적이라는 소리도 들을 수 있을 거예요.

(구루) 하하, 저도 자신만의 길을 가는 것을 존중하고, 아름다울 수 있다고 봐요. 그런데, 과연 '나 다운 것'은 무엇일까요? 흔한 드라

마 대사 같기도 하지만, 한번 생각해보세요.

(나) 흠… 그것은 저기 써진 고유한 자기 자신과 같은 것이겠죠. 그것은 타인이 쉽게 알 수 없고, 자신이 가장 잘 알 수 있는, 자신만의 고유한 영역이죠.

(구루) 그런데 고유한 자기 자신은 꼭 남들이 몰라야 하나요? 남들이 아는 것도 고유할 수 있잖아요. 남들이 민준군의 이름을 알아도 그것이 고유명사이듯이, 남들이 민준군에 대해 어떻다고 생각하는 것도 고유한 민준군을 가리키잖아요.

(나) 저는 그러한 고유한 걸 말하는 게 아니라, 남들이 모르는 내재적 영역의 고유함을 말하는 거예요.

(구루) 내재적 영역의 고유함이라… 그건 굉장히 자폐적이군요. 왜 꼭 남들이 모르는 자폐의 영역으로 들어가야 나 다운 것이 있다고 보는 거죠?

(나) 그것을 자폐라고 보는 것은 어폐가 있어요. 그것은 자폐가 아니라 남들이 나에 대해 완전히 알 수 없는 것은 사실이기 때문에, 자신만의 그 부분을 중요하게 여기고 긍정할 뿐이에요.

(구루) 아, 물론 민준군에 대한 인신공격성 발언은 아니었어요. 문제는 서양철학의 전통과 그로 인한 분위기가 나를 남과 철저히 분리시키면서 자폐적인 세계로 인도한다는데 있어요. 그래서 민준군이 말한 것처럼 고유한 나, 나 다운 것을 '자신만이 아는 영역'에서 찾으려 하고 있지요. 이것이 저는 현대의 사회문제라고 생각해요. 그로 인해 아마 은둔형 외톨이도 늘어나고, 소통이 어려운 사람들도 늘어난 듯 해요.

(나) 음… 그러면 고유한 나, 나 다운 것이 자신만이 아는 것이 아니면 무엇이란 말이죠?

(구루) 그저 자신의 고유한 모습이나 성향일 뿐이지요. 남이 알 수도 있고, 알아도 상관없는 것이죠. 대체 왜 남이 알면 안된다는 것인지, 생각해보면 이상한 논리이지 않나요?

(나) 하지만, 사람들은 타인의 마음이나 속사정을 잘 알 수 없지요. 그래서 알 수 없는 부분이 있다는 것은 명백하고, 저는 그것에 가치를 부여할 뿐이에요. 남들이 몰라야 한다는 것은 아니에요. 그런데 선생님은 남들이 아는 것에 많은 가치를 부여하고 계시니까 그 부분에서 의견이 달라 보여요.

(구루) 좋아요. 그러니까 남들이 아는 나의 모습과 내가 생각하는 나의 모습이 충돌한다면 나의 생각이 옳고 거기에 가치를 더 부여하겠다는 것이군요. 그런데, 그 경우에 항상 나의 생각이 옳지는 않지요. 경우에 따라 전자가 옳을 수도 있고 후자가 옳을 수도 있어요. 그런데 항상 후자가 옳다고 생각한다면 자폐증이 될 거예요. 그 경우에 자기객관화는 전혀 할 필요가 없고, 하지도 않겠지요. 그래도 될까요?

나는 뭔가를 말하려고 하다가 취소하고 좀 더 생각해보았다. 자기객관화는 필요할 것 같다. 그렇다면 남들의 생각도 어느 정도 가치가 있다는 뜻인데, 나의 생각이 기본적으로 더 중요하다는 그동안의 무의식적 신념 때문인지 몰라도, 혼란스러워졌다. 결국 다음과 같이 말했다.

(나) 결국 비율의 문제가 아닐까요? 어떤 상황에서는 타인의 생각도

중요하지만, 자신의 뜻대로 해야 할 때가 있고, 자신만의 것에 대해 높은 가치를 부여할 필요도 있겠지요.

(구루) 다행히 항상 자신의 생각이 더 가치 있다라는 생각에서는 벗어난 것 같군요. 하지만 비율의 문제라고 말하기는 어려워요. 왜냐하면 자신의 생각과 타인들의 생각은 양립하기 때문이지요. 그러니까 그 둘은 모두 나름의 가치가 있어요. 다만 한가지 잣대로 비교할 수 있는 것이 아니지요. 심지어 '나 다운 것'도 종종 타인들의 생각 속에서 찾을 수 있어요. 이걸 이해하시겠어요?

(나) 아니요. 어떻게 그럴 수 있죠?

(구루) '나 답게 살기로 했다'는 주제의 책에 뭐라고 쓰여 있을까요? 남들이 나에 대해 어떻게 보고 있는데, 흔히 남들의 눈에 썩 좋지 않게 보이겠지요. 민준군이 말한 것처럼 게을러 보인다거나, 이상해 보인다거나… 그 게으름과 이상함도 나 다운 것일 수 있다는 거예요. 물론 그에 대한 부정적인 느낌은 남들의 개인적인 생각이겠죠. 하지만 다수가 생각하는 나의 어떤 객관적 상태도 나 다운 것으로 인정할 수 있고, 그것을 계속 고수하겠다고 할 수 있어요. 그 책에서 말하는 것이 그것이 아닐까요? 아마도 그 책은 '나의 진짜 모습은 그게 아니야. 내가 생각하는 내 모습으로 너희의 생각이 바뀌어야 해' 라고 설득을 시킨다거나 자신의 행동을 수정하겠다는 내용은 아닐 거예요. '너희가 보는 나의 모습이 좋지 않게 느껴질지도 모르겠지만 나는 상관하지 않고 그렇게 살겠다'는 것이지요. 그렇다면 타인들의

생각 속에 나 다운 것이 있음을 인정하는 것이죠.

(나) 거기에 그런 뜻이 있었군요… 하지만, 타인들이 모르는 나의 진짜 모습을 알리고 설득할 필요도 있겠지요.

(구루) 물론이죠. 그 경우는 타인이 아는 나의 모습과 내가 아는 나의 진실된 모습에 괴리가 있고, 그것을 일관성 있게 정리하고 싶을 때이죠. 거기에는 소통이나 행동적인 노력이 필요하겠죠. 그 과정은 장기적일 수도 있어요. 자신의 잠재력이 발휘되는 과정일 수도 있으니까요. 그런데 현재의 나의 상태에 대해 스스로 알아야 할 때, 이뤄지지도 않은 미래의 모습이나 상상과 혼동해서는 안된다는 것이죠. 적어도 그 상상 속 나의 모습이 나 다운 것은 아니에요. 상상을 하고 있는 현 상태가 나일 수는 있겠지만… 이제 잠시 쉬는 시간을 가질게요.

세상의 중심은 어디인가

나는 쉬는 시간 동안 휴대폰으로 뭔가를 검색하고 있었다. 휴식시간 10분이 지나자 내가 말했다.

(나)　　제가 찾아봤더니, 나 답게 살기로 했다는 제목의 책도 있지만, 진짜 베스트셀러의 제목은 '나는 나로 살기로 했다'였어요. 매우 비슷하지만 약간 뉘앙스가 다를 수 있네요. 그 차이점은, 제가 보기에 이 제목에는 개인주의에 대한 소망이 좀 더 가미되어 있는 것 같아요. 어쩌면 그런 점에서 더 호응을 받았을 수도 있고요. 그런데 선생님의 말씀을 들어보면 개인주의에 불리한 점이 많아 보여요. 동양철학을 옹호하시는 것도 그렇고요. 선생님은 개인주의에 대해 어떻게 생각하시나요?

(구루)　　개인주의요. 좋은 이야깃거리네요. 잘 됐네요. 이제 여기 써진 마지막 줄, '세상의 중심은 너다'에 대해 이야기하려고 했는데,

그와 연관된 주제가 되겠어요. 음… 그러면 말이 나온 김에 개인주의에 대한 이야기를 먼저 해 볼까요. 민준군이 말했듯이 동양철학이나 동양의 문화는 개인주의가 아니고 공동체주의나 집단주의에 가깝다는 인식이 많지요. 하지만 따져봐야 합니다. 저는 개인주의를 선호하고, 동양철학과 동양 문화도 충분히 개인주의를 가지고 있어요. 사실 제가 동양의 것만 좋다고 주장하는 것도 아니긴 하지만요.

(나) 어떻게 그럴 수 있지요? 저는 동양의 전통적 철학과 문화를 말한 거예요.

(구루) 맞아요. 저도 그것을 말하고 있어요. 가장 간단하게 한 가지만 짚어드리지요. 공동체주의와 집단주의는 집단이나 타인을 위해 개인의 이익을 희생하거나 양보하는 것을 말하지요?

(나) 네.

(구루) 과연 동양이 서양에 비해서 그런 면이 강할까요? 민준군은 동양 사람이니까 가정과 사회에서 동양식 예의범절과 가정교육을 받았겠군요. 그런데 부모님에게서 주로 타인을 위해서 희생하고 양보하라는 교육을 받았나요? 아니면 출세하고 성공하라는 교육을 받았나요?

(나) 아무래도 출세하고 성공하라는 교육을 받았지요.

(구루) 다른 사람들도 그럴 겁니다. 그건 현대 서양의 영향이 아니라 동양의 전통 문화의 일부지요. 오래전부터 동양에서는 개인이 성공하고 출세하고 이익을 얻는데 많은 관심이 있었어요. 간단히 말해 그것이 바로 개인주의에요. 자신의 이익을 위해 사는

것이죠.

(나) 그게 개인주의라고요? 뭔가 좀 와 닿지 않네요. 저는 여전히 동양이 개인주의와 거리가 멀다고 강력하게 느껴지는데요. 앞에서 동양철학의 부작용이 집단주의와 권위주의라고 분명히 말씀하시지 않으셨나요?

(구루) 그건 좀 더 세밀한 분석이 필요해요. 동양철학에서 그런 부작용이 나타나기 쉬웠던 이유는, 자신을 믿는 서양의 주체적 철학에 비해서 자신의 외부를 더 믿기 때문에 외부의 어떤 이기적 세력의 꼬임과 기만에 속아넘어갈 가능성이 크기 때문이지요. 동양철학이 그런 기만과 권위주의에 쉽게 넘어가라고 가르친 건 아니에요. 다만 지적인 겸손함이 사회적으로 너무 강조될 때 나타나는 의도치 않은 부작용이라 할 수 있지요. 한편 동양에서는 개인의 이익을 중요하게 여긴 것이 사실이에요. 겸손하다고 해서 자신의 이익을 포기하는 것은 결코 아니에요. 오히려 겸손함과 고집부리지 않음의 장점을 아까 이야기했었지요. 오히려 동양은 전통적으로 서양에서보다 더욱 적극적으로 개인이 이익을 얻는 법을 찾고 활용했어요. 이건 흥미로운 말이겠죠?

(나) 네. 좀 더 설명해주세요.

(구루) 쉬는 시간 전에 이야기한, 타인의 생각에 따라 사는 것도 개인의 이익이 될 수 있다는 것과 연관되어 있어요. 민준군은 그것이 실존주의가 아니라고 했지만, 저는 그것도 실존이라고 했지요. 저는 동양적 정서를 말한 것이고, 민준군은 서양철학에 따

른 것이지요. 물론 항상 타인에 따라 살면 손해가 될 수 있지만 종종 타인에게 의지하고 의존하는 것도 이익이 될 수 있고, 동양에서는 그것까지 잘 활용했어요. 서양의 주체적 철학은 의존성을 나쁘게 보고 각자가 독립하기를 권하지요. 하지만 동양철학은 모든 것이 서로 의존하고 있다고 생각해요. 음과 양도 서로 의존하고 있고, 개체들이 서로 연결되어 있다고 생각하지요. 그리고 그런 의존성과 관계성을 통해서 많은 개인적 이익을 얻을 수 있는 거예요. 그런데 그것을 공동체주의 개념에 억지로 편입시키면서 개인주의가 없었다고 생각하는 것은 오해이죠. 자신의 이익을 추구하는 진정한 개인주의자라면, 관계와 의존성을 적극 활용할 거예요. 개인은 사회와 분리되어 살면 좋을 게 없어요. 불행해지죠.

(나) 음… 그 말은 인간이 사회적 동물이고, 사회성이 행복을 위해 중요하다는 말과 일맥상통하는 것으로 보이네요. 제가 책에서 행복에 대한 심리학 연구를 본 적이 있는데, 행복한 사람의 특징은 사회적 관계를 많이 맺는 사람이라고 하더군요. 그것과 관련이 있겠네요.

(구루) 그렇지요. 물론 단지 친구를 많이 사귀라는 뜻은 아니지만, 사회적 관계의 활용이 개인의 행복과 이익을 만드는데 매우 중요하다는 거예요. 사회적 고립은 매우 불행하고, 반대로 명성, 평판, 인기 같은 것은 매우 중요하지요. 반면 서양에서는 키르케고르(S. Kierkegaard)의 '신 앞에 선 단독자'처럼 실존주의에서도 자꾸 독립하기를 권해요. 그게 개인에게 이익인지는 의문스러

워요.

(나) 그런데 동양에서 자식에게 출세하고 성공하라고 가르치는데, 그것은 혹시 가족과 가문을 위한 것은 아니었을까요? 동양은 가족에 대한 공동체가 강했잖아요.

(구루) 좋은 지적이네요. 물론 가족에게도 이익이고 가문도 빛내겠지요. 서양에서도 개인이 성공했을 때 가족이 이익을 얻게 되는 것은 마찬가지였을 겁니다. 한편으로 이렇게 생각해볼 수 있겠네요. 자식이 출세하고 성공하면 그의 아버지나 어머니도 이익을 얻게 되는데, 이것은 아버지 입장에서 자신의 이익 추구가 됩니다. 이것이 타인에 의존해서 자신이 이득을 얻는 대표적 사례이죠. 심지어 과거에는 자식이 큰 잘못을 하면 부모와 손자까지 연좌제가 시행되고, 조상의 묘까지 파헤쳐지기도 했어요.

(나) 흐음… 그것도 결국 자신의 이익 때문이라니…

(구루) 낯설거나 거부감을 가질 필요는 없어요. 동양에도 충분히 개인이 있었어요. 한가지 증거를 더 설명 드리지요. 사주팔자는 개인마다 생년월일시에 따라 정해지지요. 그것은 오직 그 한 사람의 운명이에요. 사주팔자로 길흉화복을 본다는 것은 철저한 개인주의예요. 그와 가까운 사람이나 가족과도 상관이 없어요. 그리고 팔자에 길신(吉神)과 흉신(凶神)이란 표현이 있는데, 흥미롭게도 길신, 즉 좋다고 보는 것은 일반적으로 현실에서 타인과의 경쟁에서 이기거나 타인의 도움을 받아 자신의 이익이 생기는 것이고, 흉신은 타인에게 이익이 될지언정 자신

은 손해가 되는 행위로 나타나요. 흉신을 가진 사람들은 행동적으로 타인을 위한 양보, 봉사, 헌신을 많이 한다고 해요. 심지어 자신은 봉사와 희생에서 보람을 느낄 수도 있는데도 사주에서는 흉신이라고 봐요. 사주가 철저하게 개인주의라는 거예요. 오히려 너무 이기적 관점을 가정한 게 아닌가라는 생각이 들 정도예요. 또, 중국을 비롯한 동아시아 사람들은 전통적으로 서양보다 현세적이에요. 신앙 형태도 주로 현실의 복을 위한 기복신앙이었지요. 그리고 앞에서 말한 것처럼 혈연, 지연, 학연을 잘 이용하는 풍토가 있는데, 이는 사실 공동체와 공동선의 입장에서는 부작용이 큰 거예요. 도가철학 이야기를 더 하면 좋겠지만, 시간상 이 정도로 끝내기로 하지요.

(나) 동양 전통 문화가 이기적이고 개인적인 면이 많았다는 건 오늘 처음 알았네요.

(구루) 하하, 물론 유교는 다른 많은 철학들처럼 이기주의를 나쁘게 보았지요. 사회적 안정을 위해 예(禮)가 중시되었지만 그것은 체면이나 법과 같은 역할일 뿐이죠. 동양철학의 정수가 유교의 형식적 예법도 아니고요. 저는 유교보다 도가철학을 훨씬 더 좋아해요. 거기에 개인주의와 자유주의가 더욱 뚜렷하거든요. 그러면⋯ 칠판에 써진 '너를 세상의 중심으로 삼아라'는 논제와 관련지어서 생각해봅시다. 언뜻 드는 생각은 이것이 이기주의나 개인주의와 관련이 깊어 보이지요?

(나) 예. 자신을 중심으로 세상이 돌아간다고 생각하면 본인 위주의 개인주의가 되고, 심하면 이기주의가 되겠지요.

(구루) 그것이 현대인들에게 매력적으로 다가올 수 있을 겁니다. 현대 포스트모더니즘 사회에서는 개인의 주관적 감성이 중요하니까요. 그리고 소비자 중심주의 시대이니까요. 그런데 이것은 따져보면 완전히 비과학적인 말이고 비현실적이지요. 어떻게 세상의 중심이 자신입니까? 말이 안되지요.

(나) 물론 객관적으로 보면 그렇지만 자존감을 높이고 주체적인 사고를 위해서 필요한 것이죠.

(구루) 하지만 문제는 이런 사고방식은 오히려 현실 적용력을 떨어뜨리고 자신의 이익에도 방해가 될 수 있어요. 왜냐하면 객관적인 것을 제대로 활용하지 못하게 만들기 때문이지요. 예를 들어 자동차 운전을 생각해봅시다. 자동차 운전석은 차의 중앙에 있는 것이 아니라 한쪽에 치우쳐 있지요. 만약 운전자가 자신을 중심으로 자동차가 있다고 생각한다면 운전을 잘 하지 못하고 접촉사고가 빈번할 것입니다. 자신이 아닌 자동차라는 대상을 중심으로 생각해야 운전을 잘 할 수 있지요.

(나) 하지만 그것은 시야의 각도 문제이네요. 여기서 말하는 중심은 본인 위주라는 말 아닌가요?

(구루) 본인 위주라는 말은 애매하군요. 이 모토는 1인칭 관점으로 유도하기 때문에 각도가 중요해요. 마치 르네상스 이후 서양 회화(그림)에서 1인칭 관점으로 표현하는 것과 같아요. 반면에 동양의 회화는 1인칭 관점이 아니었지요. 서양의 근대 철학은 자신을 중심으로 경험하고 보이는 것만 감안하는 거예요. 중심이 있으면 자연스럽게 거기서 비롯된 각도가 생기지요. 이 모

토가 단지 이기주의라기 보다는 주체적 관점을 중시하는 것이라면, 관점은 특정한 각도를 함의하지요.

(나) 서양 철학에서 주체적 관점을 중시하는 이유는 의심을 최대한 많이 해보고 보다 확실한 지식을 얻기 위해서 였어요. 그리고 자존감도 높이지요. 각도가 어떻든 간에, 그 본인을 위해서는 많은 장점이 있을 거예요.

(구루) 저도 자기 자신을 가장 우선하는 생각에는 문제가 없다고 봐요. 하지만 '세상의 중심으로 삼는 것'이 문제예요. 그 둘은 분명히 구분돼요. 개인주의는 전자면 족하지, 후자가 포함될 필요는 없어요. 전자는 전통적 동양 문화에서도 가질 수 있는 것이지만 후자는 서양 특유의 것이죠. 이 모토에서 전자의 의미를 유추해낼 수도 있지만, 그것이 긍정적이라면 그것만 가지면 되지, 자신을 중심으로 삼으면 각종 부작용이 생기고, 오히려 자신의 이익에도 방해가 돼요.

(나) 흠… 저는 그것을 굳이 구분할 필요가 있는지가 의문스럽네요. 말장난처럼 들리기도 하고요. 설마 실제로 자신을 중심으로 각도를 만들어 생각하고 살아가는 사람이 있을까요?

(구루) 이건 결코 말장난이 아니라 중요한 문제예요. 그리고 그런 사람은 많이 있어요. 아마 민준군도 그러한 각도를 만들고 중시하고 있을 겁니다. 더구나 민준군은 서양철학의 영향을 깊이 받았으니 더욱 그러하겠죠. 민준군은 자신이 직접 경험하거나 자신의 논리로 확인한 것만 믿으려 하지 않나요?

(나) 제가 그런 경향이 있는 것은 맞아요. 그런데, 저는 그런 점에 있

어서 오히려 당당하고 자부심을 가지고 있어요. 예를 들어 저는 다른 사람들이 악평을 한 영화라도 잘 믿지 않고 내가 직접 보고 판단하겠다고 생각하지요. 그리고 남들이 맛없다고 한 음식점들도 내가 직접 먹어 보기 전에는 판단하지 않지요. 이것은 바람직한 자세라고 생각하는데요?

(구루) 그것은 대체로 바람직한 자세군요. 왜냐하면 그 경우는 목적하는 평가가 개인적인 인상이기 때문이지요. 인상이란 미술의 인상파나 현상학에서 다루는 것처럼 개인적이고, 개인의 상태, 욕구, 지식에 따른 맞춤형이기 때문이지요. 문제는 인상이 존재한다는 것이 아니라 자신의 1인칭적이고 주관적인 경험 밖에 모른다는 거예요. 그 밖의 뒷면, 경험하지 못한 부분은 중요하지 않다고 여기게 되겠지요. 자신을 세상의 중심이라고 여기고 그 각도에서만 바라보면 실제 세계에 대한 판단을 잘 하지 못하게 될 거예요.

(나) 약간 혼란스럽네요. 저는 오히려 실제 세계에 대한 판단을 더 잘하기 위해서 자신의 관점에 집중하는 게 낫다고 생각해 왔는데요. 그리고 대체로 서양철학이 주체적 관점을 중시한 것도 그 이유 때문이었지요.

(구루) 주관을 긍정하는 것이 엄밀히 말해 과학적 사고가 아님은 앞에서도 설명했지요. 실제 세계를 알기 위한 보다 좋은 방식은 과학적으로 바라보는 거예요. 자신이 세상의 중심이라는 생각은 비과학적이에요. 좀 더 객관적인 측면의 인식을 가질 필요가 있어요.

(나)　과학 이야기가 나와서 말인데, 혹시 아인슈타인의 상대성이론은 자신이 세상의 중심임을 의미하고 있는 게 아닐까요? 자신이 처한 상태와 외부 사물과의 상대성에 의해 시공간과 질량까지 바뀌잖아요.

(구루)　마침 제가 하려던 이야기를 꺼냈네요. 상대성이론은 분명히 말해서, 자신이 세상의 중심이라는 것이 아니라 '세상에는 중심이 존재하지 않음'을 의미합니다. 상대성이론의 커다란 의의는 기존의 절대공간과 절대시간 가정을 깨뜨렸다는데 있어요. 만약 절대공간과 절대시간이 있다면 거기에는 중심을 찾을 수 있습니다. 좌표평면에서 중심이 되는 0점이 존재하듯이, 세계의 시각이 정해질 때 그 기준이 영국의 그리니치 천문대이듯이, 절대공간과 절대시간을 가정하면 어떤 중심을 찾을 수 있지요. 그런데 상대성이론의 세계에서는 중심이란 것이 없습니다. 각자가 모두 중심일까요? 그러면 나도 중심이고 타인도 중심, 메뚜기도 중심, 모래알도 중심, 목성도 중심 등등, 이것은 말이 되지 않아요. 왜냐하면 '중심'의 의미는 그것이 아니기 때문이지요. 그래서 세상에 중심은 없는 것입니다.

(나)　과학적 관점에서 자신이 중심이 아니고 어디에도 중심은 없다는 말씀이군요. 하지만 저는 인문학적 관점에 주목하고 있다는 말씀을 드리고 싶네요. 과학과 인문학은 양립하고, 한편으로 중심이 없다는 것을 알지만 삶의 지혜와 실존을 위해 자신을 중심으로 삼는 태도도 괜찮다고 봐요.

(구루)　인문학적 관점에서 자신이 가장 중요하다거나 최우선으로 여

기는 것이라면 몰라도, 중심 문제는 그와 달라요. 세상을 올바르게 봐야지요.

(나) 중요한 것과 중심인 것이 다르다는 뜻인가요?

(구루) 네. 그것은 구분되어야 합니다. 그 차이는 '홍익인간'(널리 인간을 이롭게 하라)과 '인간중심주의' 간에서도 볼 수 있어요. 인간의 중요성(휴머니즘)을 추구한다는 점은 공통적이지만, 후자에는 세상의 중심이라는 의미가 들어가 있어요. 이것은 주로 서양 전통이에요. 홍익인간에는 중심도 필요 없고, 인간이 겸손할 수 있지만, 근대 서양의 인간중심주의는 기존에 신이 점유하고 있던 세상의 중심에 인간을 놓겠다는 거예요. 인간의 오만함이 담겨 있지요. 이것이 어떤 문제를 낳는지 아세요? 중심이란, 양궁의 과녁처럼 중심 중의 중심, '축'이 있음을 함의해요. 과연 누가 가장 중심 축이 될까요? 여기서 부작용이 발생해요. 양궁 과녁에서 점수 차이가 발생하듯이 중심부에 가까운 것과 먼 것 간에 차별이 발생하고, 서로 그 한 가운데를 차지하려 하겠지요. 2차세계대전때 전범국들은 '추축국(Axis-powers)'이라 불리는데, 그 이유는 자신들이 세계의 중심축이라고 스스로 선포했기 때문이에요. 이렇게 중심주의 사상은 인문학적으로 부작용이 생겨요.

나는 중요한 것과 중심인 것이 다르다는 말에 묘한 충격을 받았다. 왜 나는 이제까지 무의식적으로 그것을 같다고 생각하고 있었을까.

(나) 흠… 그것은 문제이네요. 다만 그러한 집단주의를 타파하고 각

자 개인이 중심이라면 그 부작용이 줄어들 것 같은데요. 2차세계대전 이후 서양철학의 경향도 그렇게 바뀌어 온 듯해요. 현대의 실존주의와 현상학이 그러하겠지요.

(구류) 집단 뿐 아니라 개인 차원에서도 부작용이 생기지요. 내가 세상의 중심이라는 것에도 중심 중의 중심이 존재하게 되는데, 그것은 자신의 겉보다 더 중심인 나의 속, 내면이겠지요. 나의 내면에 숨겨진 어떤 것이 세상의 중심이고 가장 중요하다? 그러면 타인의 생각 따위는 가볍게 무시하게 되겠군요. 더욱이 멀리 떨어진 사람들의 생각은 더더욱 고려하지 않겠죠. 그러니까 자기객관화가 잘 될리가 없고, 이런 토양에서 자기객관화 연구가 이제까지 이루어지지 않았던 거예요.

자기객관화의 힘

구루는 화이트보드를 깨끗하게 지웠다. 이제 다음 주제를 시작하려는 것 같았다. 나는 이제까지 노트에 적어 놓은 것을 잠시 바라보다가, 이렇게 말했다.

(나)　질문이 있어요. 두 가지인데요.

(구루)　네, 말해보세요.

(나)　첫번째는, 선생님께서는 동양에서 부모가 자식이 잘 되길 바라는 것도 이기적이고 개인적 측면이 크다고 하셨는데, 부모는 종종 자식을 위해 희생하기도 하는 것 같아요. 가끔 일어날 수는 있겠지만, 자식의 목숨을 구하기 위해 자신의 목숨을 버릴 수도 있잖아요. 그리고 자기 자식의 의식주와 교육을 위해 자신의 풍요를 줄이는 것은 흔한 일이죠. 그것은 어떻게 설명할 수 있나요?

(구루) 그것은 자식을 위한 부모의 희생이 말그대로 개인의 희생일 뿐이라고 하는 고정관념이나 언어적 표현에서 나온 것 같군요. 여기서 저명한 영장류학자 프란스 드 발(Frans de Waal)의 설명을 소개할 필요가 있을 것 같군요. 그는 동물들의 이타적인 행동에 대한 연구를 많이 했어요. 현대 생물학의 매우 중요한 이슈가 그것이지요. 그는 부모가 자식을 위하는 이타적 행동은 순전한 희생과 같은 것이 아니라 자신의 행복도를 증진시키는 일종의 이기적 행위와 다를 바 없다고 설명해요. 어미가 자식에게 젖을 주는 것은 자신의 자원이 줄어드는 비용이 발생하죠. 하지만 그것이 본인에게 손해는 아니에요. 왜냐하면 적어도 정서적인 만족감과 행복감이 증진되기 때문이에요. 왜 그것은 이익으로 여기지 않는 걸까요. 우리는 추상적 만족감을 위해 흔히 돈을 내고 소비를 하기도 하는데 말이죠. 더구나 자식이 잘 자라서 성공하면 자신에게 여러모로 이익이 되기도 하지요. 특히 동양에서는 성공하라고 아이들을 막 다그치지 않나요? 또, 유전자 차원에서 설명할 수도 있어요. 리처드 도킨스(Richard Dawkins)는 《이기적 유전자》에서 유전자의 번성을 위해서 목숨을 버리는 것을 포함한 이타적 행동을 충분히 할 수 있음을 설명했지요. 그래서 그 책 제목처럼 이기적인 행동으로 설명할 수 있어요. 이타적 행동도 이기적일 수 있다는 거지요.

(나) 음… 그건 그렇다 치고, 두번째 질문인데요. 선생님께서는 자기 자신을 세상의 중심으로 삼고 그런 각도를 가지고 살아가는 사람이 많다고 하셨어요. 그런데 그런 사람이 실제로 많은 지

어떻게 아신 건가요? 혹시 설문조사라도 해보신 건가요?

(구루) 하하, 설문조사를 했을 리 없지요. 그것은 말하자면, 자기객관화의 힘이죠.

(나) 자기객관화의 힘이요?

(구루) 마침 지금부터 이야기하려는 주제가 그와 관련되어 있군요. 이제부터는 예고했던 것처럼 본격적인 이야기로 들어가게 되는 거예요. 마음의 준비는 되었나요?

(나) 네.

(구루) 자기객관화라는 것은 사실 매우 어마어마한 주제예요. 왜냐하면 그것은 타인들의 생각을 알아보는 것이기 때문이에요. 타인들의 표현이 아니라 생각 차원이라고 앞에서 말했었지요. 거기에 객관성이라는 것까지 더해지죠. 물론 3인칭 관점의 궁극적 진리가 아니라 타인들 다수의 생각(2인칭)이기는 하지만, 거기에도 숨은 진실과도 같은 객관성이 있지요. 예를 들어 〈트루먼쇼〉라는 영화에서는 주인공이 거대한 세트장에서 살아가면서 자신은 그것을 전혀 눈치채지 못하지요. 다수의 사람들, 아니 모든 타인들은 그것이 세트장에서 일어나는 구경거리라는 것을 알지만 주인공만 모르고 있어요. 쉽진 않겠지만 그에게 있어서 진정으로 자기객관화가 잘 된다는 것은 그가 그 진실을 깨닫게 되는 것이죠. 그런 특이한 상황까지 가정해보지 않아도, 한 사람이 자신의 평판에 대해 잘 모르고 있는 경우는 보다 흔할 거예요. 어쩌면 한 사람이 자신은 마을에서 평판이 좋다고 생각하고 있는데, 그 마을 사람들은 그 사람 몰래 모여

서 그를 언젠가 혼내 주고 쫓아 내버릴 것이라고 모의를 꾸미고 있을지도 모르지요. 자기객관화가 잘되지 않는 사람은 그러한 배경의 진실을 알지 못해 불안하겠지요. 그러면, 제가 그것이 자기객관화의 힘이라고 말한 것이 이해가 되나요?

(나) 음… 자기객관화는 타인들의 마음을 아는 것이므로, 만약 그것을 잘 한다면, 사람들이 어떤 사고방식을 가지고 살아가고 있는지도 파악할 수 있다는 건가요?

(구루) 그래요. 이것은 철학, 그리고 다양한 지식으로 인한 통찰력의 문제이지, 설문조사가 필요한 문제가 아니에요. 물론 설문조사로 일부는 알 수 있겠지만, 한계가 있어요. 애플의 창업자 스티브 잡스는 제품을 개발하면서 설문조사나 시장조사를 하지 않았던 것으로 유명해요. 그가 왜 그렇게 했느냐면, 사람들은 직접 써 보기 전에는 겪어보지 않은 것에 대해 평가할 수 없기 때문이죠. 그래서 마음의 구조를 통찰을 통해 추측하고 신제품을 만들어냈던 거예요. 이렇게 자기객관화와 관련된 연구는 비즈니스 영역에서 매우 유용하게 활용될 수 있어요. 비즈니스는 사람들의 마음과 매우 밀접한 관련이 있지요. 물론 앞으로의 가능성이지만 커다란 잠재력이 있어요. 그런데 아직까지 그에 대한 연구가 없었다는 것이 희한하고도 안타까운 일이지요.

(나) 놀랍네요. 그런데 스티브 잡스가 제품을 개발한 것 같은 비즈니스 문제와 자기객관화가 쉽게 연결된다는 생각이 잘 안 들기 때문인지도 모르겠네요. 자기객관화는 단지 자신에 대해서 아

는 것과 관련이 있어 보이니까요.

(구루) 그렇지요. 그런데, 자기객관화가 어마어마한 프로젝트인 이유 중 하나가 바로 그것이에요. 자기객관화는 단지 자기 자신에 대한 객관화 뿐 아니라, 존재하는 모든 것에 대한 객관화까지 포함해요.

(나) 존재하는 모든 것이요?

(구루) 따져보면 간단한 이치예요. 타인들의 마음은 나에 대해서만 생각하는 것이 아니라 다양한 사물과 존재들에 대한 마음이지요. 다만 그 마음에 나를 적용시키면 자기객관화가 되는 것일 뿐이에요. 그래서 자기객관화를 하는 방법은 모든 것에 대한 객관화와 동일해요. 다시 말해서, 타인들이 나를 어떻게 생각한다는 것을 아는 것과 타인들이 이 연필을 어떻게 생각한다는 것을 아는 것은 방법론 상에서 딱히 다르지 않지요. 사실, 자기객관화를 위해서는 그런 사물들이나 대상들에 대해 객관화하는 능력이 요구되지요.

(나) 음… 아직 감이 잘 안잡히네요. 언뜻 드는 생각은 그것이 너무 거창하고 어려운 주제 같다는 거예요. 독심술 같은 초능력이라도 필요한 것 아닌가요?

(구루) 물론 초능력이 없다는 것을 가정해야지요. 자기객관화가 엄청난 주제라는 것을 강조한 이유는, 그것이 철학은 물론이고 많은 분야에 큰 영향을 끼칠 수 있는 것이고, 잠재력이 크다는 것을 설명하기 위해서였어요. 그러니까 그 궁극의 지점은 당연히 무지막지하게 어렵겠지요. 어떤 분야를 시작할 때 처음부터 완

전히 통달하길 기대할 필요는 없어요. 수학을 처음 배우면서 수학의 궁극까지 어떻게 모두 통달할 수 있을지 겁낼 필요가 없는 것과 같지요.

(나) 그런데, 모든 다양한 사물에 대한 객관화가 필요하다고 하셨는데, 그것은 오히려 자기객관화보다 더 어려운 일 아닌가요? 그건 너무 거창하고 어려운 능력 같아요.

(구루) 예상보다 어렵지 않아요. 이 연필을 보세요. 그리고 어떤 생각이 드는지 묘사해보세요.

(나) 반쯤 남은 것 같고, 겉표면은 녹색이네요. 흑연의 끝부분은 뭉툭하고, 그리고 전체적으로 좀 지저분해 보여요.

(구루) 그럼, 남들도 그렇게 생각할까요?

(나) 이것을 본다면 대체로 비슷한 묘사를 하겠지요.

(구루) 그것 보세요. 민준군은 이 연필에 대한 객관화를 했잖아요. 그게 어려운 일은 아니었죠?

(나) 그것이 객관화였나요? 저는 그저 자연스러운 반응이었을 뿐인데요.

(구루) 타인들이 어떤 것에 대해 어떻게 생각할 것이다… 그것의 정확도가 높은 것이 객관화를 잘하는 것이지요. 그러니까 방금 한 것도 객관화이고, 이렇게 쉬운 것도 매우 많아요. 우리는 일상에서 매우 자주 부지불식간에 그런 객관화를 하고 있지요. 오히려 더 어려운 것은 특정 인물이 가지는 오롯한 개인적 인상을 정확히 알아내는 것이고, 다수의 일반적 생각을 아는 객관화가 그보다 더 쉬운 경우가 많아요.

(나) 그런데 저는 어떤 의식적인 객관화를 한 게 아니라 단지 저의 경험을 묘사했을 뿐이고, 타인들도 아마 나와 같을 것이라고 추측했을 뿐이에요. 그것은 아마도 임마누엘 칸트(Immanuel Kant)가《순수이성비판》에서 말한 직관과 범주(감성과 지성)의 작용으로 설명할 수 있을 거예요. 즉 인간에게 공통적이기 때문에 군이 별도의 객관화가 필요 없는 것이지요.

(구루) 인간에게 공통적이라는 것은 성급한 추측이네요. 색맹인 사람도 있잖아요. 그 사람도 자신의 경험이 인간에게 공통적이라고 해야 할까요? 그런데 민준군은 어떻게 자동적으로 그런 추측을 했을까요. 그건 단지 민준군에게 객관화가 쉬운 사례였기 때문이에요.

(나) 그러면 제가 왜 이 사례를 쉽게 객관화하게 되었을까요? 설명해주실 수 있나요?

(구루) 아마 경험을 통해 자신이 보고 느낀 그런 것들이 남들도 비슷하게 느낀다는 것을 알게 되었겠지요. 내가 녹색이라고 생각하는 것은 타인들도 녹색이라고 말한다고 알게 되었겠지요. 하지만 색맹인 사람은 타인들이 나와 다르게 말한다는 것을 경험하게 되어서, 예를 들어 자신이 색맹 테스트를 통과하지 못한다거나, 그래서 민준군보다 그 객관화에 좀 더 노력이 필요하겠지요.

(나) 하지만, 색맹은 특수한 소수의 경우이고, 인간 종은 선천적으로 동일한 기제를 가질 거예요. 그래서 군이 후천적으로 깨닫지 않아도 자신의 경험이 공통적이라는 것을 선천적으로 알

수 있을지 몰라요.

(구루) 그런 부분도 있을 수 있지요. 예를 들어 가시에 찔리면 통증이 생기는데 남들도 그럴 것이다라는 것은 아마 선천적일 거예요. 아주 어린 아이들도 타인이 아픔을 느끼고 그것을 싫어한다는 것을 알지요. 하지만 알 수 없는 부분도 매우 많아요. 과연 사회적 교류가 전혀 없는 상태에서 타인들이 나와 같이 생각한다거나 타인들의 생각을 알 수 있을까요? 말이 안되지요. 적어도 타인의 반응을 보거나 말을 듣는 등 확인 작업을 거쳐야지요. 그것도 없이 타인의 생각을 추측하는 것은 과학적 사고도 아니고 철학적 사고도 아니에요. 본인이 초능력자도 아닐텐데요.

나는 그의 말을 들으며 생각해보았다. 타인을 전혀 만나지 않고 타인이 어떻게 생각한다는 것을 아는 것은 억측이라는 그의 말이 맞는 것 같다. 그러나 나는 사회적 교류가 필요 없는 부분을 찾고자 했고, 이렇게 말했다.

(나) 그러면, 사람을 못 만나고 정글에서 혼자 사는 누군가가 있는데, 큰 나무가 자신을 향해 넘어지는 것을 보고 '나는 피해야 한다'는 것을 아는 것은 사회적 교류가 필요 없지 않나요?

(구루) 그것은 선천적인 것이겠지요. 아마 높은 곳을 무서워하는 것도 그렇겠지요. 쓰러지는 나무에 맞으면 몸을 다친다는 것은 3인칭 관점의 진리예요. 그것은 혼자서 알아낼 수도 있고 본능일 수도 있지요. 하지만 우리는 지금 타인들의 생각에 대한 이야기를 하고 있어요. 타인들의 생각과 진리는 별개라고 했잖아

요. 그걸 따져보고 나서야 그 나무를 피하는 사람은 없지요… 그런데, 민준군은 계속 자기 혼자의 능력으로 알 수 있는 것이 많다는 주장을 하려 하는군요. 뭐, 그것이 칸트를 비롯한 서양 주류 철학자들의 의도이기도 했지요. 그것은 자기 내면 안에서 모든 인식적 문제를 해결하려는 내재주의(internalism)의 흐름이었어요. 민준군은 그러한 의도가 점점 확장되어 타인의 생각까지도 자기 혼자서 알 수 있을 것이라는 생각까지 나아갔어요. 하지만 타인의 마음을 자기 혼자서 어떻게 압니까? 타인의 마음이 자신의 마음과 같을 것이라는 생각은 흔한 착각이지요. 타인의 생각은 민준군의 생각과 달라요. 이걸 명심하세요.

(나) 나의 마음은 타인의 마음과 다르다… 이렇게 생각하는 것이 옳을까요?

(구루) 그렇게 생각하는 것이 좋아요. 그래야 타인과의 소통도 더 잘할 수 있어요.

(나) 저는 오히려 그렇게 생각하면 소통이 더 어려워질 수 있을 것 같아요. 적어도 타인의 마음을 추측하고 같은 부분이 있어야 소통이 이루어지지 않을까요? 정보의 전달도 공유되는 의미가 있어야 하잖아요.

(구루) 정보의 전달은 공유되는 의미가 필요하지요. 그런데 그 의미가 공유된다는 것도 사회적 교류를 통해서만 배울 수 있는 거에요. 언어는 사회적 교류를 통해 습득되지요. 아이가 사회적 자극을 받지 못하면 언어 능력이 발달하지 않아요. 소통을 잘 하는 것이란 자신이 타인의 마음을 잘 알게 되는 것과 다를 바

없지요. 그런데 그것은 목표이지, 그걸 제대로 이루기도 전에 자신의 생각이 타인의 생각과 같을 것이라는 성급한 억측을 해서는 곤란하지요. 그래서 다르다는 것을 먼저 가정하고, 타인의 생각을 올바르게 알아가려는 자세가 필요합니다. 자기객관화의 중요한 역할 중 하나는 소통과 관련한 문제의 해결에 있어요.

타인의 마음의 문제

(나) 타인의 마음이 나의 마음과 다를 수 있다는 것은 이해가 되고, 타인의 생각을 알기 위해서 일정부분 타인과의 교류가 필요하다는 점도 알겠어요. 하지만 문제는, 교류를 하더라도 한계가 크다는 점이예요. 제가 알기로, 비트겐슈타인과 콰인(W.V.O. Quine)도 그렇게 말했을 거예요. 타인의 행동과 표현을 아무리 관찰하더라도 타인의 마음을 아는 데에는 매우 큰 한계가 있지요. 그래서 자신의 지식을 동원해 추측할 수 밖에 없고, 그래서 아직까지 내재주의가 큰 영향력을 발휘하고 있지요.

(구루) 하지만 요즘은 외재주의(externalism: 자신의 내부에 없는 외부의 증거를 활용해야 한다는 인식론적 경향)도 큰 영향력이 있어요. 철학자들 중에서도 주로 과학에 친화적인 사람들이 외재주의를 많이 주장하지요.

(나) 저는 과학에 친화적이든 아니든 상관하지 않아요. 중요한 것은

결국 내가 알아야 하는 것인데, 그것은 결국 내가 아는 것을 증거로 하거나 토대로 삼을 수밖에 없다는 거예요. 나의 외부에 있는, 내가 알지 못하는 것을 스스로 증거로 삼을 수는 없잖아요. 그것이야말로 상상이나 억측이죠.

(구루) 흠… 여기서 인식론의 유명하고 지루한 논쟁을 리바이벌할 생각은 없네요. 그럴 시간도 없으니까요. 다만 자신의 내면에만 집중하는 내재주의가 현대에 와서 흔들리고 있다는 것만 알아 두세요. 우리는 앞에서 자신의 생각에 확신을 줄여야 할 필요성에 대해 살펴보았지요. 그것과도 관련이 있어요.

(나) 그러면 타인이 가진 감각질(qualia: 말로 표현하기 힘든 느낌과 심상)은 어떤가요? 그것은 결코 자신이 알 수 없잖아요.

(구루) 물론 자신이 알 수 없지요. 그것은 완전히 사적인 느낌과도 같은 것이니까요. 언어나 행동으로 완전히 표현하여 전달할 수 없어요. 그런데 우리가 알고자 하는 것은 그러한 감각질이 아니라 대강의 생각일 뿐이에요. 예를 들어 타인 A가 B를 사랑하는 감정을 가지고 있다면 그 내용과 대강의 크기 정도만 알면 되지, A가 주관적으로 느끼는 감정의 모든 것을 완벽히 복제할 필요는 없어요. 물론 공감(empathy, 감정이입) 능력도 활용할 수 있겠지만 완벽히 똑같을 순 없지요.

(나) 제가 보기에 감각질 뿐 아니라, 매우 많은 생각도 알기 어려워요. 사람의 생각에서 표현된 부분은 매우 일부일 뿐이고, 게다가 욕구나 무의식의 영역도 있지요. 우리는 타인들의 매우 일부분만 알 수 있고, 우리 내면에 가진 지식들을 종합해서 타인

의 생각이나 마음 상태를 추측하는 것이죠. 결국 자신의 내면에 있는 것만 가지고 추측할 수 밖에 없어요. 그것이 최선의 방법이지요.

(구루) 흠… 결국엔 자신의 내면에 있는 것만 가지고 추측할 수 밖에 없다는 데에는 동의합니다. 다만 그것이 최선의 방법이라는 데에는 동의하지 못하겠네요.

(나) 그게 무슨 차이죠?

(구루) 자신의 내면에 있는 것만 가지고, 그게 최선이라면 자신만의 닫힌 세계 안에서 살아가는 것이 되어 버리죠. 그게 아니라 열려 있는 상태여야 합니다. 한 시점에서는 결국 자신이 가진 것을 증거로 해서 추측을 해야 하지만, 그게 최선이 아니라 외부의 올바른 증거나 진실을 지향해야지요. 그렇지 않으면 자신에 대한 확신에 갇혀버리겠지요.

나는 잠시 생각한 뒤에 말했다.

(나) 그러면 내재주의와 외재주의는 그렇게 타협점을 찾을 수 있을 것 같군요. 다만, 제 말은 '한 시점'에서는 자신이 가진 것만으로 따져서 추측을 하는 것이 최선이라는 거예요. 그것에서 벗어나면 자신 안에서 증거가 빈약하거나 없는 것도 믿어버리게 될 거예요.

(구루) 대강의 원리로서는 타당해 보이네요. 하지만 증거 포착과 추론 과정에서도 시간의 경과가 발생하는데 '한 시점'이 과연 어떤 의미가 있을지는 모호하군요… 그러면, 현재까지 민준군이 가

진 증거들이 얼마나 빈약하고 부실한지를 설명해줘야 겠군요. 민준군은 타인의 마음을 알기 어렵다고 했지요. 민준군이 가진 증거들로는 상당히 부족할 것입니다. 심지어, 타인의 마음이 존재하는지조차 알기 어려워요. 왜냐하면 그 증거가 빈약하기 때문이지요. 타인의 외형은 이래도, 알고 보면 마음이 없는 로봇이나 마네킹, 좀비일 수도 있잖아요. 저도 그럴지도 모르지요. 민준군의 입장에서요.

(나) 저는 그 정도로 이상한 상상을 하지는 않아요. 타인의 마음은 존재할 것이라고 생각해요. 제가 마음을 가진 것과 마찬가지로요.

(구루) 그것은 그저 넘겨 짚은 것에 불과하고, 증거는 부족하지요. 그래서 철학적으로 악명높은 '타인의 마음의 문제'(problem of other minds)가 있어요. 이것이 쉽게 해결되는 것이었다면 악명높지 않았겠지요. 자신이 가진 증거를 아무리 살펴봐도 타인의 마음의 영역은 알 수 없는 것이죠. 결국 겉으로 표현된, 내가 관찰한 부분만 알 수 있으니까요. 이것은 유아론(唯我論)으로 귀결될 수 있지요. 세상에 나 혼자만 있을 지 모른다는 것 말이에요. 또는 그 바깥에 뭐가 있던지 간에 내가 경험하는 모든 것들은 단지 나에게만 있는 것이고, 그 외부는 텅 비어 있거나, 전혀 예상치 못한 상태에 있거나 하는 것이죠. 그러면 자신이 예상했던 타인은 존재하지 않는 것이지요. 이 문제는 대체로 아직까지 완전히 해결되지 않았어요.

(나) 음… 저도 순전히 이성적으로만 따져보면 그 부분이 해결하기

어렵다고 생각해요. 다만 그런 가정을 하면 너무 비현실적이 되니까 상식적으로 타인이 마음을 가지고 있다고 봐야 하는게 아닐까요?

(구루) 하하, 결국 상식에 기대시는군요. 하지만 상식에 따르는 것은 엄밀한 철학이 아니지요. 철학은 그것을 비판하는 데에서 출발한다고 해도 과언이 아니니까요. 다만 스코틀랜드의 근대철학자 토머스 리드(Thomas Reid)는 상식적으로 타인의 마음이 존재하고 타인의 말을 증거로 삼아도 된다는 '상식학파'를 창시하기는 했지만, 서양철학의 주류는 아니었어요. 다만 서양 외재주의의 시초가 되는 것이었죠. 영국은 유럽대륙보다 약간 실용적 경향이 있었어요. 아무튼, 결국 민준군은 내재주의의 증거론이 아니라 상식에 따르는 등 외재주의를 택한 거예요. 본인 안에 명확한 증거가 없어도 타인들의 말을 믿어버린 것이죠.

(나) 흠… 저도 완벽하지 못한 사람인지라 누군가의 말이나 상식을 믿는 경향을 가지고 있겠지요. 그런데, 어쩌면 증거를 많이 수집하다보면 타인의 마음이 존재한다는 것을 스스로 올바르게 추론할 수 있을지도 몰라요. 즉 단지 저에게 올바른 증거가 부족할 뿐이라는 거죠.

(구루) 그럴지도 모르지만, 아무튼 현재까지는 증거가 빈약하겠군요. 그런데 그 증거를 찾는 것은 쉽지 않은 일이에요. 그러면, '통 속의 뇌'는 어떤가요? 그 사고실험은 아시죠?

(나) 네. 자신이 사실은 통 속에 담긴 뇌일 뿐이고, 자신의 경험은 어떤 미친 과학자가 그 뇌에 전기 신호를 주입하고 있는 것에 불

과할지 모른다는 상상이죠.

(구루) 영화 〈매트릭스〉에서도 보이죠. 미래에 사람들은 기계의 배터리로 쓰이기 위해 통 속에서 길러지는데 단지 뇌에 전기 자극을 주면서 현실을 살아가고 있는 것으로 착각하게 만든다는 내용이지요. 통 속의 뇌는 악명높은 문제이죠. 자신의 삶이 이것이 아님을 어떻게 자신이 확인할 수 있나요? 영화에서처럼 구세주가 나타나서 기계를 물리치고 구해줘야 할까요?

(나) 저도 생각해본 적이 있는데, 만약 우리가 통 속의 뇌라면, 그것을 스스로 확인하기는 불가능에 가까워 보여요. 그 예도 타인의 마음의 문제와 마찬가지라는 말씀인가요?

(구루) 물론이지요. 자신은 자신의 개인적 경험 밖에 알 수 없다는 구조에서 동일하지요. 그리고, 단지 타인의 마음이 존재하는지 아닌지가 중요한 것이 아니라, 전혀 예상치 못하게 존재할 수 있다는 점이 문제예요. 즉 설령 유아론이 부정되더라도 이 문제는 남아있어요. 타인이 마음이 없는 로봇이나 좀비라는 상상은 다양한 상상들 중에 하나일 뿐이지요. 어쩌면, 알고 보면 자신만 모르게 타인들이 둘 씩 짝을 지어 마음을 공유하고 있을지도 몰라요. 자신만 타인의 마음과 공유가 안되는 사람인지도 모르지요. 혹은 주변 사람들 중에 절반은 홀로그램이고 절반은 인간일수도 있지요. 〈트루먼쇼〉도 넓게 보면 이와 같은 사례예요. 주인공의 '상식적' 생각에서는 자신이 세트장 안에 살고 타인들이 모두 연기자라는 사실을 예상치 못했고, 수십 년간 모르고 살았지요. 그처럼 지금 민준군이 상식적으로 생

각하고 있는 타인의 마음과 전혀 다른 예상치 못한 것이 진실일지도 몰라요. 이것이 바로 타인의 마음의 문제예요.

나는 내가 바라보는 세상의 이면에 있을지 모르는 또 다른 세계를 상상해보았다. 타인들의 마음과 영혼이 괴상하게 존재하는 모습을 떠올려보니 갑자기 머리가 어지러워졌다. 혹시 지금 내 앞에 있는 이 사람은 마귀의 현신이 아닐까 라는 생각도 떠올랐다.

(나)　그런 생각을 하니 끔찍한 느낌이 드네요. 이 문제를 어떻게 해결할 수 있을까요? 저는 정상적인 사고방식을 가지고 살아가고 싶어요.

(구루)　단지 타인의 마음이 있는지가 중요한 것이 아니라, 타인의 마음과 관련해서 정상적으로, 실제로 존재하는 구조를 올바르게 이해하고 깨달아야 하지요.

(나)　그것은 단지 타인의 마음이 존재 하는지 여부를 뛰어넘는, 더 어려운 문제가 되겠네요.

(구루)　하지만 그렇게 하지 않으면 타인의 마음의 문제는 계속 남아있을 수 밖에 없어요. 올바른 것을 정해주지 않으면 온갖 상상이 가능하니까요.

(나)　혹시 심리학적 연구결과를 말하시려는 건가요? 사람들을 통계내어 봤더니 이런 특징을 가지더라 하는 것? 제가 보기에 그건 설득력이 떨어질 것 같아요. 왜냐하면 그것은 상식이나 권위의 일종일 뿐이니까요. 트루먼쇼도, 매트릭스에서도 주인공이 그렇게 배웠고 속았겠지요. 여기에는 보다 철학적인 접근이 필요

해 보여요.

(구루) 맞아요. 그러니까 이 문제가 아직까지 남아있겠지요. 제가 타인의 마음의 문제를 중요하게 보는 이유는, 이 문제가 자기객관화 연구가 이루어지지 않았던 원인들 중 하나이기 때문이에요. 이론적으로 타인의 마음이 어떠한지, 존재하는지조차 명확하게 설명되지 못하는데 타인들의 마음에 의한 자기객관화 연구가 어떻게 체계적으로 이루어질 수 있겠어요? 그 철학적 토대가 없다는 것이지요.

(나) 철학적으로는 그렇겠군요. 그런데 어떻게 자기객관화에 접근하시려는 건가요? 심리학을 사용하는 게 아니라면…

(구루) 철학적으로 해결해야지요. 심리학은 보조도구가 될 수는 있겠지만, 철학적 문제가 해결되지 않으면 민준군을 비롯한 많은 사람들의 문제가 해결될 수 없어요. 왜냐하면 철학적 신념은 보다 깊은 곳에서 정신의 메인시스템(main system)에 개입되어 있기 때문이에요. 아무리 많은 경험적 연구들을 가지고 와도 그 저변에 놓인 사고방식의 문제가 해결되지 않으면 마치 자석에 끌리듯 다시 이전 상태로 원상복구가 될 테지요.

(나) 그 메인 시스템이란 어떤 것인가요?

(구루) 컴퓨터에 비유하면 소프트웨어의 운영체제 같은 것이죠. 자신의 세계관과 삶의 철학을 좌우하는 핵심적 믿음(core belief)과 가치관이 있어요. 타인의 마음의 문제를 이성적으로 해결하지 못하고 이성적으로 이해되지 않는 것은 믿지 않는 것이 좋다는 강한 믿음을 가지고 있으면, 결국 자폐적 세계관을 가지게

됩니다. 쓸데없는 에너지 낭비와 걱정과 불안, 그리고 현실적응력이 떨어지게 되지요. 자신의 경험과 생각만이 세상의 전부라는 자폐적 세계관의 닫힌 문을 열 수 있는 방법이 필요해요.

(나) 타인의 마음이 어떠한지, 있는지조차 알기 어려운 상태라면 자폐적이긴 하겠네요. 저도 자폐증까지는 아니겠지만, 솔직히 말하면, 남들과 소통이 쉽지 않다는 느낌은 있어요. 마음이 닫혀 있는 것이 아닌지 의심해본 적도 종종 있고요. 그것도 서양철학의 영향 때문이었을까요?

(구루) 서양 철학이라고도 할 수 있지만, 이제까지 주류의 흐름의 영향이지요. 그에 따르면 자신의 세계와 자신의 생각이 명확한 것이고 타인의 세계와 타인의 마음은 알 수 없는 것이 되어버리지요. 저는 반대로, 자신의 세계와 자신의 생각은 명확하지 않고, 타인의 세계와 타인의 마음은 알 수 있는 것임을 알려드리려는 거예요.

우리 모두는 타인의 시선을 받는다

(나) 그러면 선생님은 주류의 흐름을 거스르겠다는 건가요? 그건 굉장한 주장이 되겠네요.

(구루) 그렇다기 보다는, 야기될 수 있는 오해와 부작용에서 벗어날 필요가 있다는 것이지요. 더구나 저는 이성을 나쁘게 보는 것 같은 파격적인 주장을 하지 않을 거예요. 그런데 이미 이성에 대해 회의하는 주장은 많이 있어왔지요. 니체에서부터 시작된 현대 포스트모더니즘 계열 학자들도 그런 주장을 많이 했고요. 저는 오히려 이성적인 이야기만 할 거예요. 왜냐하면 그래야 민준군이 진정으로 이해할 수 있고, 개선될 수 있기 때문이지요. 즉 민준군의 진짜 근본 시스템을 존중하면서 납득시키려고 할 거예요.

(나) 저의 진짜 근본 시스템이란 이성적으로 사고하려 하는 것인가요?

(구루) 그래요. 그래서 계속 제가 이 상담 내내 이성적으로 따져보고 비판하라고 한 것이죠. 어떤 사람들은 감성이나 권위를 사용해서 설득하거나 행동을 바꾸려 할 수 있지만, 민준군은 잠깐이면 몰라도 근본적으로 그게 통하지 않겠지요. 자석에 이끌리듯 다시 원위치로 복귀되겠지요. 저는 그 근본 시스템이 나쁘다고 생각하지 않아요. 오히려 좋다고 생각하는 편이죠.

(나) 뭔가 다행이라는 생각이 들기도 하고, 자신감이 생기는 것 같네요. 다만, 이성적으로 따져보고 주체적으로 따져봤을 때 타인의 마음의 문제를 어떻게 해결할 수 있을지가 큰 문제네요.

(구루) 저도 철학을 공부했기 때문에, 주체적 관점에서 이성적으로 이해되지 않는 것은 받아들이기 어려웠어요. 다만 저의 닫힌 세계를 열고 진실을 더 많이 알고 싶다는 생각을 하고 있었고, 언제부터인가 동양 문화를 비롯한 다양한 것들에 열린 자세를 가져보자고 생각했지요. 그래도 한동안 왠지 모르게 갑갑하고 계속 해결되지 못한 문제가 있었지요. 사실 당시에는 타인의 마음과 관련된 문제였는지도 몰랐어요. 그러다가 작년에 인도 순례여행에서, 한가지 커다란 깨달음을 얻었어요. 그 깨달음을 얻고 난 뒤에, 비로소 그것이 자기객관화와 관련된 해법이라는 것을 나중에 깨닫게 되었지요. 그래서 그 깨달음에 대해 설명해주려고 해요.

(나) 인도에서 깨달으셨다고요? 그 과정에 대해 좀 더 이야기해주세요.

(구루) 사실 인도와 필연적 관련이 있었는지는 잘 모르겠어요. 다만

그 분위기와 마음 상태에서 아이디어가 더 잘 떠올랐겠지요. 어떤 특정한 문제나 질문이 있었던 것도 아니었어요. 다만 인도에 가기 직전에 사회적 관계의 문제가 아직 많이 연구되지 않은 학계의 블루오션이라는 생각을 하고 있기는 했지요. 저는 인도 북부에 불교 성지 주변에서 기거하다가 남쪽으로도 한바퀴 돌아보고, 뉴델리 등을 거쳐서 마지막으로 바라나시(Varanasi)에서 3주간 지냈어요. 갠지스강변에 있는 힌두교 성지이지요. 그곳에는 저처럼 수양을 하거나 깨달음을 얻으려는 순례자들이 많고, 다양한 사람들을 만나볼 수 있었어요. 아, 그런데 그 전에 아그라(Agra)에 있는 사원 근처에서 한 노인을 만나서 인상 깊은 말을 들었어요. '보이지 않지만 보이는 것이 있다. 그것을 찾아야 한다'라는 말이었지요. 그런데 그 말을 듣는 순간, 당시 내가 생각하고 있던 것을 제대로 표현했다는 느낌이 들었지요.

(나) 보이지 않지만 보인다는 것은 묘한 말이군요.

(구루) 논리적으로 보면 이상한 말이지요. 그런데 저는 그 말이 맞다고 생각했어요. 왜냐하면 타인의 마음이나 권력, 명예처럼 직접 눈에 보이지 않지만 존재하는 것도 있거든요. 그 뒤부터 보이지 않지만 실재하는 것을 보려고 노력했지요. 그리고 바라나시에 와서 며칠 뒤, 그 날 밤은 비가 내린 직후라 굉장히 습도가 높았어요. 이전에 밤하늘에 화려하게 빛나던 별빛이 하나도 보이지 않았지요. 갠지스 강변을 천천히 산책하면서 사람들의 모습을 관찰했어요. 그리고 숙소로 걸어오는 길에 불현듯

한가지 깨달음을 얻었어요. 그것은 말하자면… 나에게 타인들의 시선이 모아지는 것과 마찬가지로, 타인들 각자에게도 다른 타인들의 시선이 모아진다는 깨달음이지요. 여기서부터 문제가 풀리기 시작했어요.

(나) 시선이 모아진다는 것이 어떤 뜻인가요?

(구루) 다수 사람들의 시선이 하나의 개체를 바라보거나 떠올리는 것이지요. 여기서 시선이란 '지향성'(intentionality)으로 볼 수 있어요. 현대 현상학으로 인해 널리 알려지게 된 개념이죠. 이러한 지향성이란 나아갈 목표라는 뜻이 아니라 '어떤 대상에 대한 것'이라는 뜻이죠. 우리의 의식은 항상 무엇에 대한 의식이라는 것인데… 이에 대해서는 대강 알고 있나요?

(나) 네. 대충은 알아요. 우리의 의식은 항상 대상을 향해 있다는 거죠. 그런데 죄송한 말씀이지만, 지금까지 듣기에는 약간 싱거워 보일 수도 있겠네요. 시선이 모아지는 것이 나든 타인이든 마찬가지라는 건 상식적인 이야기 같아요.

(구루) 하하, 이제부터가 시작이예요. 저는 그 생각이 들고 나서 곧바로 지향성을 떠올렸어요. 그리고 지향성이 어떤 방향을 갖는다는 점이 떠올랐어요. '지향'이라는 말에도 담겨 있듯이, 본인의 입장에서 대상을 향한 방향성이 있지요. 나 뿐 아니라 다른 사람에게도 다른 타인들의 시선이 모아질 수 있다고 생각하니, 그것은 단지 지향성이 아니라, '역지향성'이라는 생각이 들었어요. 바로 이것이 그날 밤의 가장 큰 깨달음이었어요. 역지향성이요.

(나)　그것이 어떤 뜻인가요? 혹시, 지향을 거꾸로 받는다는 것?

(구루)　맞아요. 우리는 어떤 것을 볼 때나 마음 속으로 떠올릴 때 항상 어떤 대상을 지향한다고 볼 수 있지요. 내가 순이의 얼굴을 바라보고 그 형상이 나의 의식에 들어올 때, 나의 의식은 순이의 얼굴을 지향하고 있지요. 내가 생각으로 오래전 친구의 모습을 떠올릴 때도 그 친구의 모습 혹은 그 친구를 지향하고 있는 것이지요. 그런데 이제까지 지향성에 대해서만 알려져 있고, 역지향성에 대해서는 이상하게도 알려지지 않았어요. 내가 순이를 떠올리고 지향할 때, 순이는 역으로 지향을 받고, 순이는 역지향성을 갖게 돼요. 즉 나 혹은 타인에게 시선이 모아진다는 것은 역지향성을 가진다는 뜻이에요. 여기까지 이견이 있나요?

(나)　자신의 시선은 지향성이고, 내가 타인들의 시선을 받는다는 것은 나의 입장에서 역지향성으로 볼 수 있겠지요. 이해가 돼요.

(구루)　그렇다면, 내가 지향하는 것만으로도 상대방은 역지향성이 생기는 것이지요?

(나)　그렇지요.

(구루)　그러면 민준군이 보고 있는 사물들, 사람들, 저도 모두 역지향성을 갖게 되는 것이군요.

(나)　네.

(구루)　그렇다면 역지향성을 갖지 않는 것이란 무엇일까요? 한번 생각해보세요.

(나)　음… 아무도 지향하지 않는 것이니까 누구의 의식에도 들어와

본적이 없는 것이겠네요.

(구루) 어떤 사물은 종종 역지향을 받고, 무인도에 있는 아무도 보지 못한 돌멩이는 역지향을 이제까지 못 받았겠군요. 그러면, 그 돌멩이는 결코 영원히 역지향을 못 받을까요?

(나) 아니요. 나중에 누군가가 그것을 볼 수도 있지요. 그리고 애매하긴 하지만 만약 어떤 동물도 의식과 지향성이 있다고 하면 그 동물이 보았을 때 역지향을 받는다고 할 수도 있고요.

(구루) 그래요. 물개의 의식과 지향성이 정확히 어떠한지는 모르겠지만, 물개가 보았을 때도 그 대상은 역지향성을 가지겠지요. 대체로 동물도 지향성을 가질 거예요. 그래서 한 사람이 아프리카 초원에 있을 때 사자가 등뒤에서 그를 노려보고 있다면 역지향을 받고 있겠지요. 그런데, 무인도의 돌멩이도 역지향을 언젠가는 받을 수 있다고 했는데, 그 말은, 무생물도 역지향성을 가질 수 있다는 것이군요.

(나) 그렇지요. 역지향은 아무 대상이나 모두 받을 수 있겠네요.

(구루) 이것이 새삼스럽지만 놀라운 발견이에요. 지향성은 의식을 가지는 개체만이 가지는 것이지요. 그래서 지향성을 가지려면 생물이어야 해요. 반면에 역지향성은 지향을 받기만 하면 되니까 무생물이어도 돼요. 무지개도 역지향성을 갖고, 연필도 역지향성을 갖지요. 이해되셨나요?

(나) 네.

(구루) 그렇다면, 어떤 존재하는 것이 있는데, 역지향을 받을 가능성이 전혀 없는 것이 가능할까요? 무인도의 돌멩이도 어쩌면 누

군가에게 역지향을 받을 수 있는데, 그런 가능성조차 전혀 없는 존재, 다시 말해, 역지향성이라는 성질을 전혀 갖지 않는 존재가 있을까요?

(나) 음… 이 세상에 누구도 알지 못하는 어떤 힘이나 실체가 있다면요?

(구루) 그 힘이나 실체가 누구에게도, 결코 영원히 존재조차 알 수 없는 것인지를 생각해보세요. 초음파는 어떨까요? 오랫동안 인간은 그 존재를 인지하지 못했지만, 소나(sonar) 장치 같은 것으로 그것을 알게 되었지요. 다만 그 전에도 박쥐는 그것을 탐지했지요. 그리고 외계인의 관점도 가정할 수 있고요. 신까지 포함시킬지는 알아서 하시고요. 그래도 역지향성이 전혀 없는 것, 즉 의식을 가진 어느 누구도 영원히 지향할 수 없는 것이 존재할 수 있을까? 만약 그런 것이 있다면 감지되지 않는 것은 물론이고 이 세상에 아무런 영향도 못 끼칠 거예요.

(나) 그것은 존재할 수 없어 보이네요.

(구루) 그래요. 존재하는 것은 누군가에게 언젠가는 역지향을 받을 수 있는 성질이 있지요. 심지어 유니콘이나 진화론, 이념들 같이 추상적인 것이라도 그 추상적인 개념이 역지향을 받는다고 생각할 수 있어요. 개념이나 단어 같은 추상적 존재도 의식의 대상이 되기 때문이지요. 그러면, '존재하는 모든 것은 역지향성을 갖는다'고 볼 수 있지요?

(나) 네.

(구루) 그렇다면 만약 타인이 존재한다면 그들은 모두 역지향성을 가

진다는 이야기가 되겠군요.

(나) 네.

(구루) 그것이 타인에게 시선이 모아진다는 것의 뜻이에요. 그리고 여기서 추론할 수 있는 것은, 나 자신도 역지향을 받을 수 있다, 즉 역지향성을 가진다는 거예요. 그것이 매우 중요해요.

(나) 당연한 이야기 같네요. 그게 중요하다고요?

(구루) 이것은 연역적인 삼단 논법으로 추론할 수 있어요. '모든 존재하는 것은 역지향성을 가진다'. '나는 존재한다'. '그러므로 나는 역지향성을 가진다'. 이 추론은 옳겠지요?

(나) 네.

(구루) 이것이 왜 중요하느냐면, 이성적이고 필연적인 삼단논법으로 타인의 의식과 마음의 존재를 알아냈기 때문이에요. 내가 역지향성을 가진다는 것은 나를 의식하는 외부의 마음이 있다는 것을 뜻하니까요… 타인이 존재하는 지와 무관하게 적어도 내가 존재하는 것은 확실하기 때문에, 그렇다면 이 추론에 의해 타인의 마음이 존재하는 것이 되지요. 논리적으로요. 이 삼단논법을 깨뜨리려면, '모든 존재하는 것은 역지향성을 가진다'는 명제를 부정해야 해요. 그것이 가능할까요?

(나) 음… 쉽진 않겠네요. 그러면, 만약 나만 빼고 모든 사람이 사라진 세상이라면 어떻게 될까요? 아니, 의식을 가진 모든 생명체가 나 빼고 사라진다면?

(구루) 그것은 일시적 상황에 불과하지요. 그래도 나의 흔적은 남을 거예요. 미래에 언젠가 의식을 가진 생명체가 나타나 그러한

나의 흔적을 발견할 가능성이 있지요. 또는 신 같은 존재가 있을지는 모르겠고요. 여기서 중요한 것은 나의 의식이 아닌 외부의 의식이 나를 관찰하거나 떠올릴 가능성이 있다는 것이니까요. 나만의 폐쇄된 세계 '너머'가 있다는 것을 깨닫는 것이 중요해요. 그래서 유아론은 부정되고, 타자의 마음이 이 세상에 존재하게 되지요.

(나) 타자의 마음이 존재한다… 그런데, 한가지 반례의 가능성이 있어요. 내가 역지향을 안 받는 세상도 상상할 수 있지 않나요? 아무리 지금 이런 삼단논법이 나를 설득하려 한다고 해도, 그것도 나만의 폐쇄된 세상 속 이야기일 뿐일 수 있잖아요.

(구루) 그것은 민준군이 존재들 중에서도 너무나 특이해서 본인만 역지향성을 안 가질지 모른다는 상상이군요. 민준군이 지금 저를 비롯한 다른 대상을 지향하고 있기 때문에 민준군의 입장에서 다른 모든 대상들이 역지향성을 가진다는 것은 인정할 텐데, 그래도 오직 본인만은 역지향성을 안 가질 지도 모른다고요?

(나) 상상을 해본다면 그런 세상도 있을 수 있지요.

(구루) 정말로 이상한 상상이지만 그건 선택의 문제일 것 같군요. 타인의 역지향을 전혀 받지 않는다면, 민준군은 결코 사회적으로 존재할 수 없고 사회적 관계도 맺을 수 없고, 타인의 관심과 사랑도 받지 못할 거예요. 사회적으로 성공한 사람일수록 일반적으로 역지향을 많이 받지요. 정치인, 연예인, 유명인사들의 예를 보세요. 그리고 신도 그렇고요. 그런데 굳이 자신이 역지

향을 전혀 안 받는 세상을 꿈꾸고 그것을 원할 필요가 있을까요? 그것은 사회에서 완전히, 흔적도 없이 사라지는 것과 같은데요.

(나) 그럴 필요는 없을 것 같아요. 사실 그건 좀 무리한 상상이긴 하네요. 다른 대상들은 모두 역지향성을 갖는데 나만 안 갖는다는 건 이상하지요. 그리고 그것을 제가 원하는 것도 아니에요.

(구루) 좋아요. 이제 타인의 의식이 존재하고, 자신이 종종 타인의 의식에 들어가야 할 필요성을 깨달은 것 같군요.

내게 깨달음을 느낄 시간을 주려는 듯, 잠시 침묵이 흘렀다. 다시 구루가 말했다.

(구루) 그리고 또 한가지 중요한 깨달음을 추론할 수 있어요. 그것은 타인들의 마음의 특징이에요. 자신만 빼고 타인들의 마음이 모두 연결되어 한통속이 되어 있거나, 둘 씩 짝을 지어 마음을 공유하거나 그런 상상도 가능하다고 앞에서 이야기 했었지요. 하지만 그것은 불가능해요. 왜냐하면 타인은 역지향성을 가지는데, 그것은 타인이 그의 입장에서 알지 못하는 또 다른 타인의 영역이 있다는 것을 뜻하기 때문이에요. 즉 적어도 지금 민준군이 보고 있는 나는, 내가 알지 못하는 민준군 같은 타인의 세계도 있음을 인정해야 해요. 각자가 모두 타인의 세계를 가지고 있지요. 그와 나의 세계는 분리되어 있어요. 민준군만 그런 것이 아니라 모든 타인이 마찬가지예요.

(나) 모든 타인의 마음이 하나로 합쳐 있지 않다는 점은 이해했어

요. 그런데 앞에서 말했던, 만약 둘이 짝을 지어 마음을 공유하는 사람들이 있다면요? 그 부분은 설명이 부족해 보이네요.

(구루) 그것은 마치 머리가 하나인 샴 쌍둥이와 같을까요? 그러니까 마음을 공유하겠지요?

(나) 아마도… 그렇지요.

(구루) 그런데 머리가 하나인 샴쌍둥이는 한 사람일까요, 아니면 두 사람일까요? 그와 달리 머리가 두 개이고 각각의 마음이 있다면 두 사람으로 볼 수 있겠지만, 하나라면, 항상 동일한 의식 상태를 갖는다면, 굳이 타인들끼리 마음을 공유한다고 봐야 할지는 애매하군요.

(나) 알겠어요. 마음이 하나로 공유된다면 굳이 두 사람으로 나눌 필요도 없다는 말씀이시군요.

(구루) 맞아요. 그러니까 사람이 여러 명이라면, 각각의 마음이 있고, 각각의 지향성이 있지요. 그리고 각각 다른 역지향을 받는 상태에 있겠지요. 민준군은 나로 인한 역지향을 받고, 나는 민준군으로 인한 역지향을 받는 것처럼요.

(나) 그런데, 마음이 하나로 공유되는 어떤 그룹이 존재할 수도 있지 않을까요? 어쩌면 몇몇 인간들은 그것을 꿈꿀지도 몰라요. 어쩌면 개미의 집단이나 어떤 전체주의적 인간 집단이 그것을 이루려고 할지도 모르겠네요.

(구루) 전체주의는 어쩌면 그것을 꿈꿀지도 모르겠군요. 그래서 그 부속품이 되는 소수의 인간들이 희생되어도 괜찮다고 생각하겠지요. 공유된 마음이 큰 타격을 입지는 않을 테니까요. 하지만

그것을 꿈꾸는 것과 인간들이 서로 다른 지향성과 역지향성을 가진다는 것은 별개이지요. 두 사람이 있는데, 서로 공간적으로 다른 위치에 있겠지요. 바로 옆에 있더라도요. 그러면 서로 다른 지향성을 가질 수 밖에 없고 서로 다른 역지향성을 가질 수 밖에 없어요. 예를 들어 한 쪽 각도에서는 둘 중에 한 사람만 보인다던지. 그래서 지향성과 역지향성은 각자 사람마다 다르게 되는 것이지요. 심지어 무선으로 연결되어 의식이 완전한 하나인 상태를 상상해 보아도, 즉 각자의 경험도 무시하고 동일한 지향성만 있더라도, 역지향성은 몸이 둘이라면 다를 수밖에 없어요. 공간적 위치 뿐 아니라 생김새와 목소리도 다르겠고, 어떤 상상을 하더라도 두 사람이 있다면 각자 서로 다른 시선들을 받게 되는 것이지요.

자기객관화를 잘 하는 방법

시계바늘이 3시 50분에 조금 못 미친 곳을 가리키고 있었다. 구루가 말했다.

(구루) 이제 철학적 기초 작업은 끝났으니, 본격적으로 자기객관화를 어떻게 하면 잘 할 수 있을지를 살펴봅시다. 시간이 얼마 없지만, 오늘 끝내야 할 부분은 끝내는 게 좋겠어요.

(나) 네. 드디어 그 부분에 들어가게 되는 군요.

(구루) 의외로 간단한 원리이기 때문에 금방 이야기가 끝날 겁니다. 간단히 말하면, 자기객관화를 위해서는 최대한 넓혀야 합니다. 자신에 대해 고려할 수 있는 타인들의 범위를 최대한 넓혀야 하지요. 그런데, 아직 이 말이 잘 이해가 안되겠지요?

(나) 지난 시간에 다룬, 다수의 생각이 객관적이라는 것과 연관되겠네요. 그러니까 다수의 생각을 고려하기 위해서 넓히는 것 아

난가요?

(구루)   맞아요. 더 많은 다수의 생각을 고려하면 더욱 객관적이 되는
        것이지요. 그것이 최대한 넓히라는 의미입니다.

(나)   그런데 그러한 다수의 생각을 따를 필요는 없는 것이죠? 단지
        다수가 어떻게 보고 있다는 정보를 알고 참고자료로 삼는다
        는 뜻이죠?

(구루)   맞아요. 자신이 다수와 같아지라는 것이 아니라 인식적 차원
        에서 실용적인 참고자료로 삼을 뿐이지요. 하하, 여전히 걱정
        이 많군요.

(나)   그런데 그 방법이 문제네요. 초능력자도 아닌데 그렇게 다수의
        사람들의 마음을 어떻게 알 수 있나요? 심지어 가까이 있는 사
        람도, 이야기를 많이 나눠본 사람의 마음도 잘 알기 어려운데
        말이죠.

(구루)   그런 의문이 들 법 하네요. 그런데 자기객관화는 객관화되는 것
        만 파악하면 되기 때문에 가까운 사람의 마음이 중요하지는
        않습니다. 그것은 특정 상대의 마음을 파악하는 마인드리딩
        (mindreading)일 뿐, 자기객관화와는 거의 관련이 없습니다. 즉
        별개의 문제이죠. 자기객관화를 할 때에는 오히려 가까운 사람
        을 고려하지 않는 편이 좋습니다. 그리고 그보다 먼 다수의 사
        람들을 고려해야 합니다. 그래야 객관화에 가까워지지요. 그렇
        기 때문에 자기객관화가 가까운 사람의 가스라이팅에서 벗어
        날 수 있는 방안도 되는 것이지요.

(나)   알겠어요. 그런데… 두 가지 문제점이 떠오르네요. 첫째는, 가까

운 사람의 마음을 고려하지 않으면 어떤 부작용이 생기지 않느냐는 것이고, 둘째는, 멀리 있는 다수 사람들의 마음은 정말로 알기 어려워 보인다는 점이에요. 자신은 그들과 만난 적도 거의 없을 테니까요.

(구루) 첫번째에 대한 대답을 하면, 마인드리딩이나 주변인과의 관계를 좋게 하는 것과 자기객관화는 별개의 문제라는 것입니다. 다만, 자기객관화를 잘하면 오히려 주변인과 관계를 좋게 만드는데 도움이 될 수 있을 것입니다. 예를 들어 가스라이팅에서 벗어나면 가해자와의 관계가 어떻게 될지는 몰라도 대체로 다른 주변인과의 관계가 좋아지는 면이 있을 것입니다. 그리고 자기객관화를 통해 자신감이 생기거나 소통 능력이 향상되면 주변 사람들과의 관계도 좋아질 것입니다. 자기객관화를 한다고 해서 주변 사람들을 행동적으로 무시하거나 멀리하라는 뜻이 아니거든요.

(나) 자기객관화가 인식적인 참고자료라면, 그렇게 볼 수 있겠네요. 그러면 두 번째 문제는요?

(구루) 멀리 있는 다수 사람들의 마음을 고려하는 법, 여기서부터 어떤 스킬(skill)이 들어가는 것이지요. 배우지 않아도 자기객관화를 잘 하는 사람들도 있을 텐데, 그들은 무의식적으로 이것을 사용하고 있을 것 같습니다. 하지만 이 스킬을 의식화시키고 명문화시키면 좀 더 적극적이고 발전적으로 사용할 수도 있겠지요. 일단, 멀리 있는 사람 대부분은 나와 만난 적이 없고, 나에 대해 모르고 있겠지요? 그리고 내가 아는 사람의 수도 매우

제한적이고요.

(나)　네.

(구루)　그런데 자기객관화는 서로가 서로를 얼마나 아느냐가 중요하지 않습니다. 여기서 서로를안다는 것은 친분이 있거나 연락처를 안다거나 이렇게 개인적 인연을 말합니다. 한 개인이 친구가 있어 봤자, 연락처를 알아봤자 얼마나 많겠습니까? 그것으로 자기객관화를 잘하기는 어렵습니다. 예를 들어 종종 만나서 즐거운 시간을 보내는 사람이 100명이나 되는 한 사람이 있다고 해봅시다. 그는 굉장히 친구가 많은 사람이지만, 단지 그 백명만 고려해서는 자기객관화를 잘 할 수 없습니다. 그보다 친구가 한 사람밖에 없지만 멀리 있는 다수의 사람들로 인한 자기객관화를 잘하는 것이 진짜로 그것을 잘하는 것이지요. 즉 은둔형 외톨이 같은 사람도 잘 할 수 있습니다. 제가 무슨 말을 하는지 아시겠어요?

(나)　연락을 한다든가 일면식이 있는 것과 자기객관화는 관련이 없다는 말씀이시군요. 그렇다면 서로 이름도 모르는 불특정 다수와 관계가 있다는 뜻 같네요.

(구루)　맞아요. 불특정 다수, 다른 말로 아무개, 성명불상의 사람들과 관련이 깊습니다. 자기 자신도 마찬가지입니다. 당신은 이제부터 성명불상의 사람이 되는 것이고, 당신을 평가하는 사람들은 불특정 다수일 뿐입니다. 이름 같은 건 잊어버리세요. 그게 첫번째 단계랄까, 그렇게 볼 수 있겠군요.

(나)　내 이름과 사람들의 이름을 잊어버린다… 그리고 어떻게 하는

건가요?

(구루) 제가 이름을 잊어버리라고 한 이유는, 우리 모두는 이름을 모르고 일면식도 없는 성명불상자에 대한 평가를 항상 하고 있기 때문입니다. 그것을 활용하는 것이 자기객관화의 올바른 방법입니다.

(나) 우리가 이름도 모르는 사람에 대한 평가를 항상 하고 있다고요? 예를 들면 어떻게요?

(구루) 예를 들자면, 민준군은 공공질서를 잘 지키는 편인가요?

(나) 그런 편이죠.

(구루) 그러면 공공질서를 지키지 않는 사람을 보면 기분이 나쁘겠군요. 예를 들어, 극장에서 표를 사기 위해 줄을 서 있는데 새치기를 하는 사람을 본다면 어떤 기분이 들겠어요? 그 사람에 대한 인상이 어떻겠어요?

(나) 좋지 않지요. 나쁜 사람이라고 생각하겠지요.

(구루) 바로 그것이 성명불상자에 대한 평가예요. 민준군은 그 사람과 일면식도 없고, 언제 새치기 사건이 일어날지를 예측하지도 못하겠지요. 하지만 민준군은 평소에 그런 사람에 대한 평가 기준을 가지고 있어요. 그리고 그 사건이 실제로 일어나면 그 기준대로 판단하는 것이죠. 그와 마찬가지로, 이를테면 제가 키가 작은 여자가 귀엽다는 등 매력을 느낀다고 해봅시다. 그러면 실제로 키가 작은 여자를 소개받는다면 호감이 생기겠지요. 물론 그전까지 그녀에 대해 일면식도 없었지요. 그러한 평가 기준을 가지고 있는 겁니다. 그러면, 민준군 본인의 예를 하

나 들어볼 수 있을까요?

(나)　음… 저는 하드록(헤비메탈이라고도 함)음악을 좋아하고, 저처럼 록음악을 좋아하는 여자에게 아마 호감을 느낄 거예요. 그런 여자가 나타난다면 호감을 느끼겠지요. 이것도 그 예인가요?

(구루)　그래요. 우리는 이렇게 성명불상자에 대한 다양한 평가 기준을 이미 가지고 있고, 그에 따라 평가를 합니다. 그래서 실제로 그 사람과 만나는 사건이 일어나지 않더라도, 평가는 항상 하고 있는 것과 마찬가지입니다. 그러니까 자신이 사람을 직접 만나서 그에게 자신을 보여주고 그 타인의 피드백 표현을 꼭 들을 필요가 없는 것입니다. 다수의 평가 기준만 알면 되는 것입니다.

(나)　평가 기준이라… 그것은 유용한 방안이겠군요. 자신과 관계가 없던 사람들의 생각도 그렇게 고려할 수 있겠네요. 그런데 왜 꼭 다수가 중요한 건지… 이건 너무 리바이벌의 질문인가요?

(구루)　왜 그런 말을 했는지 이해는 됩니다. 소수의 평가기준을 고려하는 것도 물론 쓰임새가 많이 있지요. 자신이 짝사랑하는 특정 상대의 평가 기준을 파악할 필요도 있겠지요. 다만 앞에서도 말했듯이, 그것은 마인드리딩의 문제이고, 자기객관화를 위해서는 다수의 평가기준을 알 필요가 있는 것입니다. 둘 중에 하나만 해야 하는 건 아니에요. 이 정도면 됐지요?

(나)　대강은 알겠지만… 반대로 어떤 여성이 록음악을 좋아하는 남성에게 호감을 느낀다고 할 때, 제가 나타나면 저에게 호감을 느끼겠지요. 하지만 그 여성의 취향이 다수의 취향이 아닐 수

있잖아요. 실제로 소수이겠죠. 그러면 저의 자기객관화는 어떻게 되는 것인가요?

(구루) 만약 다수가 록음악을 좋아하는 남성에게 호감을 느끼지 않는다면, 그러한 상황을 본인이 아는 것이 자기객관화지요. 즉 자신의 록음악 취향이 다수에게 딱히 호감으로 여겨지지 않는다는 것을 아는 것이지요. 다시 말해 소수의 여성이 그런 취향을 가질 때, 그것이 객관적으로 소수라는 것을 아는 것도 자기객관화이지요. 자기객관화는 다수 또는 객관적 상황을 인식적으로 파악하는 것이에요. 객관적 상황을 파악하기 위해 다수의 생각을 알 필요가 있는 것이기도 하고요.

(나) 알겠어요. 자기객관화가 어떠한 것인지… 정리하자면 자기객관화는 직접 만나거나 어떤 행위를 하기 이전에도 그에 대한 평가가 불특정 다수에 의해 이미 이루어지고 있고, 그 판단 기준을 알아야 하는 것이군요.

(구루) 그래요. 실제 행위나 노출, 타인의 피드백(충고나 반응)과 같은 '사건'이 일어나지 않아도 돼요. 그것으로 자기객관화를 하는 것은 불가능해요. 사례가 너무나 적기 때문이죠. 사람들은 정신적 영역에서 항상 어떤 기준을 통해 무언가에 대한 평가를 하고 있고, 그것을 감안할 수 있고, 감안하는 것이 자기객관화예요.

국가의 경계를 넘어서

(나) 그것을 어떻게 하는지 조금 더 설명해 주시겠어요? 특히 다수
의 사람들에 대해서요.

(구루) 결국, 자신이 스스로 어떤 이론을 만들 수 밖에 없을 것입니다.
그건 사실 당연한 것이지요. 타인들이 이렇게 생각할 것이라
는 이론을 스스로 만들어서 그것을 객관화에 적용시킬 수밖
에 없지요. 이것만 보면 내재주의와 같은 것입니다. 세상에 관
해 자신이 가진 지식을 활용해야지요. 그런데 중요한 것은 그
이론을 만드는데 가급적 최대한 넓은 범위로, 다수의 사고방
식을 지향해야 한다는 것입니다. 물론 그것만 가질 필요는 없
어요. 예를 들어 자기를 둘러싸고 있는 가족의 사고방식, 직장
구성원들의 사고방식, 서울 사람들의 사고방식, 국민들의 사고
방식 등 다양한 범위가 있을 것입니다. 이것은 각각 다를 수 있
고, 모두 알아도 좋습니다. 그런데 가장 큰 범위의 다수 사람들

의 사고방식이 가장 객관적인 것이고, 그것을 자기객관화에 활용하라는 것입니다. 그래서 한시점에서는 어쩔 수 없이 자신의 지식과 증거(내재주의)로 추측하는 것이지만, 외재주의를 지향하는 것입니다. 그래서 넓은 범위의 상황과 분위기에 대한 지식을 쌓아야 하지요.

(나) 그것을 알기는 어렵지 않나요?

(구루) 음… 그러면 하드록을 좋아하는 사람을 사람들이 어떻게 보고 있는가에 대한 예로 설명해야 할 것 같군요. 만약 그런 사람에 호감을 느끼는 사람이 소수라면, 다수가 그렇지 않다는 것을 어떻게 알 수 있는가 라는 문제겠죠?

(나) 네.

(구루) 과연 그것을 아는 것이 정말로 극히 어려운 일일까요? 거꾸로 물어볼게요. 아마 민준군은 다수가 그렇게 생각하지 않는다는 것을 알고 있는 것 같습니다. 그건 어떻게 알았나요?

(나) 그러고보니 저도 그것을 알고 있었군요. 아마도 주변 분위기를 보고 알았겠지요. 하드록을 좋아하는 사람은 소수이고, 따라서 그런 취향을 가진 사람이 호감형이라는 인식도 소수이겠지요. 사회적으로 보았을 때 사람들에게서 그런 경향이 거의 보이지도 않았고요.

(구루) 만약 하드록이 본능적으로 좋아하게 만드는 요소를 가지고 있었다면, 다수의 사람들이 좋아하겠지요. 단 맛을 다수의 사람들이 좋아하듯이 말이예요. 하지만 다수의 사람들이 듣기에 하드록은 시끄럽고 기이하게 보일 수 있습니다. 그것이 본성적

으로 인간이 좋아하는 것이 아니라는 것을 민준군도 알 수 있었을 것입니다. 단지 독특한 취향이었던 것이죠. 이렇게 인간의 본성을 파악하면 많은 부분을 추측할 수 있습니다. 다수의 생각은 인간의 본성과 많은 관련이 있겠지요. 그리고 그에 더해서, 시대적 분위기도 매우 중요하겠지요. 그것은 연구대상이 될 수 있겠지만, 스스로 정보를 포착하고, 통찰하고, 직관을 사용해서 추측하는 일이 불가능한 것은 아니에요.

(나) 그러면, 저는 객관적으로 매력이 없는 사람이 되는 건가요? 그런데, 이상하게도 저는 그런 생각이 들지 않는데요. 이상하게 들리실지 모르지만, 솔직히 말하면, 저는 하드록을 좋아하는 저 자신이 약간 멋과 매력이 있다고 생각해요. 그런데, 사람들이 그 매력을 잘 찾아보지 못해서일까요?

(구루) 그 문제는 좀 더 세밀히 살펴볼 필요가 있겠군요. 저도 록음악을 한때 많이 들었어요. 그때에도 록음악은 비주류였지요. 그런데 서양 선진국에서는 록음악이 비주류가 아니라 주류였어요. 국내보다 그런 외국에서 훨씬 다수의 사람들이 록음악을 높이 평가하고, 그것을 좋아하는 사람을 인정해줬지요. 혹시 민준군은 그 사실을 알고 있지 않나요?

(나) 그건 알고 있어요.

(구루) 그렇다면 아마도 민준군은 범위를 외국까지 넓혀서, 외국에서 그것이 주류이고 매력을 인정받기 때문에, 그러한 취향을 가진 자신에게 매력이 있다고 생각하고 있는 것일지 몰라요. 그러니까 그것도 자기객관화를 한 것이지요. 즉 객관적으로 매

력이 없는 사람이라는 것은 다만 한국에서의 이야기이고, 외국의 어떤 선진국 사람들 기준으로는 객관적으로 매력이 있을 것이라고 판단한 것이지요. 모두 맞는 것일 수 있어요.

(나) 그러면 저는 한국에서는 그것으로 인해 객관적으로 매력이 있는 것은 아니라는 뜻이죠?

(구루) 당연하지요. 현실이 그렇다면, 지금 우리는 그 현실을 파악하고 있는 것이니까요. 민준군도 그것을 알고 있지 않았나요?

(나) 그렇군요. 알고 있었던 것 같아요. 그러면 저는 어떻게 자기객관화를 해야할지가 애매하네요.

(구루) 적어도 그 분야에 대해서는 잘하고 있는 것 같은데요. 물론 외국 사람들이 정말로, 어느 정도로 그것을 매력으로 인정해주느냐는 알아봐야 겠지만, 적어도 한국보다 더 쳐준다고 했을 때, 그 사람의 숫자가 한국인들의 숫자보다 더 많다면, 그것이 매력이 된다는 것이 객관적이라고 할 수 있어요. 하지만 국내의 사정은 따로 봐야지요. 즉 한국에서도 객관적으로 매력적이라는 생각만 안 하면 돼요. 그 두 가지 사항을 인식하고 있다면, 자기객관화는 대체로 잘 하고 있는 거예요.

(나) 그러면 한국에서와 외국에서의 객관성이 충돌하지 않나요? 그러면 무엇이 정말로 객관적인 것인가요?

(구루) 무엇이 정말로 객관적인지가 중요한 것이 아니라, 필요에 따라 쓸 수 있겠지요. 한국 사람들의 입맛에 맞추고 싶으면 한국 내의 객관성을 활용하고, 한국에서 안 알아줘도 기분적으로 당당하고 싶거나 주변을 설득하고 싶으면 외국까지 범위를 넓혀

서 그것이 객관적이라고 생각해도 됩니다. 다만 그것이 정말로 옳은 지식인지는 따져봐야 하겠지만요.

(나) 흠… 저번 시간에 선생님께서 객관적인 것은 하나다라고 하셨던 것 같은데요.

(구루) 그것은 사람들의 전반적인 상황의 객관적인 모습, 혹은 다수의 1등이 있다는 것을 말한 것이었지요. 선거에서처럼 다수의 1위가 있다고 해서 나머지가 존재하지 않는 것은 아니지요. 그런데 그 최대 다수의 것을 행위의 명분으로 삼을 수 있어요. 예를 들어 어떤 폐쇄적인 마을에서는 머리를 노랗게 염색하는 것을 좋지 않게 보고 사람들이 험담을 하는데, 더 넓은 세계 사람들의 관점에서는 괜찮다고 해봅시다. 그는 더 넓은 세계의 객관성을 인지하고 마을 사람들의 험담과 손가락질도 이겨낼 명분과 자신감, 자부심을 가질 수 있을 것입니다. 그것도 자기객관화의 힘이지요. 이것도 자기객관화가 자존감을 높여주는 한 가지 사례이겠군요. 다만 마을 사람들의 도움이 필요하고 그것에 방해가 된다면 염색을 안 할 수도 있고요. 그런 상황을 잘 파악하는 것이 좋겠지요… 이제 끝낼 시간이 되었군요. 저도 더 이야기할 부분이 있었는데, 다음주에 하기로 하지요. 한 주 동안 질문이 있는지 생각해보세요.

(나) 네. 감사합니다. 다음주에 뵙겠습니다.

3장.

세 번 째 오 후

개성과 자유를 표현할 수 있는가

한 주 동안 나는 구루와의 대화에서 적은 메모를 읽으며 다양한 생각에 잠겼다. 그동안 내가 인식하지 못했던 나의 몇 가지 모습들을 알아가고 있었다. 그와의 이번 대화가 어쩌면 내 인생에 터닝포인트가 될지도 모른다는 생각이 들었다. 메모를 찬찬히 다시 읽어보다가 몇 가지 질문이 떠올랐다. 철학에서 질문이란 대개 비판과도 같다. 주장의 허점이나 한계를 찾아내고 스스로 생각하는 힘을 키우는 것이다. 나는 그렇게 훈련되어 있어서 그런지 몰라도 틀릴 가능성이 있는 것은 쉽게 받아들이지 못한다. 그런데 구루도 그런 태도를 유지하라고 했으니, 그런 점에서 통하는 부분이 있어서 다행이었다.

작은 강의실에 들어가자 구루가 기다리고 있었다. 나는 인사를 하고 그와 마주보는 의자에 앉았다.

(나)　안녕하세요. 잘 지내셨어요?

(구루)　네, 안녕하세요. 오늘이 마지막 시간이네요. 그런데, 궁금한 게 있어요. 그 동안의 상담을 통해서 자신에게 변화가 느껴졌나요?

(나)　음… 뭔가 달라진 것 같아요. 전보다 약간 안정감이 생겼다고 할까요. 왜 그런지 생각해봤는데, 불특정 다수 사람들이 나를 어떻게 보는지를 알아내려고 노력을 하다 보니, 어렴풋이 그것을 알 수 있을 것 같고, 이상하게도 그로 인해서 마음이 놓이는 면이 있었어요. 아마 그 전에는 타인의 생각을 알기 위해서 오히려 더 많이 노력해왔던 것 같아요. 더 불안한 면이 있었지요. 그런데 이제는 오히려 그 노력이 더 줄어든 것 같아요. 주변의 시선으로 인한 흔들림이 더 줄어들었기 때문인 것 같아요.

(구루)　좋은 변화이군요. 자기객관화는 불안을 줄여주지요. 그와 관련해서 오늘도 더 이야기를 나누게 될 거예요. 그 전에 먼저, 혹시 질문을 준비해 온 게 있나요?

(나)　네. 꽤 여러가지 질문이 있어요. 근본적인 문제부터 시작할게요. 첫번째 질문으로, 자기객관화를 잘 하기 위해서 다수 사람들의 생각을 참조해야 하는데, 다수 사람들의 생각에 집착하다 보면 종종 그것에 자신이 구속될 가능성도 있지 않나요? 예를 들어 다수 사람들이 검은색 머리를 좋아하고 빨간색 머리를 안 좋게 본다고 하면, 빨간색 머리로 염색하려는 용기가 나지 않을 수 있어요.

(구루)　그것은 개성의 문제이군요. 자유로운 행동을 어떻게 할 수 있는

가의 문제이기도 하고요. 그런데, 다수가 개성과 자유로운 행위를 억압하거나 처벌한다는 만약의 가정을 했어요. 과연 그럴까요? 다수 사람들은 과연 당신이 구속되길 바라고 개성이 없기를 바라고, 더 나아가 아무런 행위도 하지 않기를 바랄까요? 그렇지 않을 겁니다. 다수 사람들의 인식은 사람들 각자의 개성이 표현되고 어느 정도 자유롭게 행동하는 것을 나쁘지 않게 보고, 무의식적으로 그런 사람에게 매력을 느끼기도 합니다. 이건 본성과도 깊은 연관이 있습니다. 그러니까 그건 쓸데없는 걱정이지요.

(나) 그런데 빨간 머리로 염색하는 것에는 다수의 눈치를 보고 두려움을 느끼지 않나요?

(구루) 그럴 수 있지요. 그 행위에는 대체로 용기가 필요합니다. 그건 당연한 것이지요. 왜 빨간 머리를 하는데 용기가 필요 하느냐면, 주변 사람들이 쓴 소리를 하거나 억압할 가능성이 많기 때문이지요. 그런 머리를 하고 직장에 출근한다면 상사에게 혼날 수도 있겠지요. 이렇게 빨간 머리를 하는데 생기는 두려움은 자기객관화와는 관련이 거의 없고, 주로 주변 사람들의 나쁜 반응이 예상되고 직접적 불이익을 받을 수도 있기 때문이에요. 자신이 처한 상황에 따라 실용적으로 판단하면 되는 것이죠.

(나) 꼭 그 예가 아니더라도, 멀리 떨어진 불특정 다수가 안 좋게 보고 불이익을 주는 경우도 있을 거예요. 예를 들어, 인터넷으로 어떤 게시물을 올렸는데, 떳떳한 일인데도 불특정 다수 네티

즌들의 마녀사냥 같은 일도 일어날 수 있지요.

(구루) 마녀사냥이라… 그건 좋지 않은 현상이군요. 그런데 마녀사냥이 두려워서 그것을 올리지 않고 스스로 자신을 억압할 수 있다는 말이군요. 만약 자기객관화 과정, 즉 마녀사냥을 예측하고 그 위험을 미리 인지하는 경우가 있고, 또 다른 경우에 그것을 하지 않아 인지하지 못했다고 해봅시다. 그런데 그 인지를 하던 안 하던 간에 똑같은 게시물을 올렸을 때 똑같이 마녀사냥을 당하겠지요?

(나) 네.

(구루) 그러면 받게 되는 불이익은 똑같은데, 왜 자기객관화를 하게 되면 더 문제라는 건가요? 오히려 그것을 예상하면 당황하지 않고 뒷수습책 같은 것도 더 대비할 수 있을 텐데요.

(나) 사람들의 반발을 불러올 것을 알고 하니까 더 화를 일으킬 수 있지 않을까요? 도덕적으로도 어떤 의도를 가지고 하는 것과 모르고 하는 것에 도덕적 책임의 차이가 있잖아요.

(구루) 하지만 그것은 마녀사냥에 불과하니까, 오히려 그것을 하는 사람들이 도덕적으로 잘못이라는 전제가 있지요. 그래서 그럴 것이라고 알고 해도 괜찮아요. 오히려 더 숭고하고 용기 있는 사람이 되겠지요. 다만 자신의 신변과 이익을 위해서 적절하게 행동할 필요도 있지요. 지동설을 알았으면서도 혹독한 처벌이 두려워서 겉으로는 천동설을 받아들인 갈릴레이처럼요.

(나) 흠… 다만 제가 말하는 핵심은, 두려움이 생길 거라는 점에요. 그리고 스스로 단속을 더 많이 하게 될 것이라는 점이죠.

(구루) 만약 자신에게 정말로 일어날 불행을 예측한다면, 그것을 활용하면 나쁠 게 없지요. 아니면 용기 있게 행동하던지요. 본인의 선택권이 더 늘어나게 되는 것이죠. 그렇다고 해서 그것을 모르고 행동하는 것이 용기 있는 것은 아니지요. 용기란 두려움을 극복한 것인데, 타인의 반응을 예측하지 못하고 행한 사람은 아무것도 모르고 한 것이니까요. 그렇게 모르고 행동해서 갑작스런 불행에 처하는 것이 과연 좋을까요?

(나) 음… 아는 게 병이랄까, 그렇게 다수의 눈치에 억압받아 행동을 못하는 경우는 있지 않을까요? 갈릴레이가 지동설을 주장하지 못했던 것도 그 예이겠죠.

(구루) 글쎄요, 모르고 말했다가 사형당하는 것도 좋아 보이지는 않네요. 알고 용기있게 말했다면 그보다는 낫겠지요. 그런 사람이 정말로 훌륭한 사람이지요… 자기객관화는 단지 참고자료를 찾는 일이라는 것을 또다시 강조할 필요가 있겠군요. 다수의 마녀사냥이 있다는 것을 안다면, 그것을 활용해서 어떻게 행동할지는 자신의 개인적 선택이지, 다수의 생각이 진리도 아니고, 그것으로 자신의 생각을 바꿔야 하는 건 아니잖아요. 제가 보기에 좀비 정도의 지능이 아니라면, 정상인이라면 그것을 구분할 거예요. 과도한 걱정이네요. 그런 부가 정보를 아는 것은 많은 도움이 될 뿐, 부작용은 거의 없어요.

(나) 제가 보기에 다수의 취향, 또는 판단 기준을 그대로 따르는 사람도 많이 있어 보이는데요. 그런 사람은 좀비의 범주에 들어가나요?

(구루) 자신의 판단 기준이 전혀 없다면 큰 문제가 되지만, 행동적으로 보자면 그것은 많은 경우에 좀비가 아니에요. 왜냐하면 유행에 따르거나 앞서 빨간 머리의 예처럼 자신의 이익을 위해 행동했을 수 있으니까요. 제가 말하는 좀비란 다른 사람의 욕구와 자신의 욕구를 혼동하는 수준을 말하는 거예요. 그런 사람은 자신의 판단 기준이 없는 것이고, 그런 사람은 드물겠지요.

나는 더 이상 반론이 떠오르지 않아 조용히 다음 질문으로 넘어가려 하고 있었는데, 구루가 말했다.

(구루) 처음 질문이 개성을 표현할 수 있는가였는데, 오히려 종종 자기객관화가 개성을 표현하고 자유롭게 행동하는 용기와 동기를 높일 수 있어요. 사람들이 개성을 표현하지 못하고 자유롭지 못한 이유 중 하나는 다른 사람들이 이것을 어떻게 볼지 몰라서 불안하기 때문이에요. 그 불안은 주로 몰라서 생기는 것이지, 얼마나, 어떻게 억압받을지를 알기 때문이 아니에요. 예를 들어 다수의 사람들이 괜찮다고 생각하는데 그것을 몰라서 큰 일이 일어나는 게 아닌지 걱정하기도 해요. 실제로 큰 일도 아니고 아무 일도 안 일어나는데 혼자서 고통을 겪는 경우가 있어요. 그러한 무지로 인한 불안의 문제가 해소된다면 더 자유로울 수 있겠지요.

(나)　두 번째 질문을 할게요. 어떤 사람들은 자신이 속한 소수의 집
단이나 소수 사람들하고만 소통하면서 살고 싶어할 수도 있을
거예요. 그것은 잘못된 생각인가요? 그 작은 집단에서 행복을
느끼면서 살아갈 수도 있잖아요. 그 사람들의 경우에는 작은
집단을 넘어서는 외부의 다수까지 고려할 필요도 없겠지요.
그런데 자기객관화가 모두에게 필요하다고 할 수 있을까요?

(구루)　흥미로운 질문이군요. 그런데 이것도 간단하게 대답할 수 있습
니다. 소수 사람들하고만 살 수도 있고, 그렇게 살고 싶다고 하
더라도 자기객관화를 하는 것이 안 하는 것보다 낫습니다. 즉
인식적으로 더 큰 범위를 고려하는 편이 좋다는 것이죠.

(나)　그 사람은 작은 집단, 소수 사람들과만 살고 싶다고 하는데, 그
게 잘못이란 말인가요?

(구루)　아니요. 그게 아니라 그렇게 살더라도 자기객관화는 넓게 하

는 것이 좋다는 뜻입니다. 소수 사람들하고만 산다는 것은 두 가지 경우가 있겠군요. 소수 사람들끼리 무인도나 정글 속으로 들어가서 완전히 폐쇄적인 공동체를 이루어 그 안에서만 사는 경우와, 아니면 지금처럼 한 국가의 도시나 마을에 살면서 친한 소수 사람들과만 주로 교류하겠다는 것이지요. 둘 중에 무엇을 뜻하는 건가요?

(나) 일단은, 후자요.

(구루) 그러면 두말할 나위가 없겠군요. 그 사람은 낯선 사람도 종종 만나게 될 거예요. 그리고 낯선 사람들에게 영향을 받지요. 낯선 사람과 만나는 일도 필요하고요. 그렇다면 자기객관화를 하는 것이 좋아요.

(나) 그는 낯선 사람과 교류하는 것이 싫다는 데도요?

(구루) 그런 고집은 자신에게 해로워요. 그리고 주로 가까운 사람만 만나더라도, 낯선 사람과도 소통할 수 있는 능력이 필요해요. 혼자서 우물 안 개구리처럼 사는 것이 좋을까요? 그는 매우 행동이 제약되고, 사회적으로 손해를 볼 거예요. 그런 사고방식을 가진다면 장애에 가까워요. 정상적 삶이 아니라는 거예요. 그는 낯선 사람에게 접근할 수도 없고, 물건을 팔 수도 없겠지요.

(나) 만약 낯선 사람에게 접근할 필요가 없다면요?

(구루) 낯선 사람에게 얼마나 자주 접근할지는 그의 자유이지만, 자연스럽게 소통할 수 있는 능력은 가지는 것이 좋지요. 자기객관화가 되는 사람은 예를 들어 술집이나 클럽에서 낯선 타인을

만나는 데에도 능숙하고 자연스럽겠지요. 하지만 자기객관화가 안되면 낯선 사람이 자신을 어떻게 보는지 모르고, 자신을 잘 소개하지도 못하고, 소통도 못하겠지요. 그리고, 민준군은 운전면허가 있나요?

(나) 있는데 운전을 아주 가끔 해요. 차가 부모님 것이라서요.

(구루) 그렇다면 이해할지 모르겠지만, 자동차를 운전할 때에도 다른 운전자들과의 교류와 소통이 일어나게 돼요. 그것은 수많은 낯선 타인들과 만나는 일이지요. 그런데 소수의 아는 사람들하고만 교류하고 산다고요? 그런 생각은 정상이 아니에요.

(나) 자동차 운전과 자기객관화는 관련이 적어 보여요.

(구루) 그것만 따지면 관련이 적어 보이지만, 아는 사람들과만 교류하고 소통한다는 생각이 틀렸다는 걸 말하기 위해서 예로 든 거예요. 수많은 낯선 사람들과 교류할 필요가 있어요. 적어도 그 능력을 가지는 것이 좋지요.

(나) 자기객관화가 낯선 타인과 교류를 잘하는 능력을 키워준다는 말씀인가요?

(구루) 그래요. 마침 그 부분도 중요하게 다룰 필요가 있겠군요. 그건 당연하고도 명백한 일이에요. 올바른 자기객관화의 방법이 불특정 다수, 낯선 타인들 다수의 생각을 추측하는 것이라고 했지요?

(나) 네.

(구루) 그렇다면 낯선 사람과 만나서 소통하고 교류하는데 당연히 도움이 되는 것이지요. 그들이 어떻게 생각하겠다는 것을 파악

하고 있을 테니까요. 자신이 이렇게 행동하고 이런 모습일 때 어떤 생각을 하게 될지도 알게 될 것이고.

(나) 그런데 낯선 타인이 모두 똑같은 사고방식을 갖지는 않잖아요. 그래서 많은 사람들이 서로 다른 생각을 하게 될 텐데, 그 전략이 잘 먹힐까요?

(구루) 물론 정확히 특정인의 마음을 아는 것과는 다르겠죠. 그것은 마인드리딩이니까요. 그런데 낯선 타인을 만날 때, 객관화되는 어떤 사고방식을 인지하고 있다면, 그것이 당당한 명분이 돼요. 사람들이 싸울 때 흔히 이런 말을 하지요. '길 가는 사람을 잡고 물어봐, 누가 옳은지.' 그렇게 상대방이 상식에서 벗어난 이상한 생각을 할 때 자신의 것이 상식에 더 가깝다면서 큰소리를 치지요. 이렇게 다수의 객관적인 사고방식은 떳떳해요. 그리고 그 낯선 타인도 나와 처음 만나는 것이므로 내가 그의 개별적 특성에 대해 모른다는 것을 감안하겠지요. 그런 상황에서 교류를 가능하게 하는 것은 객관적인 사고방식, 다수의 사고방식이에요. 서로 그것을 감안하고 교류를 시작하는 것이에요. 그리고 서로를 알아가면서 각자의 특정한 사고방식을 알게 되고, 그것이 부가되는 것이지요. 그런데 여전히 상대의 특성에 대해 알지 못하는 부분이 있을 거예요. 그 부분은 일단 객관적인 사고방식을 가정하는 거예요. 그렇게 한다고 해서 반발이 일어나지는 않을 거예요. 자신은 당당하고, 상대방도 그것을 인정해야 하지요.

(나) 음… 그렇다면 낯선 사람과 친해지는 과정에서 알지 못하는 부

분은 일단 객관적인 사고방식으로 가정하고, 점차 그를 알아가면서 특정한 것으로 바꾸어 간다는 말씀이군요.

(구루) 그래요. 물론 겉모습의 힌트로 처음부터 대강 한정 지을 수는 있어요. 예를 들어 성별과 연령대는 쉽게 파악할 수 있겠지요. 그와 소통하는 과정을 체계적으로 설명해보면 이럴 거예요. 먼저 가장 넓은 범위, '사람'이라면 이러한 사고방식을 가질 것이다, 거기에 더해서 '한국인'이라면 이러한 사고방식을 가질 것이다, 더하기 '여성'이라면 이러한 사고방식을 가질 것이다, 더하기 '20대'라면 이러한 사고방식을 가질 것이다, 이렇게 다수의 객관적인 사고방식을 가정하면서 조건을 붙여서 한정시켜 일단 소통을 하는 거예요. 그리고 특정인과 직접 소통하거나 친해지면서 그의 사고방식을 알기 위해서 처음의 그 가정들을 수정하거나 알게 된 것들을 부가시키겠지요.

(나) 그럴 듯하네요. 다만 각각의 사고방식을 감안하기는 굉장히 복잡하겠네요. 더구나 착각이나 오류가 일어날 수도 있겠네요. 선입견의 문제도 있고요.

(구루) 하하, 제가 설명한 것은 어떤 특정인의 사고방식을 알고 싶다고 할 때, 예를 들어 소개팅 자리에서 처음 만났을 때 상대를 파악하기 위해 빠르게 돌아가는 머릿속을 구성해봤을 뿐이에요. 그 과정은 무의식적으로 빠르게 일어나겠지요. 그리고 선입견을 줄이기 위해서 한정시키는 것을 조심해야 하고, 오히려 가장 넓은, 다수의 객관적인 것에 보다 집중해야 하는 거예요. 그것을 '열려 있다'고 하지요. 겉모습으로 미리 단정하고 한정시

키면 위험하지요. 일단 보다 넓은 범위로 열려 있는 자세가 필요한데, 그래서 다수의 객관적인 사고방식을 가진 사람으로 일단 가정하고 보는 거예요.

(나) 음… 그런데 친해지고 싶은 사람이라면, 가급적 자신을 일반적인 사람으로 보는 것이 아니라 자신의 특성에 집중해 주는 것을 좋아하지 않을까요?

(구루) 그러니까 대화가 필요한 것이지요. 서로 교류도 없고 대화도 나눠보지 않은 상황에서 어떻게 상대의 특성을 미리 파악합니까? 처음에는 열려 있고 가급적 다수의 사고방식으로 가정해야 하고, 그래야 처음에 낯선 이에게 접근할 수 있고 소통할 수 있어요. 다수의 사고방식으로 가정한다고 해서 그것을 끝까지 고집하는 게 아니라, 그를 알아가면서 수정하고 개별적인 그의 특성을 파악하는 것이죠.

(나) 알겠어요. 다만 이것은 친해지고 싶은 사람의 경우이고, 그렇지 않은 경우에는 계속 객관적 사고방식으로 가정해도 되나요?

(구루) 우리가 상대방의 특정한 사고방식을 파악하려는 이유는, 첫째로 그것을 이용해서 자신의 이익을 챙기기, 둘째로 상대방의 그러한 사고방식을 배려해주려고 할 때예요. 즉 이기적일 수도 있고 이타적일 수도 있어요. 그러니까 낯선 사람과 교류하면서 꼭 그의 특정한 사고방식을 알아내려고 애쓸 필요는 없어요. 그 상대의 입장에서도 부담스럽거나 의심스러워 할 수 있으니까요. 중요한 것은 자기객관화를 할 때 쓰이는 다수의 객관적 사고방식은 낯선 이와 만날 때 거의 필수라는 점이에요.

(나)   그렇군요… 사실, 저는 낯선 타인들과의 만남을 좋아하지 않는
       편인데, 그것은 낯선 타인들과 소통을 잘 하기 어렵다는 문제
       도 있었던 것 같아요. 그 원인이 제가 자기객관화를 잘 하지 못
       하는 문제와 연관되어 있었군요.

(구루) 대체로 그럴 거예요.

(나)   자기객관화가 왜 소통과 관련이 크다고 하셨는지 대강 이해가
       되네요.

(구루) 그건 질문이 모두 끝난 뒤에 좀 더 이야기해보기로 하지요. 또
       다른 질문이 있나요?

외국까지 범위를 넓혀야 하는가

(나)　다음 질문은, 자기객관화를 외국까지 확장하는 문제예요. 자기객관화를 잘 하는 방법이 최대한 범위를 확장하는 것이라고 했는데, 그러면 외국까지 확장하는 것이 권장되겠지요. 과연 외국인들까지 고려하는 것이 좋을까요? 외국의 문화는 우리나라와 다르잖아요. 다른 문화권 사람들의 인식을 고려하는 것이 한국에서 살아가는데 도움이 될지가 애매해요. 로마에 가면 로마의 법을 따르라는 말처럼, 각자 처한 문화의 특수성이 우선한다고 볼 수 있어요. 동떨어진 문화의 것은 쓸데없거나 오히려 방해가 될 수도 있죠. 자신이 알기도 쉽지 않고요. 더구나, 계속 확장한다면 지구 밖까지 확장할 수도 있을까요? 외계인까지 고려해야 하나요? 그건 불가능하겠지요. 그 경계가 불분명해요.

(구루) 외계인까지 확장할 필요는 없지요. 그것은 굳이 동물들까지 확장할 필요가 없는 것과 마찬가지예요. 민준군은 인간이 아닌 동물들이 자신을 어떻게 볼까에 대해 고민한 적이 있나요?

(나) 음… 아니요.

(구루) 내가 정글에 있을 때 호랑이가 등 뒤에서 노려볼 때처럼, 우리는 동물에 의한 역지향성도 가지지요. 하지만 자기객관화를 할 때는 개나 고양이, 비둘기 등 다른 동물들이 어떤 사고방식을 가지고, 나를 어떻게 볼까에 대해 대체로 고민하지 않아요. 왜 그럴까요?

(나) 아마도 그것은 자신의 삶에서 별로 중요하지 않기 때문이겠지요.

(구루) 맞아요. 우리는 자신의 삶에서 중요한 부분을 알고 싶고 탐구할 뿐이에요. 우리는 타인들과 사회적 관계를 맺고 있고, 그 관계가 매우 중요하기 때문이지요. 만약 내가 우주선을 타고 어떤 행성에 불시착했고, 외계인들의 문명 속에 떨어졌다고 가정해 보세요. 그때는 그 외계인들이 자신을 어떻게 볼지가 자신에게 매우 중요해질 거예요. 그래서 그들의 관점과 사고방식을 알아내려고 노력하게 되겠지요. 아마 로마에 가면 로마의 법을 따르라는 말은 주로 그 뜻일 것입니다. 자신의 생존과 이익의 실용성을 위한 것이지요.

(나) 그러니까요. 자신과 가까운 사람이 자신의 삶에 더 많은 영향을 끼치지 않나요? 그런데 왜 더 크게 확장을 해야 하는 것인가요? 더구나 외국까지 할 필요가 있나요?

(구루) 모든 이가 항상 외국 사람들까지 고려해야 할 필요는 없지요. 그것도 필요한 사람이 있고, 안 필요한 사람도 있고, 각자 처한 상황도 제각각이겠지요. 다만 국제적인 시야를 가지고 싶거나 외국으로 진출할 계획이 있다면 외국까지 넓히는 게 좋을 거예요. 특히 요즘은 이동의 폭이 커지고 인터넷으로 전세계가 연결되면서 더욱 그 필요성이 늘어났지요. 수출과 수입 물량도 많기 때문에 외국 시장을 염두 할 필요도 있고요. 주식시장도 외국에 개방되어 있을 거예요.

(나) 물론 그런 점에서 외국인들의 사고방식까지 아는 것은 좋겠지만, 그건 마치 전문가들처럼 소수 사람들의 이야기일 수 있고, 많은 사람들은 주변 사람의 영향이 훨씬 더 클 거예요. 그러면 그러한 많은 사람들은 외국인까지 고려할 필요가 없다는 것이 되겠네요?

(구루) 허허, 가까운 주변 사람의 영향만 고려한다면 자기객관화가 의미가 없지요. 방금 민준군의 말은 소수 사람들과 함께 고립된 섬이나 정글 속에서 사는 것을 가정하는 것과 같아요. 혹은 어떤 사람에 의해 감금되어 평생 그가 주는 것만 받아먹고 그의 통제 하에서만 살아야 할 때 같은 극단적 상황을 가정해야겠지요. 평생 그렇게 산다면 그들과의 관계만 중요하겠지요. 다시 말해 그 소수 타인에 대한 마인드리딩만 하면 되겠지요. 하지만 우리의 삶은 그와 달라요. 소수 사람들 밖에 불특정 다수 사람들의 영향도 있고, 그들에게 열려 있는 환경에서 살고 있어요. 그러한 일반적 상황에서는 불특정 다수에 의한 자기객

관화가 필요해요. 그리고 외국인까지 고려한다는 것이 외국의 특이한 문화까지 고려해야 하는 것은 아니에요. 불특정 다수이기 때문에, 그것은 주로 '공통적인' 부분이에요. 그것은 결국 인간의 본성이 되겠지요. 자기객관화에서 외국까지 넓힌다는 것은 외국의 특정한 문화라기 보다는 대체로 어떤 외국인이라도 공감할 수 있는 부분을 염두한다는 뜻이에요. 그래서 대체로 한국인들과도 공유되는 부분이 되지요. 많은 이들이 현지화 된 외국문화까지 전문적으로 탐구해야 할 필요는 없어요. 그건 그 외국에 갔을 때 할 일이지요. 애플의 아이폰이 전세계적인 인기를 끈 이유는 인간의 본성적 습성에서 환영할 만한 제품을 만들었기 때문이에요. 스티브 잡스는 외국에 맞는 현지화를 고려한 게 아니지요.

(나) 그러면 스티브 잡스는 현지화를 고려하지는 않았지만, 외국까지 범위를 넓혀서 생각해보고 그렇게 객관화를 했다는 말인가요?

(구루) 구체적인 것은 모르지만, 그는 인도에 순례여행을 다녀오기도 하고 동양 문화와 불교에 심취하는 등 세계적인 시야를 가졌던 것은 분명해요. 그렇게 다른 문화를 접하면 어떤 변화가 일어날까요? 문화에 의해 가려졌던 인간의 본성에 대해 더 잘 알 수 있겠지요. 그리고 그것은 인류에 공통적인 부분이 되는 것이고, 가장 큰 범위의 불특정 다수의 사고방식이 되겠지요. 좁은 하나의 문화 속에서 살면서 그것이 세상의 전부인 줄 알면, 모든 인간의 사고방식도 그것과 같다고 생각, 아니 착각하게 되

겠지요. 하지만 다른 문화를 접하면 그 고정관념이 깨어지면서 인간의 본성에 대한 진실에 접근하게 되는 것이지요.

(나) 그런 인간의 본성에 대해 알기 위해서 외국까지 시야를 넓혀야 한다는 말씀인가요?

(구루) 본성이라고 말하니까 굉장히 어렵고 추상적인 개념 같군요. 다만 다수의 객관적인 사고방식을 추측하는데 효과적이라고 말할 수 있지요. 문화라는 것은 꼭 국가 단위만 있는 것이 아닙니다. 가정 내의 문화도 있고, 한 동네의 문화도 있고, 각 지방마다의 문화도 있지요. 한 인간은 좁은 문화 내에서만 살다가 점차 다른 문화들을 접하면서 사람들이 기본적으로 어떤 사고방식을 가지는지에 대한 이론을 수정하고 보완해 나갑니다. 아기가 집안에서만 지내다가 유치원에 가면서 다른 문화를 접하는 것이 최초의 변화이겠지요. 그래서 다양한 문화를 접하거나 고려대상의 범위를 더 넓혀갈수록 그것을 더 잘 만들게 되는 것이죠. 자기객관화를 위해서는 최대한 확장하고, 외국까지 확장하는 것이 좋다는 말은 그것의 연장 선상입니다. 물론 각자 처한 상황에 따라 어떤 범위를 더 중요하게 볼 것인지는 다르겠지만, 외국까지 확장하면 더 좋다는 것은 기본적으로 틀리지 않은 것이지요.

(나) 알겠어요. 그 확장이 외국의 특정한 문화를 고려하는 것과 다르다는 말이지요?

(구루) 네. 인간의 본성과 관련되어 있지요. 다만 그것을 목적으로 할 때 외국 문화를 접하는 것이 도움이 될 뿐이지요. 외국 문화를

소개하는 다큐멘터리를 봐도 도움이 될 것입니다. 그런데 민준 군은 외국의 록음악을 좋아하고, 외국에서는 자신의 취미가 더 인정받을 거라는 생각도 가지고 있지요. 그것으로 보아 자기객관화를 잘 할 수 있는 잠재능력을 가지고 있어 보입니다. 마치 IQ가 높으면 공부를 잘 할 수 있는 잠재능력이 있듯이, 민준군도 자기객관화를 잘 할 잠재능력은 가지고 있어요. 그런데 안타깝게도 어떤 사고방식으로 인한 방해와 이해의 부족으로 자기객관화 능력이 부족한 것이지요. 잠재능력이 올바르게 발현되지 못한 것이에요.

노출되지 않은 것의 객관화

나는 잠시 생각에 잠겼다. 그 방해란 내가 구축한 폐쇄적 세계 속에서 살았기 때문인 것 같았다. 그리고 입을 열었다.

(나) 그런데 저의 생각을 반성해보면, 저는 특정한 선진국, 미국이나 영국에서 제가 인정받을 수 있다는 것만 감안했어요. 그런데 따져보면 그 나라들이 세계 인구의 많은 부분을 차지하지는 않아요. 중국과 인도의 인구가 매우 많은 부분을 차지하죠. 이것이 제가 준비해 온 마지막 질문이에요. 다수의 생각이 객관적이라면, 중국인과 인도인의 생각에 가까운 것이 객관적이 되는 것이 아닐까요?

(구루) 좋은 질문이군요. 음… 의외로 굉장히 함의가 많고, 따져볼 것이 많은 주제예요. 일단 그 대답은 어렵지 않아요. 자기객관화를 위해서 중국인과 인도인의 특유의 사고방식까지 고려할 필

요는 없어요. 왜냐하면 그것은 특유의 문화로 인한 것인데, 자기객관화에서 가장 넓은 범위로 고려해야 할 것은 그런 것이 아니라 단지 인간의 본성이기 때문이지요. 거기에 부가시킬만한 다음 단계의 좁은 영역은 중국과 인도의 문화가 아니라 자신이 속한 국가나 문화권이겠지요. 이렇게 답하고 넘어갈 수도 있지만, 여기에는 또 다른 흥미로운 주제가 담겨 있군요. 그것은 영국과 미국에서 록음악 취향에 대해 가지는 인상이 전세계에 보편적일 수 있느냐는 것이에요. 그런데 현실적으로 지금 중국과 인도에서는 사람들이 그와 다른 인상을 갖겠지요. 록음악이 그렇게 큰 인기를 얻지도 못하고 있겠고. 그렇지요?

(나) 네. 그러면 저의 록음악 취향에 대해 중국과 인도에서는 별로 인정을 못 받겠지요. 우리나라 이상으로요. 그러면 저의 생각은 세계적으로 봤을 때 객관적이지 않은 것이 되겠지요.

(구루) 그것은 세밀하게 따져봐야 할 문제 같습니다. 저는 여기서 두가지 대답이 모두 가능하다고 봅니다. 그렇기도 하고, 아니기도 하다는 것이지요.

(나) 그게 무슨 뜻인가요?

(구루) 왜냐하면 많은 중국인들과 인도인들이 아직 접하지 못한 것에 대한 판단일 수 있기 때문입니다. 그들 중 많은 사람들은 민준군이 좋아하는 록음악을 들어보지도 못했을 것입니다. 그것은 많은 한국인들도 마찬가지겠지요. 그 경우에는 두 가지로 판단할 수 있습니다. 접하지 못한 상태에서의 현재 그들의 인식, 그리고 만약 그것을 접했다면 어떻게 바뀔지에 대한 판단입니

다. 둘 다 필요한 경우가 있지요. 단지 현재의 분위기에 대해서는 낯선 중국인과 인도인을 만날 때나 그 사람들의 현재 인식을 알고 싶을 때 사용할 수 있을 것입니다. 하지만 자신이 알고 있는 것이나 자신의 취향이 객관적으로 어떠한가를 판단할 때는 그것이 전부가 아닙니다. 그것에 대해서는 만약 타인이 경험하게 된다면 어떻게 반응할지를 추측해도 됩니다.

(나) 알 듯 말 듯 한데요. 좀 더 설명해주세요.

(구루) 민준군이 좋아하는 록 가수 중에 많은 사람들은 모르지만 만약 듣게 된다면, 누가 듣더라도 대체로 좋아할만한 아티스트의 곡은 무엇이 있나요? 한가지만 말해주세요.

(나) 음… 좀 오래된 밴드인데 더 큐어(The Cure) 중에 많은 곡들은 대중적으로 좋아할만하지요. 영국과 미국에서는 매우 유명한데 우리나라에서는 모르는 사람들이 많아요.

(구루) 저도 더 큐어의 몇몇 곡을 들어봤어요. 우리나라 방송의 BGM으로도 종종 쓰이는 곡이 있더군요. 하지만 그 곡이나 가수는 많이 알려지지 않았지요. 그렇게 우리는 만약 다른 사람들이 접한다면 좋아할 것이라고 예상하는 것들을 알고 있는 경우가 많아요. 영화도 그렇고, 음식도 그렇고, 신제품도 그렇겠지요. 그런데 그것을 많은 사람들이 접해보지 않았다는 이유만으로, 그것이 객관적으로 무시당하고 낮은 평가를 받는다고 말해야 할까요? 그건 아니지요. 그럴 때는 만약 사람들이 이걸 접한다면 어떻게 반응하게 될지를 예측할 필요도 있는 것입니다. 객관화라는 것은 단지 현 시점의 실제적 객관화만 있는 것

은 아니에요. 가정해서 추측할 수 있는 것입니다. 물론 착각일 수 있다는 점에는 유의해야 겠지만요.

(나) 그건 기분 좋은 말이네요. 저도 만약 다른 사람들이 접해본다면 좋아할 것이다라고 생각했던 것 같아요. 하지만 그렇지 않은 경우도 많았지요. 많은 사람들은 똑같은 음악을 들었어도 반응이 다르고, 저만 좋아하는 경우도 많았지요. 그래서 그 상상에는 주의해야 할 것 같네요. 현시점의 다수의 인식도 중요할 것 같아요.

(구루) 잘 알고 있군요. 자신이 좋아하는 것을 타인이 접한다면 좋아할 것이라고 생각하는 경우는 매우 많지만, 현재의 자신의 모습에 대한 파악을 위해 단지 현재 사람들의 사고방식만 파악하는 것도 중요하지요. 이것이 자기객관화의 매우 중요한 역할이기는 하지만, 이것만으로 부족한 부분이 있어요. 그 부족한 부분이란, 앞에서 말한 것처럼 아직 타인들이 접해보지 않은 대상까지 타인들의 그 당시 상태로 객관화시켜 버린다는 점이에요. 혹은 객관적 평가를 받을 수 있는 대상에서 빠져버리는 것이지요. 그것은 사실 오류에 가깝지요. 많은 사람들의 내면에는 다른 많은 사람들이 아직 접해보지 않은 것을 가지고 있는 경우가 있어요. 영화도 그렇고, 다양한 취미도 그렇고, 아이디어나 레시피도 그렇지요. 그에 대한 객관화를 할 필요가 있어요. 그것이 잘 된다면, 다시 말해, 자신이 그것을 소개하고 공개했을 때 정말로 대중에게 잘 통한다면, 비즈니스 분야에서도 성공할 수 있겠지요. 스티브 잡스처럼요.

(나) 좀 이야기가 복잡해지네요. 자기객관화는 단지 현시점의 다수의 실제 인식을 파악하는 것이라고 알고 있었는데, 그것과 다른 객관화가 또 있다는 말씀인가요?

(구루) 꼭 그렇게 볼 필요는 없어요. 그것은 하나의 방식으로 일관된 것이지요. 지난 시간에 두가지 중요한 이야기를 했어요. 첫째로, 자기객관화는 모든 것들에 대한 객관화에 나를 적용(대입)한 것에 불과하다는 것, 둘째로, 자기객관화 또는 객관화라는 것은 실제 리액션(반응) 같은 사건이 일어나야 하는 것이 아니라 그 이전에 잠재적으로 가지고 있는 마음 속 판단 기준만 알면 된다는 것이지요. 나의 모습은 국민 다수에게 노출된 것이 아니고 그들의 피드백을 얻은 것이 아니지요. '만약 내가 노출된다면 그들은 어떻게 생각하고, 어떻게 반응할 것인가'를 추측하는 것이 자기객관화예요. 즉 자기객관화에는 이미 '만약 그들이 접한다면'이 전제되어 있는 것이지요. 그래서 자신만 알고 있는 아이디어나 생각, 이념 같은 것들도 노출되기 이전에 객관화를 추측할 수 있는 거예요. 그것은 타인이 접해보지 못한 것일 수 있어요. 하지만 접하는 사건이 일어나기 이전에 추측하는 것이 그것에 대한 객관화이고, 자기객관화예요.

(나) 음… 그렇다면 현 시점의 다수의 실제 인식은 쓰임새가 없다는 말씀인가요?

(구루) 현 시점의 다수의 실제 인식이란 대체 무엇인가요? 국민 다수가 민준군의 모습을 실제로 보고 평가한 적 있나요? 아니겠지요. 그런데 그걸로 어떻게 자기객관화를 할 수 있나요? 다만 현

시점의 다수의 실제 '사고방식'으로 바꿔야하겠지요. 그 사고방식에서 어떤 자극이 들어왔을 때 어떻게 생각하겠다는 그 과정을 추측하는 것이지요. 지난 시간에 민준군이 새치기를 하는 사람은 나쁜 사람이라고 생각했듯이, 그런 판단기준이나 사고방식을 찾는 것이지요.

(나) 알겠어요. 중요한 것은 사건이 아니라 사람들의 마음 속 판단기준이니까요.

(구루) 노출이 없는 상태도 객관화 시킬 수 있다는 것이 중요해요. 마침 오늘 이것을 설명할 계획을 가지고 있었는데 자연스럽게 연결되는 군요. 어떤 이유로 자기객관화에 저항하거나 그 능력이 부족한 사람들은 자신의 마음속에 있는 것을 객관화로 연결시키지 않고 자신만의 것으로 한정시키려는 경향이 있어요. 자기 마음 속의 것은 표현하지 않으면 자신만 아는 것이므로 그것이 당연하다고 생각하기도 하고, 쓸데없는 자존심 같은 것과 연결되어 객관화되는 것이 침해이고 수치스럽다고 생각하기도 하지요. 즉 할 수도 없고, 하고 싶지도 않다고 생각하는 거예요. 그리고 노출되고 표현된 것만 객관화가 가능하다고 생각함으로 인해서, 자신의 마음 속에서 온갖 이상한 생각들이 자라나겠지요. 그것을 객관적으로 평가할 기준도 없고, 하려고도 않기 때문이지요. 마음 속의 폭주가 시작될 겁니다. 그것은 오히려 스스로를 다스리거나 컨트롤 할 수 없게 만들어요. 마음 속의 것들에 대한 객관화를 할 수 있어야 스스로를 제대로 컨트롤 할 수 있어요. 왜냐하면 그 정보를 참조함으로써 스

스로를 어떻게 컨트롤 해야 할지를 잘 알게 되기 때문이에요.

(나) 예를 들자면 어떻게 컨트롤 하는 건가요?

(구루) 마음 속의 객관화를 전혀 하지 않는 어떤 사람이 있는데, 그는 남들이 보기에 납득하지 못하는 상상이나 생각을 하고, 그러한 생각이 정당하다고 생각할 수 있어요. 그 정당화의 조건에는 객관화가 필요한 경우가 있는데, 그것이 빠져도 자기 입장에서는 정당하다고 생각하는 것이지요. 예를 들어 자신이 이러이러한 말을 한다면 모두가 재미있어 하고 환영할 것이라고 멋대로 가정할 수 있습니다. 그리고 자신은 재치 있는 사람이라고 가정하기도 하지요. 그것을 토대로 계속 다른 생각이나 계획으로 나아가는 것이지요. 이렇게 객관화가 빠진 상태에서는 오히려 자신이 생각을 너무 쉽게 컨트롤 할 수 있다고 생각할 겁니다. 객관화의 제약이 없으니까요. 그렇게 컨트롤이 잘 된다는 생각으로 인해 객관화를 더욱 안 하려고 할 겁니다. 하지만 그것은 생각의 폭주이지요. 그것은 오히려 자신을 컨트롤 하지 못하는 것입니다. 왜냐하면 컨트롤이란 자유를 주는 것이 아니라 제약을 가하는 것이기 때문이지요.

(나) 컨트롤이 제약을 가하는 것이라고요?

(구루) 당연하지요. 그건 상식적인 것인데요. 남이 민준군을 컨트롤 한다면, 민준군은 제약을 받는 것이죠.

(나) 그렇군요. 그건 당연한 말이네요. 그런데 자기 컨트롤에서도 그렇다고요?

(구루) 마찬가지지요. 자신이 팔을 컨트롤 한다는 것은 팔이 다르게

움직이지 말고 특정하게 움직이도록 제약하는 것이지요. 생각
도 마찬가지고요.

(나) 그런데, 생각은 자유롭게 할 필요가 있지 않나요? 자유로운 상
상력도 필요하잖아요.

(구루) 상상은 필요하지요. 그런데 자신의 목적이나 컨트롤에서 벗어
난 자유로운 상상이 좋은 건가요? 그건 고통이고 불행이지요.
정신의 혼란과 불교에서 말하는 번뇌이지요. 상상을 하더라도
현실의 자신에게 이로운 상상을 하는 것이 좋지요. 세상에 통
할만한 아이디어를 낸다거나 하는 것이요.

(나) 그건 그렇지만… 자유로운 상상에서 갑자기 좋은 아이디어가
떠오를 수도 있잖아요. 그리고 어린 아이들의 경우에는 비현
실적인 상상을 많이 하는데, 그것을 나쁘다고 할 수 있을까요?
흔히 상상을 많이 하라고 격려하기도 하지요.

(구루) 하하, 그것은 이미 많은 사람들이 알고 있는 이야기군요. 그렇
다면 객관적으로도 어떤 식의 자유로운 상상은 좋은 결과를
낳겠지요. 그것은 해도 되는 것이지요. 하지만 객관화가 없으
면 폭주로 이어지지요. 어느 정도의 자유로운 상상이 좋은지
를 모르기 때문이지요.

(나) 그러면 많은 사람들이 어느 정도인지를 규정해줘야 하는 것인
가요? 그 틀을 깨는 자유로운 사고도 필요할 거예요.

(구루) 객관화가 그 당시 사람들이 의식적으로 알거나 규정하는 것만
은 아니에요. 앞서 말했듯이 당시 사람들이 알지 못하고 접하
지 못한 것이 있기 때문이에요. 그 경우에는 좀 더 본질로 들어

가서 객관화를 따져야지요. 인간의 본성으로 인한 객관화 같은 것이요. 즉 '다수 인간들의 본성에 따르면 이것을 접했을 때 이렇게 반응할 것이다' 이런 객관화가 필요해요. 그래서 이제까지 세상에 드러나지 않았던 것에 대한 객관화도 할 수 있고, 새로운 아이디어에 대한 객관화도 할 수 있는 거예요.

(나) 새로운 아이디어에 대한 객관화는 굉장히 어려운 일 같아요. 다른 사람들이 접해보지 못한 것이니까요.

(구루) 특히 그것은 어렵겠지요. 그래서 그 능력을 높이기 위해 많은 노력이 필요하겠지요. 다만 완전히 새로운 것이 아니라 기존에 있던 것이나 그 단순한 조합 같은 것은 더 쉽겠지요. 예를 들어 '나는 평소에 성적인 생각을 많이 하는데, 이것은 객관적으로 어떠한가' 같은 것이지요.

(나) 그런데 성적인 것을 많이 표현하면 지탄의 대상이 되겠지만, 단지 속으로 생각하는 것에 객관화를 시켜 스스로를 제약할 필요가 있을까요?

(구루) 속으로는 성적인 것을 생각해도 된다는 것이 다수의 입장이라면, 그것이 괜찮다고 객관화되겠지요.

(나) 그렇군요.

(구루) 다만 예를 들어 강간을 하는 상상이나 심각한 변태적 생각을 많이 한다면 그건 객관적으로 정상이 아니라거나 좋지 않다는 것을 알 필요가 있지요. 그것을 참조해서 자신의 생각도 컨트롤 해가는 것이지요. 다만 그것은 '참조'이고, 최종적으로는 결국 자신의 주체적 선택이겠지요.

구루는 그의 노트를 잠시 바라보더니 다시 말했다.

(구루) 마음의 다스림에 관해서, 또 이런 예를 들어볼게요. 사람이 빽빽이 서 있는 전철 안에서 자기도 모르게 다른 낯선 사람의 발을 밟았어요. 그러면 얼마나 미안한 감정을 가져야 할까요?

(나) 음… 얼마나 세게 밟았는지, 또 열차가 흔들려서 어쩔 수 없는 상황이었는지에 따라 달라질 수 있겠네요.

(구루) 열차가 흔들리더라도 조심했다면 다른 곳에 발을 딛는 등 밟지 않을 수 있었겠죠. 그리고 꽤 강하게 밟아서 당한 사람이 아픔을 느낄 정도였다고 해봅시다. 당한 사람은 기분이 나쁘겠지요. 신발도 더러워질 테고. 그러면 '죄송합니다'라는 말을 할 수 있겠지요. 그리고 일반적으로 미안한 감정도 생길 것입니다. 그 감정의 크기가 문제입니다.

(나) 미안한 감정은 사람마다 다르겠지요. 그런데 사과를 했으면 됐지, 그 감정이 중요한가요?

(구루) 중요한 문제가 될 수 있어요. 어떤 사람은 전혀 미안하지 않으면서 겉으로만 그런 말을 할 수도 있고, 또 어떤 사람은 미안한 마음이 굉장히 커서 죄책감을 크게 느끼고, 집에 와서도 혼자 이불킥을 하기도 합니다. 이렇게 동일한 표현을 하고 사건이 마무리 되었더라도, 각자의 마음 속은 매우 다릅니다. 여기에서도 자기객관화를 통해서 참조를 하고, 자신의 마음을 다스릴 수 있고, 컨트롤 할 수 있어요. 즉 그러한 상황에서는 어느 정도의 미안한 마음을 가지는 것이 객관적이다는 것을 알고, 자신

의 마음이 어느 정도로 특이한지 알 수 있지요. 겉의 표현과 마음이 괴리가 크면 본인이 고통스러울 거예요. 그리고 어느 순간 폭발할 수도 있지요. 보통 겉의 표현, 죄송합니다라는 말 같은 사회적 형식의 객관성은 더욱 잘 알 수 있고 그대로 표현할 수 있는데, 마음의 상태에 대해서는 그것을 하지 못한다면 그 괴리가 커지겠지요. 그 괴리를 줄이도록 마음을 바꾸거나 아니면 그에 맞게 표현을 한다면 더 건강하고 행복해지겠지요.

(나) 생각 뿐 아니라 마음 상태, 감정 상태에 대해서도 객관화가 가능하다는 말씀이시군요. 그런데 꼭 개인적인 마음과 감정 상태까지 남들의 눈치에 따라 바꿀 필요가 있을까요?

(구루) 그것은 눈치가 아니라 자신에 대한 자체적 점검과 컨트롤이에요. 사실 우리는 대체로 그렇게 하고 있어요. 우리는 종종 '왜 내가 이런 일에 그렇게 화를 많이 내야하지?' '왜 내가 이렇게 미안한 감정을 크게 가져야 하지?' 라고 생각하지요. 그것을 따져볼 때 우리는 흔히 객관화를 사용해요. 저는 흔히 일어나는 객관화를 자세하게 설명했을 뿐이에요. 종종 그것을 안 하거나 못해서 불행해지는 경우가 있기 때문이죠.

(나) 그런데 개인적 감정에 대한 객관화를 어떻게 알 수 있나요? 다른 사람의 감정을 알기는 어렵잖아요.

(구루) 특정인의 숨은 감정을 정확하게 알아내는 것과는 별로 상관이 없어요. 감정은 여러가지로 표현되고, 그것을 어느 정도 읽고 자신과 비교할 수 있지요. 공감(감정 모방)과 시뮬레이션, 거울뉴

런(타인의 행동을 보고 자연스럽게 활성화되는 모방 기능을 가진 뇌세포), 언어적 소통 등 다양한 기제들이 있는데, 우리는 경험을 통해 보통의 사람들이 이러이러한 상황에서는 대체로 이러이러한 감정을 가질 것이라는 기준 같은 것을 스스로 이론화시킬 수 있어요. 이 추론에는 감성과 이성이 모두 사용되지요. 이것도 제가 일일이 설명해 줄 필요는 없어요. 본인이 대체로 할 수 있을 거예요. 인간의 뇌는 그러기 위해서 거대하게 진화했기 때문이에요. 신기하게도 무의식적으로 그 어려운 작업을 꽤나 쉽게 해내지요.

어떤 시점에서의 객관화인가

(구루) 이제, 자기객관화를 위해서는 왜 모든 것들의 객관화가 중요한지, 이해하시겠어요?

(나) 생각이나 감정 같은 마음속의 추상적인 것들까지 객관화를 할 필요가 있기 때문 아닐까요? 그리고 어떤 조건에 대한 반응 작용도 객관화가 되겠네요. 예를 들어 내가 뱀을 보았을 때 어떻게 반응한다는 것도 객관화될 수 있겠네요.

(구루) 맞아요. 잘 응용하시는 군요. 자신이 뱀 공포증이 있다는 것은 객관화를 통해 아는 거예요. 다수의 사람들이 뱀을 보았을 때 자신만큼 기겁하거나 공포에 질려하지 않는다는 것을 알면, 자신이 유독 뱀 공포증이 있다는 것을 깨닫게 되겠지요. 그 후에 그걸 고치던지 그냥 그렇게 살던지는 본인의 선택이지만요.

(나) 하지만 다수는 일반적으로 뱀을 무서워하니까 어느 정도의 공포는 공포증이 아니지요?

(구루) 물론이지요. 공포증이라는 개념은 보통에 비해 과도한 경우를 의미하니까요. 고소공포증도 과도한 경우를 뜻하지요. 우리 모두는 높은 곳을 무서워하지요.

(나) 저는 고소공포증이 있는 것 같아요. 높은 곳에 가면 식은 땀이 나기도 하지요. 아마 다른 사람들에 비해서 더 무서워할 거예요. 그것도 저도 모르게 자기객관화를 한 것 같군요.

(구루) 그것이 고소공포증이라고 할 정도로 보통에 비해서 더 과한 것 같다는 추론은 자기객관화에 의한 것이지요. 다만 일상에 큰 지장이 없으면 놔둬도 되는 것이지요. 공포 작용은 자신의 안전을 지키기 위해 유익하기도 하니까요.

(나) 네. 저의 질문은 다 끝났는데, 이제 뭘 해야 할까요?

(구루) 지난 시간에 하려다가 못 다룬 부분이 있어요. 그걸 먼저 해야겠어요. 이제까지는 넓은 범위, 공간과 사람들에 대해 다루었지요. 그런데 '시간'도 중요하지요. 일단, 시간적으로는 현재를 고려해야지요. 조선시대 사람들의 사고방식이 아니라, 30년 전 사람들의 사고방식이 아니라, 가급적 현재 사람들의 사고방식을 파악하고 그것으로 자기객관화를 해야지요. 그것은 이해가 되지요?

(나) 네. 사람들의 사고방식은 시대에 따라 바뀌는 부분이 있으니까, 더구나 오래전 사고방식을 가진 사람들은 거의 숨졌을 테고, 지금 존재하는 사고방식들로 자기객관화를 해야겠지요.

(구루) 예를 들어 과거에 남존여비 사상이 다수였던 사고방식과 지금은 많이 다르지요. 그래서 똑같은 대상에 대한 객관화도 달라

지는 것이지요. 그것에 적응을 못하면 객관화가 아니지요. 최근 변화의 예를 하나 들면, 결혼을 늦게 하는 추세이죠. 1990년 대까지는 30살이 넘어가면 노총각, 노처녀라고 했지만, 지금은 그때에 비해서 5년 이상 늦게 결혼하는 것 같아요. 노총각, 노처녀라는 말 자체도 잘 안 쓰고, 독신주의도 늘어났어요. 이건 다 아는 이야기일 겁니다.

(나) 질문이 있어요. 이제는 저도 대략 이해할 것 같지만, 좀 더 확실한 논의를 하고 싶어서요. 만약 남존여비 사상이 팽배했던 시대에 어떤 사람이 지금과 같은 남녀 평등 사상을 가지고 있다면, 그는 자신의 생각이 당시에 객관적이지는 않아도 떳떳하다고 생각할 수 있지 않을까요? 그렇다면 과연 그 둘 중에 어느 것이 더 객관적일까요? 그처럼 어떤 시대에 다수가 생각하는 것에 무관하거나 반대하면서 올바른 기준을 가지고 떳떳하게 살 수도 있을 거예요.

(구루) 그 대답은 아마 지금 민준군도 알고 있을 거라고 생각합니다. 다수의 생각이라고 해서 진리는 아니라는 것을 이미 알고 있을 테니까요. 지금도 논란이 많은 남녀평등, 자연보호 같은 어떤 진리나 도덕적 문제에 대해서는 별개로 따져볼 사항이고, 여기서 논의할 주제는 아니지요. 진리가 어떠한지는 논란이 있어도, 옳을 수 있으면 당시 다수의 생각과 무관하게 떳떳할 수 있겠지요.

(나) 그렇다면 자기객관화의 효과가 그만큼 무색해질 수도 있다는 점이 문제인 것 같아요.

(구루) 하지만 첫째 날에 말했던 것처럼, 다수의 생각은 어떤 권위를 만듭니다. 그것은 객관적인 힘이 있지요. 진리탐구에 의한 떳떳함과는 별개로, 그 힘의 존재를 파악할 필요는 있어요. 그로 인해 현실의 조건들을 파악하고, 그것을 참조하고 이용해서 더 좋은 삶을 영위할 수 있지요.

(나) 하지만 그것은 너무 기회주의적이기도 하네요. 현실에서 잘 사는 것도 좋지만, 보다 궁극적인 발전을 지향할 필요도 있어 보여요.

(구루) 그렇게 현실을 위해 진리와 개척을 등한시한 것이 역사적으로 불리함을 낳아왔지요. 방금 민준군과 이야기를 나누면서, 한 가지 깨달음을 얻었어요. 앞에서 사람들이 접해보지 못한 것을 객관화 할 때에는 그것을 접해보지 않은 당시 사람들의 사고방식만으로 완전히 알 수 없다고 했었지요. 왜냐하면 사람들은 그것이 나왔을 때 어떻게 반응하게 될지를 스스로 미리 알 수 없는 경우가 많기 때문이에요. 스티브 잡스가 설문(시장)조사를 신뢰하지 않은 이유도 그것이었지요. 막상 써 보면 좋은데, 써 보기 전에 기존 사고방식으로 나쁠 것이다라고 생각할 수 있어요. 그로 인해 그것이 나쁘다고 미리 객관화시킬 필요가 없는 것이지요. 그 파해법으로는 인간의 본성을 찾으라고 했지요. 그런데 방금 저에게 떠오른 것은, 동양의 외재주의에 치우친 경향, 즉 자신 외부의 생각을 중시하는 경향은 그것에 방해가 되는 부작용을 낳을 수 있다는 점이에요. 동양이 발전하지 못했던 원인 중 하나가 그 점이었을 거예요. 객관적인

것을 항상 실제 당시 사람들의 생각으로 여기면, 새로운 아이디어, 새로운 제품이 나타나기 어려워요. 그렇게 하면 이제까지 없었던 것은 객관화가 되지 못하기 때문이지요. 그런데 이제는 그 단점을 고쳐야지요. 이제까지 없었던 것도, 사람들이 접해보지 못했던 것도 객관화가 가능해요. 좁은 문화 사람들의 한 시점의 사고방식으로만 객관화해서는 안돼요. 좀 더 넓게 봐야지요. 시간적으로도요.

(나) 그런데 객관화를 할 때에는 시간적으로 현재를 고려하라고 하지 않으셨나요? 그러면 이야기가 달라지는데요.

(구루) 그건 얼핏 딜레마처럼 보이지요. 하지만, 해결방안이 있습니다. 이 문제는 재미있는 수수께끼 풀이와도 같아요. 어떻게 해결할 수 있을지, 한번 생각해 보시겠어요?

나는 생각해보았지만, 아이디어가 떠오르지 않고 있었다. 그러자 구루가 말했다.

(구루) 힌트는 '현재'란 과연 무엇인가를 생각해봐야 합니다.

(나) 현재란… 생각해보니 애매한 것이군요. 바로 지금이 현재라면, 그것은 매우 찰나의 시점이기도 하고, 어쩌면 과거가 되어버린 것일 수도 있겠네요. 그렇다면 그 현재는 과거와도 같겠네요.

(구루) 그래요. 현재를 실제 일어난 한 시점으로 가정하면 그것은 사실로서 고정되어 버린 것이고, 몇 초 전일지라도 이미 과거가 되어버린 것이지요. 그렇기 때문에 그런 식의 현재는 과거에 속할 뿐, 진정한 현재는 아니지요. 진정한 현재는 오히려 약간 미

래를 가정해야 해요. 그렇게 과거가 아닌 약간 미래를 가정하면, 현실에서 존재하지 않았던 것이라도 객관화시킬 수 있어요. 과거는 고정되어 있지만 미래는 열려 있는 측면이 있어서, 사람들이 접했을 때 어떻게 반응할지도 열려 있게 되는 것이지요. 그렇게 우리가 현재 사람들의 사고방식을 가정할 때는 약간 미래까지 포함해서 열려 있는 상태를 가정해야 해요. 그것이 자기객관화를 할 때 필요한 요즘 사람들의 사고방식이라 하는 것이죠.

(나) 그런데 그 열려 있다는 점이 애매하군요. 너무 먼 미래까지 포함하면 예측하기가 어렵겠고, 결국 적당한 선을 자신이 찾아야겠군요.

(구루) 그래서 좋은 방안은 인간의 본성을 찾아보는 것이겠지요. 꽤 먼 미래에도 인간의 본성은 그대로일 테니까요. 게다가 전세계적으로 보편적일 테고. 그리고 거기에 요즘 사람들의 사고방식을 더하면 될 것입니다. 오래전에는 미니스커트나 비키니를 입으면 모두의 주목을 받고 어른들에게 혼나기도 했지만, 지금은 괜찮은 것처럼요.

(나) 음… 현재 다수의 생각이 단지 참조 사항이라는 것은 알지만, 희한한 사례가 있어요. 다수의 생각에서 벗어나는 반항과 같은 행동도 멋있어 보일 수 있다는 거예요. 제가 공공질서를 잘 지키는 편이지만, 항상 그런 건 아니거든요. 가끔 길에 쓰레기를 버리고, 차도에 차가 없으면 빨간 불일 때 건너기도 해요. 그런데 솔직히 죄책감보다는 어떤 반항에 대한 쾌감이랄까, 그런

감정이 느껴지고, 멋있어 보인다는 생각도 들어요. 이건 변태적인 생각일까요? 반항적인 사람이 멋있어 보인다는 건 저만 그런 건가요? 다수는 아마도 공공질서를 지키는 것을 좋아할 텐데요.

(구루) 어떤 반항을 보았을 때 매력을 느끼는 것은 다수의 생각일 수 있어요. 전부 변태는 아니에요. 다만 사안에 따라 변태적인 것이나 심하게 이상한 것에 매력을 느끼는 것은 변태이겠지요.

(나) 어떤 반항에 대해서 매력을 느낀다는 건 인간의 본성인가요?

(구루) 그럴 거예요. 저의 경우도 그렇고, 많은 사람이 그래 보여요. 반항을 동일한 다수에서 벗어나서 독특하거나 새로운 것을 추구한다고 할 때, 그것을 나쁘게 보는 보편적 본성이 있을까요? 그렇지 않아요. 실제로 최근 생물학 연구 중에는 집단을 이루는 데 참여하지 않고 독자 행동을 하는 개체(loner)가 존재하는 것이 진화 상에서 이점이 된다는 연구 결과가 있었어요(Fernando Rossine 등의 2020년 논문). 학자들은 몇몇 개체의 독자적 행동에 대해 생물학적으로 '그 집단이 바라는 일'이라는 결론을 내렸지요. 그것은 독특하거나 반항적 행동에 매력을 느끼는 본성이 있음을 뒷받침하는 거예요. 록음악도 반항적인 면이 있다는 것이 매력이겠지요. 예술에 대한 매력의 상당부분도 그럴 겁니다. 현대 예술은 매우 독창적이고, 파괴적이고, 실험적이지요.

(나) 그렇다면 너무 변태적이거나 불법적이지 않다면 다수의 생각을 깨뜨리는 반항과 같은 행동도 오히려 다수에게 호감이 될

수 있다는 것인데, 이건 패러독스(역설) 같네요.

(구루) 딱히 패러독스는 아니에요. 단지 다수가 무엇을 좋아할 지만 생각하면 됩니다. 다수가 한 시점에 어떤 동일한 생각을 가지고 있다고 해서, 다수가 그러한 동일성이 유지, 강화되길 원한다는 생각을 가진다는 결론은 도출되지 않지요. 다수의 동일성을 깨뜨리는 것에 다수가 호감을 느끼는 게 왜 패러독스입니까? 이것도 현재와 과거를 혼동하지만 않으면 이해할 수 있는 일이에요. 지금으로부터 몇 초 전, 과거에 99퍼센트의 다수가 동일했더라도, 현재나 가까운 미래에 그 다수가 99퍼센트나 100퍼센트로 동일해지기를 바라고 있다는 법은 없어요. 그런데 현재와 과거를 착각하면, 그 과거의 닫혀 있는 기준만 가지고 판단하게 되겠지요. 그리고 인간의 본성도 무시되고, 미래의 변화 가능성도 무시되겠지요. 그 고정된 것은 진짜 현재가 아니에요. 현재는 동적인 것이지요. 물리학에서도 그렇게 표현합니다. 임의의 시점의 상태는 사건이 아니라 동역학 (dynamics)으로 표현해요. 쉬운 예로, 벡터(vector: 방향을 가지는 물리량) 같은 것이죠.

(나) 벡터에 대해서는 잘 모르겠지만, 취지는 알겠어요. 현재는 가까운 미래를 포함해서 어느 정도 시간의 범위를 가진다고 이해하면 되겠군요.

가까운 사람과의 소통

구루가 펜으로 자신의 노트를 툭툭 치더니 말했다.

(구루) 그러면 소통에 대해 더 이야기해 봅시다. 아까도 이에 관한 논의가 있었지요. 낯선 사람과 소통하기 위해서 객관화와 자기객관화가 필요하다는 것이요. 거기에서 연결되는 내용입니다.

(나) 네.

(구루) 그것을 더 확장해보자는 것이지요. 시간이 흐름에 따라 개인의 사고방식은 변할 수 있지요? 개인은 경험을 하면서 생각이 바뀌고 사고방식도 바뀌지요. 어떤 개인적 계기로 인해 정치적이거나 종교적 신념이 바뀔 수 있고, 연애 경험을 통해 이성관이나 연애관이 바뀔 수도 있지요. 그렇다면, 낯선 사람이 아니라 친구라고 해도, 형제, 자매, 부모님이라고 해도 자신이 그들의 사고방식을 항상 잘 알고 있다고 할 수 있을까요? 항상, 매

일 가까이 붙어 있으면서 그가 어떤 경험을 하고, 어떤 반응을 하는지 관찰하고 있는 것도 아닌데요.

(나) 그렇네요. 설령 계속 관찰하고 있다고 해도 그 사람이 어떤 사고방식인지를 알기는 어렵지요. 그러면, 가까운 사람이라 하더라도 언제나 낯선 면이 있고, 그것을 위해 객관화가 필요하다는 말씀이겠군요.

(구루) 맞아요. 사실 우리는 매우 가까운 사람이라 해도, 자신이 상대방 특유의 사고방식을 모두 안다고 생각하지 않고, 그것에 딱 맞게 소통하려고 하지 않아요. 그 상대방과도 매우 많은 영역에서 불특정 다수와 같은 객관적인 사고방식을 가정하고 소통하지요. 그것이 합리적이고 정상적이에요.

(나) 대체로 이해가 되기는 하지만, 두 가지를 지적하고 싶어요. 첫째로, 가까운 사람은 이야기를 많이 나누고 소통을 자주 하기 때문에 변화되는 부분을 비교적 쉽게 알 수 있다는 점이에요. 자신의 정치 성향이 바뀐다면 가까운 이에게 그것을 밝힐 수 있지요. 그리고 둘째로, 부부처럼 매우 밀접한 사이라면, 아니 밀접한 것이 좋다면, 상대의 사고방식을 일반적이고 객관적인 것으로 가정한다면 서로 거리감이 생기게 될 거예요. 낯선 이를 대하듯이 너무 냉정해지겠지요. 물론 아는 부분을 제외한 모르는 부분에서 그렇게 한다고 하더라도, 문제가 있을 수 있어요. 뭐랄까, 사적인 관계나 정(情) 같은 것이 위축될 수 있어요.

(구루) 글쎄요. 저는 문제가 없어 보이는데요. 첫번째는 물론 소통을

통해 금방 변화를 알 수 있는 부분이 있겠지요. 하지만 그렇지 않은 것들도 많다는 점이 있어요. 그러면 기존에 그 상대방에 대해 알던 사고방식을 계속 가정하거나, 아니면 객관적 사고방식으로 취급해야겠지요. 우리는 지금 모르는 부분에 대한 이야기를 하고 있으니까요. 소통을 통해 정확하게 수정하지 않은 부분에 대해서 객관적인 것을 가정하지 않으면, 자신의 주관을 사용해서 멋대로 판단해버리게 되겠지요. 그것은 오히려 상대에 대한 배려가 아니에요. 거기에는 낯선 사람이든 가까운 사람이든 차이가 없지요. 그리고 두번째로 사적인 관계와 정이 중요하다고 하셨는데, 가까운 사이일수록 상대방에 대해 더 많이 알 필요가 있는 것은 맞지만, 상대의 모든 사고방식을 자기 식대로 주관적으로 추측해서는 안되지요. 대개 그것은 상대를 너무 편하게 생각해서, 상대의 마음도 나와 같겠거니라고 생각하게 되는데, 그것보다는 객관적 사고방식을 가정하는 것이 보다 열려 있는 것이고, 상대를 배려하는 거예요. 그리고 그렇게 해야 소통도 더 잘 될 거예요. 상대를 하나의 타인으로 인정하는 것이 바람직하지요.

(나)　그런데 연인들이 싸울 때 '너는 어떻게 내 마음을 그렇게 모르니?'라는 말을 자주 해요. 예를 들어 그가 좋아하는 취향의 선물을 전혀 모르고 엉뚱한 선물을 해서 문제가 발생하기도 하지요.

(구루)　그런데 상대의 마음을 몰라주고 오해하는 경우는 흔히 주관적으로 판단해서 그런 경우가 많지 않나요? 그것보다 객관적인

것이 낫지요.

(나) 그러면 일반적으로 어떤 기념일에 다수의 여성이 꽃을 받는 것을 좋아한다고 가정을 해봐요. 그리고 기념일에 남자가 연인에게 꽃을 선물했는데, 그 여성은 소수이지만 꽃을 좋아하지 않는 사람이었어요. 매우 싫어하는 사람일 수도 있고요. 그러면 그 여성은 서운해 하겠지요.

(구루) 흠… 그 여성이 서운한 이유가 뭔지 모르겠군요. 꽃을 싫어한다는 정보를 미리 주었다면 당연히 서운하겠지만, 그렇지 않다면 과연 얼마나 서운할지…

(나) 또 다른 예를 들면, 첫째로, 각자 사람마다 필요한 게 있는데, 그것을 정확히 파악해서 준다면 센스가 있는 사람이겠지요. 그 센스란 일반적이고 흔한 행동과는 다르겠지요. 둘째로, 유행이 이제 막 시작하는 단계에서는 소수의 것이 앞서갈 수가 있어요. 그렇게 유행에 앞서가는 것을 선물한다면 더 좋아하겠지요. 그렇게 소수의 것을 더 좋아할 수 있어요.

(구루) 센스가 있다면 플러스 요인이 되겠지요. 그것은 마인드리딩을 잘하던가, 상대방에 관심을 많이 가지고 필요한 것이 무엇인지 잘 파악해야 겠지요. 모르는 분야를 객관화하라고 해서 그런 구체화의 노력과 관심을 기울이지 말라는 것이 결코 아니에요. 상대를 알아가면서 객관화된 것을 수정하고 보완해 나아가는 것이지요. 그리고 유행에 앞서가는 것을 선물하는 경우에, 중요한 것은 그것을 사용할 때 유행이 되는가 하는 점 아닌가요? 그렇다면 그것이 다수에게 호감을 가지는 유행이 될 것

인지를 판단하는 눈이 있어야 겠군요. 이것은 시대적으로 약간 앞서가는 객관화일 뿐이겠지요. 앞에서 객관화를 할 때 약간 미래를 포함시키는 것이 좋다고 했지요. 유행도 객관화예요.

(나) 유행이 객관화라고요? 하지만 소수가 영위하는 어떤 패션이나 아이템이 유행일 수 있는데요.

(구루) 중요한 것은 소수가 영위하는 것이 아니라 다수가 어떻게 보느냐지요. 예를 들어 조던 운동화가 유행이라도 어떤 사정에 의해 조던 운동화를 사는 사람은 소수이지만, 다수의 사람들이 그것에 선망의 눈길을 가진다면 유행이 되는 거죠.

(나) 그건 그렇다 치고… 객관적인 사고방식만 너무 가정하면 혹시 사려 깊은 센스를 가지려는 태도가 줄어들지도 몰라요. 가족이나 연인을 낯선 사람 대하듯이 한다면, 기분이 좋지 않을 거예요.

(구루) 그것은 상대에 대한 관심의 문제예요. 상대방에 관심이 많다면 그의 구체적인 상황에 대해 알려고 노력하겠지요. 그것은 한마디로 특별 대우예요. 사랑하는 사이에서는 특별 대우가 필요해요. 그것이 낯선 사람과의 차이점이지요. 그런데 그 특별 대우란 상대를 더 많이 보살피는 것에 있는 것이지, 상대의 생각에서 잘 모르는 부분까지 주관적으로 가정해도 된다는 것에 있지는 않아요. 상대의 사고방식 중 어떤 부분을 객관적인 것으로 가정한다고 해서 그를 보살피지 않는 것은 아니에요. 다수가 꽃 받기를 좋아한다는 것을 참조해서 꽃을 준 것은 보살

편 것이지요. 그런데 만약 상대가 그에 맞지 않는 소수였다면, 관심이 부족했을 수 있어요. 아니면 그동안 대화와 소통이 부족했겠지요. 음… 그런데 이 문제에 대해서 궁극적으로 따지게 된다면 결국 제가 한 수 접을 수밖에 없겠네요. 왜냐하면 만약 어떤 사랑의 궁극적인 이데아를 가정한다면, 외부의 객관 같은 것도 완전히 사라진 상태가 될 수 있으니까요. 그런 사랑이 얼마나 존재하는지, 현실적으로 가능할지는 잘 모르겠어요. 저는 결국 현실적 한계를 가정할 뿐이니까요.

(나) 사실 제가 제기한 문제도 일종의 꼬투리 잡기와 같았죠. 대체로 가까운 사이라도 모르는 부분이 많이 있고, 그 부분은 객관적 사고를 가정해야 한다는 것은 이해가 돼요. 그건 굉장히 의미 있는 말 같아요.

언어에서 객관화의 중요성

구루가 말했다.

(구루) 아무리 가까운 사이라도, 언어로 하는 소통은 매우 중요하지요. 그런데 언어 소통도 객관화가 필요해요. 이것을 제가 강조하고 싶어요. 어떤 단어를 들었을 때, 우리가 그것을 해석할 때는 객관화로 하는 거예요. '자동차'라는 단어를 사용하고 소통할 때 자동차의 객관적인 의미로 해석해야지요. 그게 아니라 주관적으로 어떤 탱크와 같은 것을 가정하고 자동차라는 단어를 사용하거나, 탱크 같은 것으로 해석해서는 안되지요.

(나) 그렇겠네요. 그렇다면 우리가 사용하는 언어 생활에서 객관화가 필수적이라는 것이 되네요. 만약 둘 간에 약속으로 둘만 아는 어떤 의미를 정했다면 모를까, 그것이 아니라 언어라면, 객관화를 사용해야 겠군요.

(구루) 그런데 여기에도 흥미로운 연구 주제가 있지요. 인간은 태어나서 성장하면서 다른 동물과 달리 어떻게 그렇게 언어를 쉽게 배우는가, 그리고 언어의 의미나 개념이 고정된 이데아와 같은 것인가 아니면 불분명한 다수의 생각(쓰임)일 뿐인가 하는 점이에요. 다만 현재 학계에서 대강 해결된 문제예요. 간단히 말하자면, 인간은 언어를 구사할 수 있는 능력을 본능적으로 가지고 태어났어요. 그리고 인간의 커다란 뇌는 주로 사회적 관계를 잘하기 위해서 진화했어요. 여기에는 물론 언어 능력이 포함되지요. 이것을 사회적 뇌 가설(Social Brain Hypothesis)이라고 하는데, 권위있는 이론이에요. 언어 구사 능력은 매우 어려운 것이에요. AI로 만들기도 매우 어렵지요. 그런데 어린아이는 놀랍게도 쉽게 배워요. 이건 엄청난 진화의 역사가 필요한 일이에요. 그리고 서양철학의 전통에서는 언어의 의미가 이데아처럼 고정되어 있고, 그것을 감지함으로써 공통적인 소통이 가능하다고 생각해왔어요. 그것은 플라톤과 논리적 이성주의의 경향인데, 비트겐슈타인의 전기(前期) 철학에서 그 계통을 집대성하고 그 궁극을 밝혀냈어요. 비트겐슈타인 전기의 가장 유명한 구절이 있지요. "말할 수 없는 것에 대해서는 침묵해야 한다"라는 것, 들어보았나요?

(나) 네. 유명한 말이지요.

(구루) 비트겐슈타인의 전기는 서양철학 전통의 관점으로 연구하면서 언어는 세계(자연 또는 사실들)와 대응하는 것이고, 대응하는 것들만 말할 수 있고, 그것만 말해야 한다고 했어요. 그런데 후

기에서는 그것을 고치고, 비판하지요. 그의 전기와 후기의 입장이 완전히 달라졌는데도 그 두가지 업적 모두 칭송받아요. 신기하지 않나요?

(나) 맞아요. 저는 후기의 입장이 이전과 완전히 바뀌었는데 왜 전기도 그렇게 유명하고 중요하게 여겨지는지 궁금하기도 했어요.

(구루) 그건 그의 전기의 입장이 언어에 관한 서양철학적 해석의 궁극과 한계까지 도달했기 때문이지요. 마치 트루먼이 바다를 건너 세트장의 벽에 도달한 것처럼 말이에요. 그리고 후기에서는 그것을 비판하고 넘어서지요. 후기 저작에서 가장 중요한 한 구절을 저는 이것이라고 봐요. "거듭 말하지만, 생각하지 말고, 관찰하라!" 즉, 실제 세상의 모습을 보라는 거예요. 그런데 실제 세상을 봤더니, 언어와 단어는 고정된 이데아와 같은 의미가 있는 게 아니었어요. 사람들이 사용하는 것에 달려있을 뿐이라는 거였지요. 그처럼 현대에는 언어의 의미가 불명확하고, 변하고, 모호하다는 것이 일반적으로 받아들여져요. 그런데 그것은 사실, 다수의 객관적 쓰임일 뿐이지요. 그래서 모호한 거예요. 그것은 진리가 아니라 시대에 따라 바뀔 수도 있으니까요. 우리가 언어 소통을 하기 위해서는 다수의 객관적 쓰임을 알고, 그것을 가정하고 사용해야 해요.

(나) 대체로 이해가 되는데요, 그런데 종종 국립국어원이 올바른 단어나 언어 사용을 규정해주기도 하잖아요. 맞춤법 같은 것도 규정하고요. 그것은 다수의 사용과 어떤 관계가 있을까요? 종종 관계가 없는 경우도 있을 것 같은데요. 그 규정대로 정확히

사용하는 사람은 오히려 소수일 거예요.

(구루) 국립국어원은 어떤 방식으로 사용하라고 규정해 놓지요. 공영 방송에서는 그대로 따를 거예요. 그런데 왜 공영방송이 그것을 따르고, 또 많은 사람들이 그것을 참조할까요? 그것은 국립 국어원의 권위가 크기 때문이지요. 국가가 정한 가장 상위의 국어 관련 기관이니까요. 첫째 날에 논의했던 것처럼, 권위는 다수의 인정에서 비롯돼요. 전문가가 아닌 다수 사람들이 필요에 의해 전문가에게 권위를 부여하는 것이지요. 그래서 그 권위도 다수의 인정에서 비롯되지요. 어떤 단어에 대해 사람들이 서로 다르게 사용하고 맞춤법도 제각각일 때, 국립국어 원이 정한 대로 사용하는 사람은 더욱 당당하고 떳떳하겠지 요. 그것은 그 권위와, 그 권위에 대한 다수의 인정에 기반해요. 그런데 만약 국립국어원이 전문가 답지 못하게 이상한 일을 너무 많이 한다면, 그래서 국민들의 인정과 신뢰가 줄어든다면, 그 권위도 줄어들고 국민들이 참조하지 않겠지요. 그리고 새로 운 권위를 위한 대안을 찾으려고 하겠지요.

(나) 그렇군요. 그리고 국립국어원도 다수의 언어 사용을 참조할 거예요. 신조어가 생겼을 때 처음에는 무시하다가 사람들이 너무 많이 사용하고 시간이 지나면 표준어로 인정하기도 하고요.

(구루) 그런데 단지 국립국어원의 표준어만 사용하면, 실생활에서 잘살수 있을까요? 우리는 신조어도 알 필요가 있고 유행어와 비속어도 알 필요가 있지요. 어쨌든 우리는 다수의 생각을 참조

하고 가정해야 언어 생활을 잘 할 수 있어요.

(나) 음… 그런데 한가지 문제가 있어요. 어떤 공적인 문서나 말을 듣는 것이 아니라, 둘이서 서로의 마음을 알기 위해 대화를 하는 경우가 많이 있는데, 그럴 때 중요한 것은 상대방이 정확히 어떤 생각을 가지고 있는지가 최우선이잖아요. 그럴 때는 객관적인 쓰임보다 그 사람이 가진 의미를 정확히 파악해야 하는 게 아닌가요?

(구루) 그것이 이제까지 흔한 언어 소통에 관한 모델이었지요. 마치 암호해독처럼 상대가 가진 생각을 정확히 전달하는 것이 전부라고 하는 것이요. 그런데, 객관성을 뺀다면 둘 간에 각자의 주관 밖에 남지 않을 거예요. 그것으로 어떻게 소통할 수 있을까요? 둘 간에만 통하는 어떤 약속을 만들던가, 아니면 언어가 아닌 다른 방식의 정보 교환이 있을 수 있겠지요. 표정 읽기 같은, 그것은 언어 소통이 아니지요.

(나) 그런데 예를 들어, '잘한다'라는 말은 일반적으로 상대의 행동을 칭찬하는 것이지만, 반대로 비꼬거나 비난하는 뜻으로도 '자알~한다' 라고 말하기도 하지요. 그런 경우에 그 뜻을 알기 위해서 상대방의 마음을 정확히 읽어야 하는게 아닐까요? 그의 표정이나 음정 같은 것도 중요하겠지요.

(구루) 좋은 예를 들었군요. 그것도 객관적으로 파악할 필요가 있어요. 제가 쉽게 이해한 것처럼, 다수는 그러한 '자알~한다'가 비난의 뜻이라는 것을 알아요. 물론 거기에는 상황과 말하는 사람의 표정까지 포함되어 있을 거에요. 그것을 한마디로 '맥락'

이라고 할 수 있지요. 이러한 맥락에서 이러한 말이 그러한 뜻이라는 것도 다수의 해석, 객관적인 것이 당연히 있지요. 듣는 사람은 아마 그것을 통해서 그 말을 쉽게 해석할 수 있을 거예요. 언어의 의미가 맥락에 따라 바뀔 수 있다는 점은 상식적이지요.

(나)   그러면 맥락을 파악하는 것도 개인적인 것이 아니라 객관적으로 한다는 건가요?

(구루)   언어와 관련해서는 물론 그렇게 해야지요. 왜냐면 그래야 소통이 원활하니까요. 다의어 단어가 어떤 뜻인지는 맥락을 통해 봐야 하고, 직접 말하기가 뭐해서 돌려서 말하는 경우에는, 다수가 그 상황과 맥락에서 그 말이 어떤 의미인지 안다는 것을 가정하고 말하는 거예요.

(나)   그런데 어떤 여성이 다수가 알기 어려울 정도로 좋아하는 마음을 돌려서 표현을 했는데, 상대 남성이 알아주길 바라고, 상대 남성이 그녀의 마음을 알았다면 소통이 잘된 것이 아닐까요?

(구루)   그건 그 남성이 그 여성에 대한 커다란 관심과 마치 텔레파시에 가까운 대단한 능력이 있어야 겠군요. 그건 마인드리딩이에요. 혹은 그 전에 둘만 아는 어떤 약속에 따른 것이겠지요. 그건 다른 능력을 사용하는 것이지 언어 소통이라 할 수 없지요. 다만 거기에서도 너무 주관적으로 추측하면 실패하는 일이 많을 겁니다.

(나)   제가 들면서 새삼스럽게 놀라웠던 점은, 언어의 의미가 단지

다수의 생각에 있다는 말이었어요. 언어의 맥락적 의미까지 포함해서도 그렇다는 거잖아요. 따져보면 실제로 쓰일 때는 그게 맞는 것 같은데, 그런데 왜 그런 생각을 하지 못했던 걸까요? 그런 학설도 들어보지 못했어요.

(구루) 플라톤 이래로, 서양철학은 다수의 생각을 배제하고 주관(자신의 관점)과 내재주의에만 집중하는 흐름이 지속되었지요. 플라톤이 다수의 생각을 혐오하게 된 이유는 그것이 진리가 아니기 때문이었는데, 제가 이제까지 진리를 부정했나요? 그렇지 않았죠… 또 다른 예를 들어보지요. 언어에서 발음을 알아듣게 말한다는 것은, 다수가 알아들을 수 있는 음향으로 발음하는 거예요. 예를 들어 '교장'을 발음할 때는 '고장'처럼 발음해서는 안돼요. 즉 다수가 그것을 들었을 때 '교장'으로 받아들여야 하는데, 언어에 담긴 의미도 그와 마찬가지예요.

(나) 음… 그런데 발음과 관련해서는 물리적인 음향에서 어떤 정해진 규칙이 있는 게 아닐까요? 음파의 특징 같은 물리적 경계가 존재하잖아요.

(구루) 그러면 사투리는 어떤가요? 왜 사투리는 정해진 물리적 경계를 넘어서 존재하지요? 서울 사람들이 종종 남부 지방이나 제주도의 어떤 발음을 못 알아듣기도 하지요. '쌀'을 '살'이라고 발음한다든지.

(나) 사투리도 그 지역 내에서는 다수가 사용하니까 알아듣겠네요. 우리가 생각하는 표준어는 서울말인데, 그러면 서울말이 표준어가 된 필연적인 이유가 없는 건가요?

(구루) 주된 이유는 서울이 수도이기 때문이겠지요. 그리고 권위있는 사람들이 서울에 가장 많이 살고요. 북한 표준어는 평양말인데, 우리가 듣기에 사투리처럼 들릴 수 있어요. 그리고 같은 지역의 어투와 발음도 시대에 따라 달라져요. 심지어 30년전 서울 사람들의 말투와도 조금 다르지요. 발음과 말투도 동시대의 다수가 알아듣게 하는 것이 전부예요. 더 질문이 있나요?

(나) 좀 더 생각해 볼게요. 그런데 쉴 때가 된 것 같네요.

(구루) 맞아요. 쉬었다가 10분뒤에 다시 시작할게요.

능력이란 무엇인가

나는 화장실에 다녀와 자리에 앉았다. 그동안 몇 가지 질문이 떠올랐다. 내가 말했다.

(나) 선생님, 질문이 있어요. 먼저 첫번째로, 선생님께서는 서양철학의 전통이 내재주의이고 동양철학은 외재주의라고 하셨는데, 제가 알기로 동양에서도 자신의 마음에 집중하는 경향이 많이 있었던 것 같아요. 예를 들어 불교에서 일체유심조(一切唯心造: 모든 것은 마음이 지어내는 것임)가 중요한 화두잖아요.

(구루) 동양에서도 자신의 마음에 대해 많이 연구했지요. 그런데 중요한 것은, 어떤 것을 신뢰하느냐 하는 겁니다. 내재주의와 외재주의의 구분은 어디를 더 신뢰하느냐(증거가 어디에 있는가)에 있어요. 서양은 대체로 자신의 관점을 더 신뢰했고, 동양은 그것을 별로 신뢰하지 않았어요. 일체유심조라고 해서 그것을 신

되하라고 합니까? 그것보다는, 항상 그것을 의심하고, 바꾸려 하고, 궁극적으로 거기서 벗어나려 하지요. 해탈도 그런 목적이고요.

(나) 일체유심조의 상태를 비관적으로 보았다면, 불교에 심취했던 쇼펜하우어(A. Schopenhauer)가 비관주의자(염세주의자)가 된 것도 그 영향이 있겠네요.

(구루) 약간 관련이 있겠지만, 조심해야지요. 불교는 삶이 고통이라고 하기는 해도 비관주의는 아니에요. 극복이 가능하다는 희망을 주지요. 반면에 쇼펜하우어는 아마도 내재주의 관습 때문이었을 텐데, 그 안에 갇힐 수 밖에 없다는 생각이 들고, 희망을 찾지 못했지요. 다만 동양철학의 외재주의는 외부로 나아가는 대안 부분에서 체계성이 부족하고 모호하다는 문제가 있어요. 그래서 신비주의와 종교에 가까운 측면이 생겨나죠. 우리에게 주관과 주체적 관점도 여전히 중요해요. 자기객관화를 하더라도 주체적 관점으로 선택할 수 있다고 이야기 했었죠?

(나) 네. 그러면, 다음 질문은 언어적 소통에 관한 문제예요. 문학적인 비유가 문제예요. 제가 본 몇몇 시는 굉장히 난해하고 다수가 잘 이해하지 못하지만 상도 받고, 좋은 표현이라고 하던데요. 그것은 다수의 객관화와 관련이 있나요?

(구루) 그것은 일반적인 의사소통이 아니라 수준 높은 표현력 같은 어떤 능력의 문제이군요. 마침 그에 대해서도 이야기하려고 했어요. 그 밖에 다른 예도 있지요. 전문 학술서적은 이해하는 사

람이 소수이지요. 거기에 써진 전문용어도 마찬가지고요. 이 것이 언어로 이루어져 있으니까 다수가 이해할 수 있게 쓰는 것이 좋은가, 그보다는 단지 전문가, 평론가 집단이 이해할 수 있게 쓸 뿐이지요. 물리학 논문에 써진 수학 공식을 다수가 이 해할 수 있겠어요? 그런데 그것의 좋고 나쁨을 평가받는 기준 은 권위있는 전문가 집단에게 납득이 되어야 한다는 점이에요. 여기서 중요한 점은 언어 그 자체라기 보다는 그 내용의 뛰어 남이지요. 전문용어는 그 내용을 표현하기 위해 어쩔 수 없이 생겨난 것이고요. 그리고 문학적으로 독특한 표현도 어떤 심오 한 내용이나 심상을 표현하기 위해 만들어진 것이고요.

(나) 그러면 그 독특한 문학적 표현을 다수가 이해하지 못해도 괜찮 다는 것인가요? 저는 그 부분에서 좀 불만이 있어요. 왜 그런 이상한 시가 상을 받는지 납득이 안가서요.

(구루) 저도 가끔 그런 생각이 듭니다만, 대신 변명을 해보자면, 우리 는 수학공식이나 전문용어가 들어있지 않은 글을 보면 자신이 쉽게 이해할 수 있을 거라는 생각을 합니다. 그런데 이해가 잘 안 되니까 화가 나지요. 사실 그 글을 이해하려면 굉장히 머리 를 많이 써야 합니다. 그리고 그것이 상을 받는 것을 보면 자신 이 좋아하는 쉬운 시가 폄하 받고, 자신의 수준도 폄하 받는다 는 느낌이 들 수 있어요. 하지만 쉬운 시가 폄하 받는 것은 아니 에요. 어려운 예술작품이 존재한다고 해서 팝 음악 같은 대중 적인 작품이 폄하되는 것은 아니지요. 뭐, 물론 어떤 고상한 사 람은 팝 음악이 저질이고 유치하다고 폄하할 수 있겠지만, 다

수가 좋아하고 나쁘지 않게 본다면 그것도 일종의 사회적 권위가 있는 것이지요. 그래서 현대에는 예술분야에서 대중문화를 도입한 팝아트도 생겨났고요.

(나) 그러면, 그 어려운 작품 같은 경우에는 다수의 생각과 상관이 없는 건가요?

(구루) 그 작품성 혹은 그것을 만든 작가의 능력과 실력을 평가하는 것인데, 그 분야를 잘 모르는 다수의 투표로는 제대로 평가할 수 있는 것이 아니지요. 권위있는 시상식의 최고 상을 대중 투표로 선정하지는 않잖아요. 판매량과 인기투표로 선정하는 가요차트와는 다른 거죠. 그런데 대중들이 그 시상식의 방식과 필요성을 인정해주니까 권위가 생기고 그렇게 할 수 있는 것이죠. 그래서 간접적으로는 상관이 있지요. 어쨌든, 제가 이제부터 말하려는 것의 핵심은, 능력과 실력은 타인들에게 평가받아야 한다는 점이에요. 전문가 집단이든 대중이든 간에요.

(나) 현실적으로는 평가받는 게 좋겠지요. 그런데 타인에게 평가받아야만 능력과 실력이 존재하는 건 아니라고 보여요. 예를 들어 100킬로그램을 들어올릴 수 있는 근력은 타인이 평가하거나 보지 않아도 혼자서도 해낼 수 있고, 그것으로 혼자서 이득을 얻을 수도 있어요. 자연에서 살아남는다는 등, 그런 예가 많이 있어요.

(구루) 그건 그래요. 혼자서 측정하고 타인의 평가가 없이도 이득이 되는 실력도 있지요. 근력이나 수영실력, 정글에서 생존 실력 등이 그럴 거예요. 사실 모든 능력이 타인의 평가가 필요하다

는 건 아니고, 매우 많은 능력이 그렇다는 거예요. 우리가 사회에서 살고 있음을 전제로, 소위 말하는 성공을 하고 잘 살기 위해서 필요한 대부분의 능력이 그래요. 노래를 잘 부르는 능력도 그래요. 가창력이 좋다는 건 혼자서 알 수 있는 것이 아니에요. 타인들, 다시 말해 전문가나 대중들이 잘 부른다고 평가해줘야만 그 실력이 존재하는 거예요.

(나) 가창력이 혼자서 알 수 없는 거라고요? 글쎄요…

(구루) 혼자서 평가할 수 없지요. 다만 자기객관화처럼 타인들의 객관적 기준에 대입해 자신이 부른 노래를 스스로 평가할 수 있을 뿐이에요. 예를 들어 높은 음까지 잘 올라가는 것이 노래를 잘 부르는 것이라면, 그것은 다수가 그렇게 생각했을 뿐이에요. 만약 높은 음을 부르는 것을 대중이 터부시한다면, 끔찍하게 들린다는 사고실험을 해보면, 높은 음을 부르는 것이 노래를 잘하는 것이 아니겠지요. 심지어 스포츠 경기도 그래요. 스포츠 경기는 사회에서 정한 룰이 있어요. 그 룰에 따라 실력이 결정돼요. 반칙을 많이 하거나 룰과 관계없는 근력과 스피드만 보여주면 그 실력이 없는 거예요. 타인들이 잘한다고 평가할만 해야 잘하는 거예요. 가창력과 마찬가지예요.

(나) 저는 자신의 가창력이나 스포츠 실력을 스스로 알 수 있다고 생각한 이유가, 혼자서 연습하면서 그 결과를 평가할 수 있다고 생각했는데, 그 스스로의 평가도 자기객관화처럼 타인들의 평가기준에 따른다는 말씀이군요.

(구루) 그래요. 그것도 자기객관화의 일종이라 할 수 있지요. 골프처럼

혼자서 할 수 있는 운동이라도 궁극적으로 타인들이 어떤 것을 잘한다고 여기느냐에 달려있어요. 적은 타수를 치는 것이 잘한다는 다수의 생각이 없다면, 골프를 칠 필요도 없어요. 골프라는 종목 자체가 사라지겠지요. 그 밖에 사회에서 실력을 인정받고 성공하는 대부분의 것들은 타인들의 생각에 달려 있어요. 이렇게 생각하세요. 어떤 분야든 자신의 실력과 능력을 높이려면, 타인들의 생각에 맞춰야 해요.

(나) 그런데 골프는 적은 타수로 작은 구멍에 넣는 것이 어려우니까, 그렇게 어려운 일을 해내는 것은 대단한 일이라는 진리 같은 것에 의해 정해지는 게 아닐까요? 혹은 인간의 본성이라든지…

(구루) 골프가 진리라고요? 그러면 예를 들어 고속도로에서 쌩쌩 달리는 차를 연거푸 천 번 피하기 같은 건 어떤가요? 그것도 어려운 일인데 왜 그건 아무도 훌륭하다고 안하고 오히려 비난만 하고, 능력자도 되지 않고 사회적 성공도 되지 않나요? 사회적으로 인정해주는 것만 실력이 되고 성공할 수 있는 거예요. 그리고 인간의 본성으로 훌륭하다고 생각하는 것이라면 다수의 생각이 될 것이고, 다수의 생각으로 인해 실력으로 인정받겠지요. 다른 예로, 자동차 운전 능력이란 무엇일까요? 운전을 잘한다는 것은 다수가 생각하는 기준에 달려있어요. 그것은 모터스포츠 레이싱의 기준과는 다르지요. 각각에 '사회적인' 판단 기준이 있어요.

(나) 흠… 반례가 생각났어요. 어떤 과학자가 혼자 연구해서 놀라

운 물리법칙을 발견했다고 해봐요. 아니면 혼자서 대단한 기계, 예를 들어 날씨를 바꿀 수 있는 기계를 개발했다고 해봐요. 그런데 다른 사람들이 아무도 그것을 모르거나 인정해주지 않고 있는데 그 과학자는 자신의 발견과 발명으로 실제로 날씨는 바꾸는 등 대단한 능력을 발휘할 수 있다고 해봐요. 그 능력은 어떻게 설명할 수 있나요?

(구루) 그것은 진리가 다수의 생각과 다를 수 있다는 법칙을 보여주는 예이군요. 물론 다수의 생각이 모든 것을 정확하게 알 수는 없어요. 다수가 생각하는 권위가 실재를 정확히 반영하지 않을 수 있지요. 시상식에서 상을 탔더라도 그것이 제대로 평가한 것인지 의심해볼 수 있는 일이고요. 그런데 그 과학자는 자신의 그 능력이 타인들에게 알려지지 않기를 바라고 있을까요? 어쩌면 그것을 바라고 몰래 날씨를 조종해서 사람들을 놀래키려는 이상한 사람일 수도 있겠지만, 그러면 자신의 권위와 권력, 유명세와 같은 사회적 관계에 의한 이득은 얻을 수 없을 거예요. 돈도 못 벌겠지요. 자신의 그 기술을 알리고 판매해서 돈을 벌어야지요.

(나) 몰래 날씨를 조작해서 주식투자 같은 것으로 돈을 벌 수도 있잖아요.

(구루) 그럴 수도 있겠네요. 그런데 그렇게 버는 돈은 알려지게 되면 사람들에게 비난을 받겠네요. 중요한 것은, 타인들이 모르고 있는 등 능력으로 인정하지 않는 상태에서 어떤 능력이 있을 수 있지만 그것은 사회적으로 정상적 통로를 통한 이득이 없

다는 점이에요. 사회적 성공은 거둘 수 없어요. 오히려 사회적 성공을 거두는 경우에 허위와 거짓 홍보로 인한 성공이 많다는 점이 큰 문제예요. 왜냐하면 사회적 성공은 다수의 당시 생각에 의해 결정되는 부분이 많은데 그것은 실재(실체)와 다를 수 있기 때문이지요. 어쨌든 사회적 성공이 다수의 생각에 달려있다는 점은 분명해요. 나쁜 사람들이 종종 그 법칙을 이용해서 좋은 능력이나 도덕성이 있다고 허위로 알리고 성공하지요.

(나) 그건 그래요. 허위로 자신을 포장해서 인기를 끌고 이득을 얻는 사람들이 많이 있지요. 그러면, 혼자서 아는 어떤 것도 능력이라 할 수 있다는 거지요?

(구루) 한 시점에 다수의 생각과 실체 간의 괴리가 발생할 수 있다는 점에서 그럴 수 있지요. 그런데 문제는 자신이 혼자서 자신의 능력이 높다고 생각하는 것이 과연 옳은가 하는 점이 있어요. 아직 사람들에게 알려지지 않았지만 뛰어난 노래 실력이 있거나 뛰어난 작곡을 했을 수 있어요. 그런데 그것이 뛰어난 것인지, 높은 실력인지 어떻게 알 수 있을까요? 그것은 자기객관화, 그런 식의 객관화를 통해서 해야 해요. 그런 객관화가 되지 않으면 자신의 실력에 대해 멋대로 평가하게 되겠지요. 현실을 잘못 이해하게 되고, 실제 생활에서 실패하게 되겠지요. 그리고 목표도 잘 못 잡게 될 거예요. 자신이 어떤 부분에서 부족한지도 모르게 되고, 자신의 실력이 생각보다 부족한데도 이정도면 됐다고 생각할 수 있고, 뭘 해야 할지를 모르게 될 거예

요. 거듭 말하지만, 능력과 실력은 타인들이 좋다고 생각하는 것에 맞춰야 해요. 그것이 뭔지를 찾아야 해요.

(나) 알았어요. 저도 그렇게 노력해 볼 게요. 그런데, 한가지 그와 무관한 분야가 있어 보여요. 학자가 진리 탐구를 할 때에는 평가자의 관점을 고려할 수도 있지만, 그와 무관하게 단지 혼자서 진리를 찾겠다는 일념으로 자연을 대하면서 연구와 탐구를 할 수도 있고, 그런 방식으로 어쩌면 대단한 학문적 진리를 발견할 수도 있지요. 그것은 어떻게 보시나요?

(구루) 그것은 방금 다룬 내용과 마찬가지네요. 진리는 동시대의 다수의 생각과 무관하게, 어떤 사람이 먼저 찾을 수 있지요. 그리고 그것이 진리라면, 나중에 알려질 수 있고 그 학자의 능력으로 인정받겠지요. 그 학자는 그것이 나중에 알려질 수 있다는 것을 염두에 두고 진리 탐구를 할 거예요. 그걸 가정하지 않는 학자는 없을 거예요.

(나) 그런데 학자가 어떤 진리를 찾았을 때, 그것이 진리인지 아닌지는 다수의 생각으로 객관화 하는 게 아니잖아요. 계산이나 실험 결과를 확인하는 등 혼자서도 진리를 확인할 수 있겠지요.

(구루) 흠… 그 말은 맞기도 하지만 아닌 부분도 있네요. 그 말이 맞다는 이유는 동시대 사람들이 이해하지 못하는 등 진리가 당시 다수의 생각과 일치하지 않을 수 있기 때문이고, 아닌 이유는 그것이 진리라면, '언젠가는' 많은 사람들이 알 수 있다는 점이에요. 그런 것이어야 올바른 진리지요. 진리가 절대적으로 참인 것이라면, 다른 사람들이 영원히 인정하지 않을 수는 없겠

지요. 그러니까 일반적으로 진리 탐구도 언젠가는 타인들이 인정해줄 것을 염두에 두는 것이지요. 그런데 진리 탐구의 많은 분야에서 실험결과처럼 혼자서 객관성과 진리치를 확인할 수도 있을 거예요. 그래서 학자들은 다른 사람들을 크게 고려하지 않고 묵묵히 진리 탐구를 하는 경향이 있는데, 그건 과학적 측정 결과가 (절대적으로) 객관적이므로 언젠가는 타인들에게 알려지게 되기 때문이에요. 그래서 과학적 측정 결과 같은 것만 보면 되지요.

(나) 그러면 학자들이 다른 사람들의 인정을 받기 위해서 진리 탐구를 한다는 말씀인가요?

(구루) 글쎄요. 그건 모르겠어요. 저는 다만 과학자의 업적과 능력도 결국 타인들의 생각에 의해 인정된다는 점을 말하려는 거예요. 물론 여기에는 전문가 집단의 평가가 많이 필요하겠지요. 대중은 전문가 집단에게 그 평가를 위임했으니까요. 어쩌면 정말로 순수한 호기심이나 소승불교처럼 자신의 득도를 위해 진리탐구를 할 수도 있겠지요. 그런데 현실적으로 사회적 성공을 하기 위해서는 타인들이 인정해주거나 그 시대에 많은 사람들이 바라는 것, 잠재 수요가 있는 것을 연구하는 편이 좋겠지요. 예를 들어 치매 예방과 치료를 위한 연구 같은 것이 그러하겠지요.

왜 종종 악이 승리하는가

구루가 말했다.

(구루) 사회적 성공은 다수의 생각에 따라 결정되는 거예요. 그래서
성공하고 싶다면 다수가 어떤 생각을 하는지를 알아야 해요.

(나) 그것은 진리인가요?

(구루) 그래요. 그러한 객관화를 잘하면 성공하는데 매우 유리하고,
그것을 못하고 성공하는 사람은 없어요.

(나) 그런데 얼핏 들으면 위험하기도 하네요. 예를 들어 판사가 그
말을 듣고 판결을 할 때 법치주의나 진리에 의한 것이 아니라
다수의 생각에 따른 판결을 한다면, 큰 문제가 발생할 거예요.

(구루) 하하, 법치주의나 진리, 진실에 의한 판결은 좋은 것이지요. 그
런데 그게 왜 좋은 걸까요?

(나) 흠… 당연한 것이 아닐까요? 진리와 진실이니까요. 그리고 도덕

적으로 옳으니까요.

(구루) 남들도 그렇게 생각할까요?

(나) 대체로 그렇게 생각하겠지요. 일부 이상한 사람들만 빼고는요.

(구루) 그렇다면 다수의 생각이 법치주의나 진리, 진실에 의한 판결을 지지하겠군요. 그러면 그렇게 판결하는 판사가 성공하겠지요.

(나) 하지만 실제 세상은 그렇게 이상적이지 않잖아요. 어쩌면 한 판사가 진리와 진실을 내팽개치고 당시 다수 사람들의 편향된 생각에 맞춰 판결하고 인기와 이득을 취하려 할 수 있어요.

(구루) 다수의 편향된 생각이라… 그럴 수 있지요. 그 판사는 어쩌면 당시에 실제로 이득을 취할 수 있을 거예요. 성공은 다수의 생각에 달려있다는 자연의 법칙을 이용했으니까요. 우리는 허위와 기만을 싫어하지만, 실제로 허위, 기만 같은 비도덕적인 방법으로 일순간 타인들에게 좋게 보여서 성공하는 사례가 많고, 그와 같은 구조이지요. 그런데 그러한 비도덕적인 방법이 영원하지는 않지요. 나중에 들통나고 비난과 처벌을 받을 수 있어요. 다수의 사람들은 근본적으로는 진실과 정의를 원하기 때문에, 나중에 그로 인해 교정될 수 있지요.

(나) 그러면, 성공이 단지 다수의 생각에 달려있다는 그 명제를 이용하기 때문에 그런 악한 일들이 일어나는 거잖아요. 그래서 그 명제가 위험하다는 거지요.

(구루) 뭐가 위험한가요? 저는 단지 자연의 법칙이자 진리를 말했을 뿐인데요. 전에도 이런 논의를 했었지요. 자연의 법칙은 선악과 무관한 거예요. 단지 자연의 모습일 뿐이지요. 선악은

인간의 관점일 뿐이고요. 저는 단지 자연 법칙을 기술(記述, description)했을 뿐이에요. 도덕적 가치는 별개의 문제에요.

(나) 그건 알겠어요. 그런데 선생님께서는 세상에 선한 일이 많아지고 악한 일이 줄어들길 바라시나요?

(구루) 그래요. 저도 민준군처럼요. 그런데 민준군 사주를 봤더니 민준군은 아마도 그런 경향성이 꽤나 클 것 같기는 합니다. 허허.

(나) 그건 농담으로 받아 들일게요. 사실 그런 경향이 있는 것은 맞지만… 저는 철학자의 중요한 덕목이 선한 일을 지향하고 악한 일을 줄이려는 노력을 하는 데 있다고 봐요. 제가 우려하는 것은 이러한 명제를 강조함으로 인해서 그 덕목이 침해되지 않을까 하는 점이에요. 단지 기술하는 것은 자연과학의 전문 분야지요. 선생님은 인지과학자로 봐도 될지 모르겠지만, 철학은 좀 다를 수 있어요. 적어도 선한 일을 늘리는 방향으로 직접적이든 간접적이든 기여할 필요가 있지요.

(구루) 허허, 니체도 철학자이지만 선과 악의 구분을 파괴시켰지요. 하지만 니체가 악을 좋아했다고 보이지는 않아요. 다만 기독교가 규정하는 선 같은 전통적 선악 개념을 파괴시키고 인간의 본능에 따르는 새로운 가치를 추구했을 뿐이지요. 그 새로운 가치를 그의 입장에서 선이라고 볼 수도 있지요. 선과 악의 개념은 어렵고 논란이 많아요. 함부로 독단적으로 생각해서는 안되고요.

(나) 혹시 선생님께서는 궁극적으로 선과 악이 존재하지 않는다고 생각하시나요?

(구루) 아니요. 선과 악은 있다고 생각해요. 그 점에서 우리는 의견 차이가 없을 거예요. 다만 주관과 아집에 의해 멋대로 자신이 선이라고 생각하는 사람들이 있다는 것이 문제지요. 그 주관과 아집을 어떻게 해소할지, 보편적 선은 무엇인지에 대해서는 윤리학의 커다란 주제이니, 지금 논의하기는 어렵겠군요. 다만 분명한 것은 다수의 생각을 기회주의적으로 이용해서 허위로 자신을 포장하거나 진리와 진실이 그것에 가려지는 일을 저는 나쁘고 악하게 본다는 것이에요. 민준군처럼요. 저는 만약 어떤 연구 결과가 정말로 악을 늘릴 수밖에 없다고 생각했다면, 그것을 주장하지 않았을 거예요. 그런데 이 성공의 법칙은 많이 알려지더라도 그런 부작용은 없을 거예요. 오히려 사회적으로 선이 더 늘어날 가능성이 훨씬 많아요.

(나) 그 이유가 정말 궁금하네요.

(구루) 차근차근 설명해보지요. 그런데 생각해보니 재미있는 점이 있네요. 제가 악한 일을 늘리는 연구 결과를 발표하지 않았을 것이라는 점은, 어쩌면 그것도 다수의 선호에 따르기 위함일 수 있어요. 왜냐하면 인간의 본성이자 다수의 생각은 악한 일을 늘리는 연구 결과를 싫어하기 때문이지요. 그래서 아마 사회적인 지탄을 받겠지요. 왜 선한 것을 행할 필요가 있느냐면, 다수의 본성이 그것을 좋아하기 때문이라고도 할 수 있겠네요.

(나) 그러면 선을 행하는 이유도 자신이 성공하기 위해서라는 건가요?

(구루) 그렇게 말하면 이상해 보이지만, 이 원리는 이미 아리스토텔레

스가 말했어요. 선이란 인간이 본성적으로 훌륭하다거나 좋다고 느끼는 것이라고 했지요. 그것이 덕윤리(virtue ethics)의 시초예요. 윤리학 과목에서 배우지 않았나요? 덕윤리라는 것을…

(나) 네, 배웠어요. 그러고보니 그런 측면이 있네요.

(구루) 저는 90년대에 고등학교를 다닐 때 전혀 배우지 못했어요. 하지만 요즘은 고교 교과서에도 크게 들어가 있더군요. 학계에서 대략 1980년대까지 의무론과 공리주의 윤리학이 지배했다면, 그 이후로 점차 덕윤리가 떠오르고 각광받게 되었어요. 그것이 현대 생물학과 인지과학의 연구결과에 너무 잘 맞거든요. 도덕을 본성적인 감성에서 찾는다는 점 말이에요. 또한 현대 철학계 내에서 합리적으로 그 장점을 밝히기도 했지요. 실제로 도덕은 하기 싫은 것을 억지로 해야 하는 것이라기 보다는, 그것을 행했을 때 사회적으로 얻는 이익이 커요. 왜냐하면 다수의 본성이 그것을 칭찬하기 때문이지요. 덕윤리는 이렇게 도덕성과 사회적 성공을 합치시킬 수 있는 장점이 있어요. 이기주의와 이타주의도 모순되는 것이 아닐 수 있지요. 현대 생물학의 설명처럼 말이에요. 그리고 우리는 이런 점을 이용할 수 있어요. 대중의 눈에 선하게 보이면 많은 이득이 있어요. 정치인들과 연예인들이 어떻게 하는지 보세요. 갑자기 도덕적으로 나쁜 이미지가 생긴 유명인사들, 유튜버들이 어떻게 되는지를 보세요. 특히 정치는 무엇이 선한지와 매우 깊은 관련이 있어요. 보수와 진보는 모두 자신이 상대보다 선이라고 주장하지요. 그것의 확보가 권력이 돼요. 경제영역에서도 매우 중요하지

요. 요즘 많이 회자되는 것으로, ESG라고 들어보셨나요?

(나) 들어본 것 같기도 하고… 잘 모르겠어요.

(구루) 기업의 가치를 평가하는 데에서 기존에 알려진 생산적 능력이
아니라, 환경(Environmental), 사회(Social), 지배구조(Governance)를
뜻하는 거예요. 간단히 말해서 그 분야에서 선한 모습을 보이
는 것이 다수의 호감과 칭찬을 받아 주가가 오르고 기업 가치
가 높아진다는 거예요. 예를 들어 비슷한 제품이라면 그 부분
에서 더 나은 회사의 제품을 더 구입할 거라는 거지요. 이렇게
다수가 선한 것을 좋아한다는 것은 명백하고, 그래서 선한 사
람이 더 많이 성공할 것 같지만, 그래도 악한 사람이 종종 성공
하지요. 왜 그럴까요?

(나) 악한 사람이 성공하는 이유는 여러가지가 있겠지요. 폭력을 써
서 상대의 것을 빼앗을 수도 있고, 선한 사람이 성공하는 시대
라도 악한 사람이 자신을 포장하고 대중을 속여서 착하게 보
일 수도 있고요. 사기가 많잖아요.

(구루) 그래요. 저는 이제부터 악한 사람도 성공할 수 있다는 것을 설
득시키려고 했는데, 의외로 그것을 이미 알고 있었나 보네요?

(나) 실제 역사와 경험으로 그런 사실들이 많이 있었으니까요. 그런
데 왜 그것을 군이 설득시켜야 하나요? 마치 악해도 좋다는 말
처럼 들리기도 하네요.

(구루) 악해도 좋다는 뜻은 아니에요. '좋다'는 말에는 이미 가치판단
이 들어있는데, 저는 악한 것을 좋다고 보지 않으니까요. 다만
악한 일을 해도 성공할 수 있다는 점을 설득시키려는 거예요.

(나)   그 말이 좀 꺼림직 하네요. 그런 사실은 이미 알고 있는데, 그렇
        다면 그것을 부추기는 말 밖에 더 되나요?

(구루) 역시 설득시킬 필요성이 있군요. 저는 단지 자연의 이치를 설명
        하고자 하는 것인데, 그것을 민준군은 부추긴다고 받아들였어
        요. 그것은 즉 여전히 마음 속 깊은 곳에서 자연의 이치와 가치
        론을 혼동하고 있다는 거예요.

(나)   글쎄요. 모르겠네요. 저는 구분하고 있다고 보는데요.

(구루) 민준군은 선이 악에 승리하는 것이 좋다고 생각하겠지요. 그것
        은 괜찮은 생각이지만, 문제는 어쩌면 그 생각으로 인해 실제
        세상에서 선이 악에 승리할 거라고 믿게 되는 것에 있어요. 대
        부분의 할리우드 영화처럼, 동화의 결말처럼, 결국은 선이 승리
        할 것이라고 생각하지 않나요?

(나)   음… 생각해보면 저는 결국은 선이 승리한다는 생각을 가지고
        있는 것 같네요.

(구루) 그것이 바로 가치론과 자연을 혼동하는 것이지요. 결국은 선이
        승리한다는 자연의 법칙이 있나요?

(나)   따져보면 없을지도 모르지만… 하지만 그것은 포기하기가 어
        렵고, 싫기도 하네요. 왜냐하면 그러한 생각을 가졌을 때 사람
        들은 선을 더 많이 행할 것이기 때문이죠. 그건 사회적으로 유
        익한 사고방식 같은데요? 인과응보나 사필귀정 같은 개념이
        도덕성을 높여줄 수 있어요. 그리고, 어쩌면 실제로 결국 선이
        승리하는 비율이 높을지 몰라요. 아까 인간의 본성도 선을 좋
        아한다고 했으니까, 선이 결국 승리하는 건 맞지 않나요?

(구루) 하하, 인과응보, 사필귀정, 천벌 같은 개념은 상당히 신비주의
적이군요. 저 보고 신비주의적이라고 하더니, 혹시 본인이 더
신비주의적인 게 아닌가요?

나는 잠시 아무 말도 안하고 있었다. 대체 그가 어떤 의도를 가진 것인지 의
심스러웠다. 구루가 다시 말했다.

(구루) 저는 그 개념들을 버리라고 하지 않습니다. 저는 신비주의를 버
리라고 주장하지 않아요. 그것을 신념으로 삼고 있다면 도덕적
인 행동이 더 늘어나겠지요. 그리고 선을 좋아하는 것이 인간
의 본성이므로 선한 일을 하는 사람이 종합적으로 통계를 내
봤을 때 비교적 더 많이 성공할 수도 있습니다. 물론 이건 통계
를 내봐야만 알겠지만요. 하지만 선함과 성공이 완전히 비례한
다거나 하지는 않을 겁니다. 여전히 악한 사람이 성공하는 경
우도 많지요. 그런데 '결국은' 선이 악을 이기고 승리한다고요?
그 결국이 대체 언제일까요? 수 백년 뒤일까요, 아니면 사후 세
계일까요. 수 백년 뒤나 사후세계가 그러한 극락 같은 세상이
될지도 모릅니다. 하지만 우리는 지금 현실을 바꿔야 합니다.
그러기 위해서는 현실의 작동방식을 알아야 합니다. '결국은
선이 악을 이긴다'와 같은 말은 물론 신념으로는 괜찮지만, 그
것으로 결코 충분하지 않아요. 그것은 신비주의에 속하는 것
이고, 단지 꿈과 소망일 뿐, 현실적인 면이 없기 때문입니다. 그
런 소망을 수천년 전부터 아마 다수의 사람들이 가져왔을 겁
니다. 하지만 그동안 역사에서 얼마나 참혹한 일이 많이 일어

났나요? 악이 활개친 역사가 매우 많았지요. 그래서 현실을 바라봐야 한다는 겁니다.

(나) 그 신념을 버리지 않아도 된다고 해서 다행이군요. 그러면 악인이 승리할 수 있다는 현실을 깨닫는 것이 도움이 된다는 말인가요?

(구루) 신비주의와 연관된 신념은 가지고 있더라도, 현실은 자연 그 자체로 이해해야 합니다. 악인이라고 해서 교통사고를 더 많이 당하거나 벼락을 맞을 확률이 더 높지는 않을 거예요. 자연적, 과학적인 근거가 부족해요. 역사적으로 각종 전염병과 자연재해가 선량한 사람들을 얼마나 힘들게 했는지를 보세요. 만약 자연이나 신이 인간 세상을 위해서 악인에게 벼락을 내린다면, 전염병과 자연재해도 없애 줘야 하지 않겠어요? 그처럼 악인이 천벌을 받을 것이라는 생각은 신비주의적 소망일 뿐이지요. 아니면 사후세계를 염두에 둔 것이겠지요. 그런 생각을 가질 수는 있지만, 그것이 자연적이고 합리적인 것을 대체해버려서는 안되지요. 함께 가질 수는 있어요. 다수의 생각으로 성공한다는 법칙을 이용해 악인이 성공하는 경우는 많아요. 한 시점에 다수의 생각은 진리, 절대적 도덕과 다를 수 있기 때문에 얼마든지 조작할 수 있고, 속일 수 있고, 악용할 수 있지요. 다수의 생각과 진리가 완전히 일치되는 세상은 아마 오지 않을 거예요. 그것이 서로 무관하다는 것도 진리이기 때문이지요. 즉 언제나 악인도 성공할 수 있는 거예요. 자연법칙에 따르면, 성공은 선악과 무관하지요.

(나)　냉정하고 야속한 현실이네요. 그런데 앞에서는 다수가 선을 좋아하기 때문에 선을 행하는 사람이 성공할 확률이 높다고 하셨잖아요. 그런데 지금은 이야기가 달라진 것 같네요. 그것은 다수가 생각하는 선이 절대적 선과 다르기 때문인가요?

(구루)　'선함'과 '다수가 선하다고 생각함'의 차이를 생각해보세요. 성공은 전자가 아니라 후자에서 나와요. 사람들이 선을 좋아하더라도, 악인이 성공할 수 있는 여러가지 방법이 있지요. 무엇이 선한 것인지 자체를 자신에게 유리하게 만들어낼 수도 있고, 실제와 다르게 선한 사람으로 포장하거나 허위로 선전할 수도 있지요. 단지 생각, 이미지만 만들면 됩니다. 그것은 실재와 얼마든지 다를 수 있지요. 소위 말해 약장수(허위 선전으로 가짜약을 파는 사람)의 예를 보세요. 사람들이 그 약이 좋을 것이라는 생각만 만들면 많은 돈을 벌 수 있습니다. 사람들이 그런 마음을 아주 오래, 100년 동안 가진다면 그 약장수는 적어도 그 100년 동안 성공하겠지요.

(나)　악이 얼마든지 성공할 수 있다는 것은 알겠어요. 그런데 그것이 현실이라는 것을 사람들이 깨닫는 것이 선을 늘리는데 도움이 된다는 말씀인가요? 어쩌면 그것을 악용하려는 사람들이 더 늘어날지도 모르잖아요.

(구루)　악한 사람들은 이미 그 원리를 활용하고 있을 거예요. 선한 사람들이 그 원리를 모르거나 인정하지 않으려 하는 것이 문제이죠. 그 원리와 다르게, 승리하는 사람들은 대체로 악하지 않다거나 선한 사람이 결국 승리한다라고 생각한다면 어떻게 되

겠어요? 그 부작용이 뭘까요?

(나) 승리하는 사람들이 선하다고 생각한다면… 악한 사람이 승리했을 때에도 그가 선하다고 생각하게 되겠네요.

(구루) 맞아요. 악이 얼마든지 성공할 수 있고, 승리한 사람, 성공한 사람 중에 악한 사람이 있다고 생각해야 하는 것이지요. 그런 생각을 가질 때, 선이 더 많이 승리하길 바란다면, 그런 세상을 더 잘 만들어갈 수 있지 않나요? 그러니까, 성공, 승리가 선악과 무관하다는 생각을 가져야 선이 더 많이 승리하는 세상을 만들 수 있는 거예요. 악인들은 성공을 위해서 다수에게 자신이 악하지 않고 선하게 보이기를 바래요. 그 약장수처럼 말이예요. 그의 의도대로 따라줘야 하나요? 그러면 악을 없애기 어려울 거예요. 악이 설치는데 신경도 쓰지 않고, 오히려 키워주는 꼴이죠.

(나) 알겠어요. 이제부터 악도 성공할 수 있다는 생각을 가질게요. 하지만 저는 그렇게 성공하고 싶지는 않아요.

(구루) 네. 그건 본인 선택이거나 특징이겠지요. 민준군의 본성은 착한 것 같네요. 그러면 민준군은 그러한 착한 성격으로 다수에게 신망을 받으면서 성공하고 싶으시죠?

(나) 그렇죠.

(구루) 그렇다면 민준군은 선한 일과 출세를 합치시키려고 하는 군요. 그런 경우는 매우 흔하지요. 다수에게 많은 도움을 주는 일을 해서 신망을 얻고 돈도 벌고 성공하길 바라는 경우이지요. 좋은 제품이나 신약을 개발하는 것도 그것으로 볼 수 있고, 좋은

사상을 주장하는 것도 그럴 수 있겠지요. 많은 사람들의 행복을 위한 것은 선행이기도 하니까요. 그리고 선한 사람으로 알려져서 정치인이 될 수도 있겠지요. 그런데 그게 진정한 선일까요? 저는 아니라고 봐요.

(나) 네? 선이 아니라고요?

(구루) 선한 일의 이득은 대체로 평판, 명예, 신망, 존경이 높아지는 면이 있지요. 그래서 성공에 큰 도움이 되지요. 그것은 선행을 사람들에게 알려서 얻는 이득이에요. 그런데 그 경우와, 동일한 선행을 했는데 아무도 모르게 해서 그런 개인적 이득이 없는 경우를 비교해보세요. 무엇이 더 선한가요?

(나) 아무래도 후자가 더 선해 보이네요.

(구루) 그것 봐요. 성공에 도움이 되는 선함은 아무도 모르게 하는 선함 보다 떨어지잖아요. 그것은 어쩌면 성공과 출세의 도구이겠지요.

(나) 하지만, 그래도 되는 거 아닌가요? 그렇다고 해서 선함이 줄어들지는 않을 거예요.

(구루) 물론 그렇게 해도 되지요. 다만 자신의 출세를 위한 욕구를 선함으로 완전히 바꿔서 생각해서는 안된다는 거예요. 진짜 선이란 그것을 통해 자신의 이익을 높이려는 목적이 아니겠지요. 그게 아니라면, 자신의 성공을 위한 욕구라는 점을 인정해야해요.

(나) 선의 개념을 굉장히 좁게 잡으시는 것 같네요. 그러면 저의 선함도 성공을 위한 욕구라는 말인가요?

(구루) 그 욕구 이외에 정말로 남들의 이목과 무관한 선행을 할 수 있는지 저는 잘 모르겠어요. 하지만 성공을 위한 욕구라고 해도 괜찮아요. 그것 자체를 나쁘게 보지 마세요. 니체는 선악을 부정하고 인간의 권력욕으로 모든 것을 설명했어요. 권력과 명예는 구별되기는 하지만, 선함, 아니 정확히 말해서 '선하다고 다수가 생각함'은 명예 뿐 아니라 지위와 권력까지 만들 수 있어요. 니체가 권력욕을 자연스럽다고 본 것처럼, 그러한 사회적 성취 욕구는 자연스러울 수 있으니, 스스로 인정해도 돼요. 그런 생각이 오히려 과도한 착한 사람 콤플렉스에서 벗어나게 해줄 수 있어요. 물론 민준군에게 그 밖에 순수하거나 영적인 부분에서 선함이 있을지는 모르겠지만…

자신을 지켜주는 장치

잠시 침묵이 흘렀다. 이제 다음 주제로 넘어가야 할 것 같다. 구루가 말했다.

(구루) 이제, 자기객관화로 다시 돌아가서 정리를 해볼 필요가 있을 것 같네요. 여기서 말하는 객관화란 다수의 생각을 말하는 거지요. 그러기 위해서 자기 주변인의 생각이 아니라 범위를 가급적 크게 넓혀서 불특정 다수의 생각을 알아야 한다고 했지요. 모든 것에 대해 불특정 다수가 어떻게 생각하는지를 알 수 있다고 했지요. 그것은 자신과 관련된 것일 수도 있고 아닐 수도 있어요. 예를 들어 빨간 머리로 염색하고 다니는 것에 다수는 어떤 생각을 가지는가, 어떤 제품에 대해 다수는 어떤 생각을 가지는가, 어떤 농담에 대해 다수는 어떤 생각과 느낌을 가질까 등등… 어떤 맥락과 상황에서의 행동에 대해서도 다수의 생각이 있지요. 농담이나 복장도 상갓집이냐 파티장이냐

등 상황에 따라 다수의 생각이 다를 것이고요. 자기객관화는 그러한 모든 것의 객관화 방식에 자신을 적용하고, 또 활용하는 거예요. 물론 다수의 생각대로만 하라는 것이 아니라, 소수의 생각을 선택해도 돼요. 다만 자신이 어떻게 보이는지, 또 다수에게 호감을 얻기 위해서는 어떻게 하면 좋을지를 '아는 것'이 중요해요. 여기에서 질문할 사항이 있나요?

(나) 소수를 선택한다는 것은 다수의 호감에 반하는 일인가요?

(구루) 꼭 그렇지는 않아요. 아까도 반항이 가능한가를 이야기할 때 이와 관련해서 이야기 했었죠. 생물학적 본성 이야기도 나왔었고요. 다수가 모두의 동일성을 추구하는 것은 아니에요. 다수가 사회적 다양성을 좋아할 수 있어요. 독특하거나 자유롭게 행동하는 대상에게 매력을 느끼기도 하고요. 즉 '이렇게 튀는 행동을 하면 다수가 싫어할거야' 라는 생각은 틀릴 수 있어요. 객관화를 잘 하지 못해서 틀리는 것이죠. 저번 주에는 다수의 생각이 소수를 존중해야 한다는 생각을 가질 수 있다는 이야기도 한 것 같네요. 발달된 민주주의 사회 같은 것이죠.

(나) 하지만 분명한 것은 다수의 호감에 반하는 소수도 있다는 거지요. 그러면 다수가 좋지 않게 볼 텐데, 그 경우는 어떡하나요?

(구루) 어떤 선택을 하느냐는 자신의 선택이죠. 미움을 받든 법적 처벌을 받든 그건 우리가 논의할 문제는 아니고요. 마치 실패할걸 알고 일부러 그렇게 해도 되느냐는 질문과도 같네요. 아, 그리고 다수의 생각은 변한다는 점을 고려해야해요. 어떤 퍼포

먼스나 제품을 공개하기 전, 현 시점에서 다수의 생각과, 그것을 공개하고 몇 달 후, 몇 년 후에 다수의 생각은 달라질 수 있지요. 그래서 객관화는 약간 미래까지 고려하라고 말했지요. 어쩌면 지동설처럼 오랫동안 핍박받다가 수십, 수 백 년 후에 다수의 생각이 바뀔 수도 있어요. 그것을 고려해서 자신이 선택해야겠지요. 진리나 인간의 본성에 맞는 것은 나중에 다수가 인정할 가능성이 크지요. 시간이 얼마나 걸릴지, 다수가 그것에 얼마나 관심이 있을지는 모르겠지만.

(나) 네. 전에 말씀하셨던 것을 정리하신 것 같네요. 그런데, 아직도 약간 의문점이 되는 것은, 과연 우리가 불특정 다수의 객관화를 어떻게 잘 할 수 있을까 하는 점이에요. 굉장히 어려운 일처럼 보이거든요. 물론 이에 대해서도 이야기 했었죠. 인간의 뇌는 그걸 잘 할 수 있도록 진화했다고요. 저도 듣기에는 그게 어려운 일 같지만, 신기하게도, 하려고 노력을 해보니 '다수가 대강 이렇게 생각할 것이다'라는 감이 오는 경우가 많아요. 내가 어떻게 보일 것이라는 것도 감을 잡을 수 있어요. 그래서 두가지 궁금증이 있어요. 자기객관화는 그렇게 비교적 쉬운 부분도 있는데, 그것이 신기하기도 하고 미스터리하게 느껴지기도 해요. 그것은 어떻게 가능한 것인지, 그리고 더 잘할 수 있는 방법은 없는지가 궁금하고요. 또 다른 궁금증은 매우 어려운 것들도 있다는 점이에요. 이것은 다양한 것들의 객관화에 해당하는 것인데, 예를 들어 미래에 사람들의 생각이 어떻게 바뀔지, 어떤 제품을 내놓았을 때 다수 사람들이 어떻게 평가할지

는 매우 어려운 문제인 것 같아요. 그런데 그것을 알 수 있다면 대단히 활용가치가 높고 크게 성공할 수 있겠지요. 그것을 어떻게 알 수 있을까요?

(구루) 그 두번째, 어려운 문제에 대해서는 확장 가능성이 크고, 이제부터 사람들이 연구해야 할 커다란 주제이겠지요. 그것을 안다면 비즈니스 분야에서 크게 성공할 수 있을 거예요. 그에 관한 이야기도 잠깐 해주려고 계획을 했어요. 그것은 잠시 뒤로 미루고, 어떻게 우리가 다수의 생각을 알 수 있는지에 대해 생각해보도록 합시다. 서양 학문의 관점에서 타인의 마음은 철학적인 토대도 부실하고 알기 어려운 것이에요. 그래서 '이론'이라고 불러요. '마음이론'(Theory of Mind)이라고 하지요. 타인의 마음을 아는(마음이론) 방식에 관해 심리학에서 크게 두가지 이론이 있는데, 시뮬레이션이론과 이론-이론(theory-theory)이 있어요. 시뮬레이션이론은 타인의 모습을 관찰하면서 그것을 자신의 머릿속으로 시뮬레이션하고 자신의 마음 상태에 비추어 상대의 마음 상태를 추측하는 건데, 그렇기 때문에 주로 직접 목격한 사람의 마음을 읽는 마인드리딩과 관련이 있지요. 특히 공감(empathy), 거울 뉴런과 관련이 깊어요. 우리가 다루는 불특정 다수의 생각과는 관련이 적지요. 자기객관화에 필요한 추측은 주로 이론-이론으로 설명이 돼요. 이름이 조금 이상하기는 한데, '타인들이 어떤 마음을 갖는지에 대해 스스로 이론을 만든다'는 이론이기 때문에 그런 이름이 붙었어요. 다만 시뮬레이션으로 주변 사람들의 반응과 마음 상태를 학습하고 그것으

로 이론을 만들어 확장하는 방식도 사용할 거예요. 심리학에서는 그렇게 이론을 만드는 것을 개인의 초보적 심리학(naïve psychology)의 일종으로 설명해요. 우리는 타인이 어떤 생각을 하는지의 심리학을 스스로 구성하고 있는 것이지요. 인간이 어떻게 불특정 다수의 생각을 알 수 있는가는 연구 주제이기는 하지만, 인간이 언어 능력의 잠재력을 본능적으로 갖고 태어나고, 그 어려운 언어 능력을 자연스럽게 발달시킬 수 있다는 점은 불특정 다수의 생각을 찾는 능력과 많은 연관이 있을 거예요. 앞에서 말했듯이 언어의 의미는 가까운 사람들 간에만 통하는 것이 아니라 불특정 다수에게도 통하는 객관적인 것이니까요. 일반적으로 언어를 사용할 때 불특정 다수가 들어도 이해할 수 있도록 말하지요. 그래서 우리는 언어 능력을 발달시키기 위해서라도 불특정 다수의 객관적 생각, 그 관점을 고려하고, 그것을 알려고 노력할 거예요. 무의식적으로 말이에요. 그래서 이성적으로는 자신이 만나보지도 않은 사람들의 마음을 아는 것이 너무 어려워 보여도, 우리 뇌의 강력한 능력이 나이브한 심리학을 계속 구성하고 있기 때문에 의식의 저변에서 불특정한 사람들의 생각을 이론화하고 있는 것이지요.

(나) 결국 그 부분은 무의식적이고 진화론에 기대고 있는 것이고, 앞으로 더 연구해봐야 겠군요. 그런데 그것도 더 잘하기 위해서 어떻게 하면 좋은지, 도움이 되는 조언이 있을까요?

(구루) 이미 많은 부분은 우리가 다루었지요. 객관화를 위해서 불특정 다수의 인식으로 범위를 넓히고, 가까운 사람의 생각에서

벗어나도록 노력해야 해요. 자신의 주관에 갇히면 안되고, 주관을 갖더라도 객관은 그것과 분리시켜서 파악해야 하지요. 그렇게 열린 인식 체계를 가져야 해요. 이 말이 좀 어려울 수도 있는데, 자신의 닫혀 있는 관점과 별개로, 타인들의 인식이 존재하고, 그것을 계속 받아들일 수 있어야 해요. 문을 닫아 놓고 자신의 관점으로만 생각해서는 안되지요.

(나) 참고 자료로 말이지요?

(구루) 그래요. 세상을 올바르게 인식하기 위해서이지요. 자신을 위해서예요.

(나) 그러면 자기객관화를 잘 하지 못하는 사람은 세상을 올바르게 인식하지 못하고 있는 사람이겠군요. 저도 그랬던 건가요?

(구루) 물론 '잘 한다'라는 것에는 스펙트럼(정도 차이)이 있지요. 자기객관화를 너무나 심하게 못한다면, 비정상 측에 들어갈 정도가 되겠지요. 중증 자폐증부터 시작할 거예요. 중증 자폐증은 타인의 마음을 심각할 정도로 읽지 못하거든요(마음이론의 부제). 언어 등 소통 능력도 심각한 결함이 있지요. 그보다 나은 수준은 가까운 사람과 어느 정도 소통할 수 있지만 자기객관화 능력이 부족해서 자기만의 세계에 빠지는 경우가 흔하게 나타나요. 실제 현실과 괴리가 생기고, 흔히 실패하게 되지요. 비정상과 장애의 범주에 들지 않는 대부분의 사람은 종종 자기만의 세계에 빠지기도 하고, 주관적으로 판단해서 오류를 범하지요. 민준군도 정상의 범주에 들어가겠지만, 성향적 특징이 있기도 하고 서양철학의 주관주의, 내재주의에 빠져있는 경향이

있어서 좀 걱정되는 수준이지요. 민준군이 앞으로 성공하고 싶다면 자기객관화 수준을 더 높여야 해요. 능력에 관해 논의할 때 말했듯이, 사회적 성공은 다수의 생각에 의해 결정되니까요. 아마 민준군은 그것을 모르고 있었을 거예요.

(나) 네. 모르고 있었어요.

(구루) 그리고 자기객관화의 장점에 대해 한가지 더 강조하고 싶은 부분은, 그것이 불안과 같은 내부적 문제, 그리고 외부의 공격으로부터 자신을 지켜주는 장치가 된다는 점이에요. 오늘 처음에 민준군은 불안감이 전보다 좀 줄어든 것 같다고 말했었죠? 그 이유는 무엇일까요?

(나) 음… 자기객관화가 범위를 넓혀서 다수로 인한 어떤 하나의 인상을 만드는 것이라고 생각해봤더니, 오히려 불안감이 줄어들었어요. 안정감도 생기는 것 같고, 주변 사람이 뭐라고 해도 그로 인해 쉽게 흔들리지 않으니까요. 주변 사람의 말은 객관적인 것에 비하면 아무것도 아니다라는 생각이 들었어요.

(구루) 그래요. 주변 사람의 인상은 소수의 의견일 뿐이지요. 그게 중요한 게 아니에요. 물론 그러기 위해서는 객관적인 인식을 파악하고 있어야 겠지요. 그러면 주변인의 소수 의견에 흔들리지 않고, 그것으로부터 자신을 지킬 수 있고, 불안감도 줄어들어요. 주변 사람의 심리적 공격의 심각한 사례는 가스라이팅이지요. 가스라이팅은 주로 가까운 사람에 의해서 발생해요. 가족이나 연인 사이, 동료들이지요. 물론 넓게 보면 사이비교주나 허위 선동가 같은 사람도 해당되겠지요. 심리적으로 편향되도

록 만드는 것은 나쁜 의도를 가지고 일부러 하기도 하지만, 특별한 의도가 없이 이루어지는 경우도 많아요. 사람들의 인상은 다양하고, 주관적인 것을 많이 표현하지요. 그런데 주변 몇몇 사람의 주관적인 인식과 표현에 의존해서 자신을 바라본다면, 상대방은 가스라이팅 같은 나쁜 의도가 없이 말했더라도 자신은 그로 인해 편향된 인식을 갖게 되고 혼란에 빠지고 불행해지게 되지요. 그리고 자신과 만나는 타인이 어떤 생각을 하는지에 자신의 상태가 크게 좌우되다 보니, 그것에 전전긍긍하고 눈치를 보고 불안감이 커질 거예요. 특히 우리는 부모에 의해 키워지면서 정체성 형성 과정에서 커다란 영향을 받기 때문에, 부모의 인식에 의해 어떤 편향된 자아상이나 인식을 가질 수 있어요. 부모가 편향적으로 부정적 평가를 많이 하거나 긍정적 평가를 많이 할 수 있는데, 자기객관화를 잘 하지 못한다면 부모의 말만 믿고 자신이 매우 잘 생겼다고 생각하는 사람처럼 오류에 빠질 수 있지요. 현재 민준군은 부모와 같이 살고 있나요, 아니면 독립했나요?

(나) 아직 같이 살아요. 경제적으로 아직 독립할 준비가 되지 않아서요.

(구루) 언젠가 독립을 해야겠군요. 그런데 정신적인 독립이란 것이 있어요. 그것은 경제적 독립과 무관할 수 있어요. 예를 들어 마마보이는 정신적 독립이 되지 않은 것이지요. 본인은 마마보이에 가까운 것 같나요?

(나) 그건 아니에요. 저는 엄마한테 반항할 때도 종종 있었고, 떨어

져서도 잘 살 수 있을 것 같아요.

(구루)　마마보이가 아니라도, 자기객관화를 잘하지 못하고 부모님의 인식에 의존하고 있다면 완전한 정신적 독립이 아니에요. 왜 그렇게 해야 하느냐고 반문할 수도 있겠지만, 부모는 신이 아니므로 주관적이고 편향적인 인식을 갖고, 그것이 객관적인 것은 아니기 때문이에요. 그것만 믿으면 잘 살아갈 수 없기 때문이에요. 부모가 자식에게 객관적인 인식과 자기객관화를 잘하는 법을 가르쳐주고 피드백을 잘 해 주길 기대하기는 대체로 어려워요. 민준군이 자기객관화에 관해 부모로부터 얼마나 많은 영향을 받았는지는 잘 모르겠지만, 자기객관화를 잘하지 못하고 자신의 개인적 삶과 경험에 많이 의존했다면 부모의 영향도 많이 받았을 가능성이 크지요. 그것으로 인해 편향된 인식을 가질 수 있어요.

(나)　그랬을지도 모르겠네요. 저는 마마보이가 아니고 부모님과 딱히 사이가 좋다고도 할 수 없는데, 소심한 편이고, 종종 나 자신이 잘못된 사고방식을 가지고 있는 게 아닌지 의심하기도 해요. 제 생각이 틀린 경우가 많은 편이었거든요. 주변 사람의 영향이라면 부모님의 영향이 크겠지요.

나는 울컥함인지 회한인지 모를 감정의 동요가 일어났다. 구루가 말했다.

(구루)　아마 부모는 나쁜 의도는 없었을 거예요. 그저 대개의 사람이 그렇듯이 주관적으로 표현했을 뿐이지요. 그것이 독특할 수도 있고 아집일 수도 있는데, 어떤 것이든 간에 받아들이는 입장

에서 객관적으로 생각할 수 있는 능력, 자기객관화 능력을 가진다면 그로 인해 생길 수 있는 피해를 방지할 수 있어요. 그것을 하지 못한 채 주변인들에게 너무 많은 영향을 받는다면, 타인들이 자신 앞에서 자유로운 행동을 하는 것도 거부하게 되겠지요. 그로 인해 자신이 휘둘리니까요. 하지만 자기객관화를 잘 하는 사람은 타인들의 자유로운 행동도 허용할 겁니다. 별 것 아닌 것으로 생각하게 되겠지요. 그래서 타인들과의 관계도 개선이 되겠지요. 가족 간의 관계도 그렇고요. 그리고 타인의 자유로운 행동을 허용하듯이, 자신의 자유로운 행동도 허용하게 될 것입니다. 자기객관화로 인해 자신이 자유로워지는 원인은 여러가지가 있습니다. 타인의 자유로움을 허용하니까 자신도 자유로울 수 있다는 점이 있고, 또 모든 것의 객관화를 통해 자신이 어떤 행동을 했을 때 대체로 어떤 반응과 행동을 보일지 잘 예측할 수 있는 측면이 있지요. 예를 들어 어떤 말을 했을 때 갑분싸(갑자기 분위기가 싸해짐)라고 하지요, 그것이 일어날지 아닐지를 잘 예측할 수도 있겠지요. 그것이 두려워 표현을 못하는 경우가 있을 거예요. 또는, 설령 가까운 주변의 분위기가 싸하더라도, 그들의 생각에 무관하게 흔들리지 않고 자신을 표현하고 당당할 수 있어요. 아마 스티브 잡스가 회사 동료들에게 독단적이라는 인상을 풍기면서 밀어붙일 수 있었던 데에는 그런 명분 같은 것이 있었을 거예요. 그들에게 통하지 않아도 다른 많은 사람들에게 통한다는 어떤 믿는 구석이 있으니까요. 그렇게 자기객관화는 소수의 반발이나 잘못된 유혹으로부터 자신을 지킬 수 있는 장치로 작용해요. 그래서 자유로움과 독립성을 키워줄 수 있어요. 처음에 민준군은 자기객관화가 그것을 해칠지 모른다고 걱정했지요. 서양철학적 관점에서도 그런 걱정을 하기 쉬워요. 하지만 그건 쓸데없는 걱정이지요.

비즈니스에의 확장

내가 말했다.

(나)　말씀하셨던 것처럼 어떤 객관화를 통해 말을 했을 때 분위기
가 싸해질지 아닐지를 예측할 수 있다면, 대단한 능력인 것 같
아요. 그러면 재치 있는 사람도 될 수 있을 것이고 사회생활도
잘하게 되겠죠. 그런데 그것은 쉬운 일은 아닌 것 같아요. 말처
럼 쉽다면 누구나 재치있고 인기있는 사람이 될 수 있겠지요.
어떻게 하면 그렇게 될 수 있을까요? 저도 그렇게 되면 좋겠네
요.

(구루)　물론 그것을 얼마나 잘 하느냐에 따라 크게 성공할 수도 있겠
지요. 뛰어난 개그맨이 될 수도 있을 거예요. 다만, 그것만으로
는 부족해요. 최고의 개그맨 수준이라면, 단지 X라는 말을 했
을 때 다수가 어떻게 생각할지를 아는 수준이 아니라, 다수가

최고로 재미있어 할 Y라는 말을 생각해내는 수준이겠지요. 그래서 창의성과 창조력까지 필요하므로 그렇게 되기는 상당히 힘든 일이지요. 자기객관화로 갑분싸가 될지 안될지를 알 수 있다고 말 한 것은, 그보다 훨씬 낮은 수준에서, 이해하기 어려운 말을 하는 상황을 방지할 수 있다고 한 것이었죠. 그런데 어떤 할 말을 생각해 냈을 때, 어떤 창조물을 고안했을 때, 객관화를 얼마나 잘 하느냐에 따라 그에 대한 사람들의 반응을 더잘 예측할 수 있을 것입니다. 그것은 앞에서 뒤로 미뤘던 어려운 객관화에 관한 주제입니다. 그것을 잘 한다면 비즈니스 영역에서 크게 활용될 수 있을 거예요.

(나) 맞아요. 그러면 이 분야는 자기객관화의 확장과 응용이 되겠네요. 그것을 잘하면 크게 성공할 수 있는 것처럼, 그 객관화가 무척 어려운 일이라는 건 이해가 돼요. 앞으로 연구도 많이 해야 할 것 같네요.

(구루) 네. 그렇기 때문에 지금 저는 그에 관해 획기적인 방안을 제시하지는 못해요. 다만 동기 부여나 대략적 방향 제시 정도를 할 뿐이지요. 민준군이 앞으로 연구해보세요. 그러면, 좀 더 구체적으로 어떤 분야에 응용되면 좋을지를 설명해줘야 겠군요. 얼핏 생각나는, 이것이 가장 필요한 분야는 새로운 제품이나 서적, 음반, 영화처럼 창조적인 제품을 출시하기 전에, 대중이 어떤 반응을 보일지를 예측하는 데 도움이 된다는 것입니다. 그렇게 창조적인 것은 특히 대중의 반응을 예측하기가 매우 어려워요. 창조적인 것은 창작자의 주관이 깊게 배어 있고, 그 작

품은 기존에 없었던 부분이 많기 때문에 비교해서 추측하기도 어렵지요. 그래서 창작자와 투자자의 예측과는 다른 결과가 매우 빈번합니다. 그들은 작품이 어떤 결과를 낳을지에 대해 엄청난 고민을 하고 걱정을 합니다. 투자자들도 그 고민이 해소되어야 투자를 할 수 있겠지요. 이렇게 결과에 대한 불확실성이 워낙 크다 보니 점집 같은 곳에도 많이 간답니다. 창작물에 대한 결과를 예측하는 방법에는 엄청난 수요와 시장이 있지요.

(나) 단지 문화상품 뿐 아니라 식품이나 자영업, 전자제품 등 다양한 신제품에도 해당되겠네요. 그런데 전에 말씀하셨던 것처럼, 창조적 제품은 사람들이 아직 경험해보지 못한 것이니까 단지 기존 상태의 사람들의 인식만으로 판단해서는 안되는 것이지요? 그 제품이 나타났을 때 변화될 수 있는 상황을 고려해서 약간 미래의 다수의 인식을 고려해야 하고, 그러기 위해서는 인간의 본성에도 주목할 필요가 있겠지요.

(구루) 잘 이해했군요. 가까운 미래라도 갑작스런 환경의 변화가 일어나는 일이 많고 그로 인해 큰 영향을 받지요. 갑작스런 사건 사고나 국내외 정치적 상황의 변화, 자연재해 등이 일어날 수 있지요. 그러한 환경의 변화를 예측하기는 매우 어렵고, 그래서 차라리 변하지 않는 인간의 본성을 고려하는 편이 좋아요. 그리고 비교적 예측할 수 있는 분야가 또 있어요. 그건 인문학과 관련되어 있어요. 예술, 철학, 역사이지요. 그것은 갑작스러운 사건사고와 다르게 차근차근 느리게 진행돼요. 그리고 무작위

로 바뀌지도 않지요. 그래서 과거부터 지금까지의 예술, 철학, 역사의 흐름을 이해한다면, 가까운 미래에 그와 관련해서 어떤 것이 성공할지를 알 수 있겠지요. 작품과 제품에 예술, 철학, 역사가 담길 수 있고, 그것이 담겨있으면 부가가치가 더 높아지지요. 그리고 종종 그에 대한 무지로 인해 치명적 논란을 일으키는 잘못을 저질러 추락하는 경우도 있어요. 그런 위험성도 줄여 주지요. 얼마전 인문학 열풍이 불었던 것이 기억나나요? 그것은 경제 분야에서 인문학이 활용될 수 있다는 점이 부각되었기 때문이에요. 제품 간 기술 격차가 줄어들고 경쟁이 심해지는 환경으로 인해 인문학에 눈을 돌리기도 했지요. 그런데 사실 그런 감만 있지, 어떻게 활용되는지는 아직도 많은 사람들이 모르지요. 그것은 (가까운) 미래 예측에 활용할 수 있어요. 물론 자연 변화 예측은 아니지만 어떤 제품이 출시될 때 사람들의 반응을 예측하는 것에는 매우 큰 실용성이 있지요. 인문학은 거기에 기여할 수 있는데, 이런 잠재적 활용성을 잘 모르고 있는 것 같아요. 내가 알기로 철학과 교수님들도 학생 충원 문제도 있고 해서 철학의 실용성과 응용에 많은 관심이 있는 걸로 알고 있는데, 그렇게 인문학이 창조적 작업에 기여하는 일을 하면 좋겠어요. 다만 과거의 굳어진 인문학으로만 적용하는 것이 아니라 열린 자세를 가져야겠지요. 인간의 문화는 과거의 것이 아니라 변화하고 동적인 것이니까요. 특히 대중문화가 그렇지요.

(나) 저도 10년 전쯤부터 인문학이 왜 열풍이었는지 이해가 되지 않

았는데 이제 조금 알겠네요. 그런데 열풍이어 봤자, 저희 같은 전공생들은 별로 변화를 못 느끼고 있어요. 산업적으로 응용이 더 많이 되어야 겠네요. 그런데 한편으로 고상한 인문학을 연구하는 사람들은 산업에 응용이 된다는 것 자체에 약간 거부감을 가지기도 하는 것 같아요. 그것은 혹시, 객관화에 대한 거부와 연결되고 있는 것은 아닐까요? 철학의 주류는 아직까지 다수의 생각에 부정적이고 진리와 주체성 위주니까요. 어찌 보면 현실에 대한 반감과 비현실의 추구라고도 할 수 있겠네요. 마치 플라톤처럼요.

(구루) 좋은 지적이에요. 철학과 교수님들이 한편으로 실용적인 확장을 굉장히 하고 싶어하지만, 객관화에 대한 거부감은 걸림돌로 작용할 거예요. 인문학자들이 다수의 생각을 고려하고 그것을 알아내는 일이 도덕과 진리의 관점에서도 정당하다는 것을 이해한다면, 그 걸림돌이 해소되겠지요. 그리고 다수의 생각을 알아내는 일에 많은 기여를 할 수 있을 거예요. 그 일은 자연과학자들이나 기술자들이 하기 어려워요. 인문학자들이 그보다 잘할 수 있지요. 기술자의 관점에서 만든 제품보다 인간 사용자의 관점에서 만든 제품, 인문학이 들어간 제품이 애플의 사례에서도 보듯이 성공하지요. 그리고 주식투자 같은 금융 부문에서도 인문학적 소양은 큰 도움이 돼요. 물론 다수의 인식과 가까운 미래에 그것의 변화가 핵심적이지요. 세계적인 투자가 조지 소로스(George Soros), 루퍼트 머독(Rupert Murdoch), 칼 아이칸(Carl Icahn)은 철학과 출신이라고 해요. 워런 버핏(Warren

Buffett)도 인문학적 소양이 높다고 하고요. 주식 투자는 결국 다수의 사람들이 그 주식을 사고 싶어하는 가에 달려있는데, 다수의 사람들이 어떤 것을 좋아하는가, 역사의 흐름은 어떻게 바뀔 것인가를 예측하는데 인문학적 소양이 도움이 될 거예요. 어쩌면 지식 같은 내용보다는 그런 훈련이나 방식에서 파생된 것이 더 중요할 수도 있지요. 물론 다수의 생각에 대한 부정적 감정을 조절한다면 말이에요.

(나)   음… 정리하자면, 가까운 미래의 변화를 예측하는 데에는 인간의 본성 뿐 아니라 예술, 역사, 철학 등 인문학을 활용하면 좋겠네요. 더구나 인문학도 본성과 많은 연관이 있을 거고요.

(구루) 네. 인문학과 자기객관화는 소통의 문제에 도움이 된다는 공통점이 있어요. 예를 들어, 말하기는 잘 모르겠지만 적어도 인문학에서 배우는 글쓰기와 논쟁하기, 경청하기, 언어 공부, 문학적 표현, 이런 것들은 분명히 소통 능력을 향상시키지요. 알고보면 주식투자도 대중과의 소통이라고 할 수 있어요. 신제품 판매는 물론이고요.

(나)   저는 예술이나 철학 같이 고상한 부분을 접목하는 것을 주로 생각했는데, 소통 능력처럼 간접적인 부분도 있었네요. 그런데 제가 질문하고 싶은 것은, 고상한 예술과 철학을 접목해도 통하지 않을 때도 있을 것 같다는 점이에요. 제가 외국의 록음악을 좋아했던 이유를 생각해보면 그것이 예술적이기 때문이라는 생각이 들어요. 그 중에서도 예술성이 높은 것을 좋아하는 편이었지요. 국내 음악 중에서도 그런 것을 찾는 편이고요. 그

런데 저의 주관일지 모르지만, 예술성을 중시한 대중적 작품이 꼭 성공하지는 않아요. 더 쉽고 평범한 것, 말그대로 대중적인 것이 흔히 성공하지요. 그러면 인문학이 통하지 않는 경우도 있다는 것이겠죠.

(구루) 그런 경우가 꽤 많이 있지요. 결국 관건은 다수의 생각인데, 여러 번 말했듯이, 그것은 인문학이 추구하는 진선미(眞善美: 진리, 도덕, 아름다움)와 어긋날 수 있으니까요. 고상한 현대 미술 중에 흔하고 저급해 보이는 대중 문화를 일부러 도입하고 전시하는 것들이 있어요. 키치(Kitsch)라고 하지요. 그런 것들도 고상할 수 있어요. 그런데 예술성을 고려한 키치가 아니라 그저 저급하고 쉬움 그 자체인 것들도 접근성이라던가 친숙함이라던가 하는 이유로 많이 성공하지요. 그 수준밖에 모르는 사람들이 모인 집단에게는 그 수준이 많이 팔리겠지요. 어린이들의 집단에서 니체 이야기가 팔리겠어요? 쉽고 단순하고 뻔한 이야기가 많이 팔리겠지요. 그것과 마찬가지지요.

(나) 무슨 말인지 알겠어요. 인문학이 그리 중요하지 않은 부분도 있겠지요. 하지만 인문학을 가미했을 때 많은 부분에서 유리하겠다는 생각이 드네요. 명품 같은 것은 특히 그렇겠지요. 그리고 키치가 고상하다는 점을 보았을 때 대중적이고 흔한 것도 잘 가공하면 예술적이 될 수 있고, 예술성과 대중성의 융합도 가능할 거예요. 어느 정도의 예술성은 분명히 대중에게 호감을 줄 거예요.

(구루) 그래요. 그건 적당히 알아서 파악해보세요. 그리고 대중과의

소통 방법에 관해 한가지 조언을 하자면, 창작자는 전문가의 영역과 그런 관점을 갖는 반면, 대중은 그렇지 않아요. 그런데 흔히 창작자들은 자신이 가지는 한 가지 관점에서 바라보려고 하지요. 하지만 소통은 상대방의 관점을 고려하는 것이 좋아요. 그래야 대중의 반응을 잘 예측할 수 있지요. 그러니까, 자신의 관점과 대중의 관점이 분리되어 있다는 생각을 가져야 해요. 한마디로 '이원화'를 시켜야 해요. 창작자 자신의 관점으로 일원화시키면 대중의 반응을 잘 예측할 수 없을 거고, 대중과의 소통도 어려울 거예요. 더 많이 팔고 싶다는 것은 좁은 전문가 그룹 내에서만 팔겠다는 것과 다르지요. 자신의 관점이 좁은 전문가 그룹에 머물고 있다는 점을 인식해야 해요. 그건 대중의 관점과 달라요. 그런데 이원화, 이원론이기 때문에 한쪽이 다른 한쪽에 흡수되거나 사라지는 것이 아니라 둘 다 중요하고, 잘 연결시켜야지요. 둘 간의 접점을 찾아야 해요.

(나) 알겠어요. 그건 중요해 보이네요.

(구루) 그리고 끝으로, 최근의 시대적 변화에 대해 설명하려고 해요. 방금 민준군은 대중과 소통을 하는 법에 대해 귀담아 들은 것 같군요. 왜 민준군은 그것에 관심이 있는 거지요?

(나) 글쎄요. 잘 모르겠지만, 저도 대중과 소통이 중요하다는 생각이 드네요. 그게 성공할 수 있는 방법이잖아요.

(구루) 그런데 놀랍게도, 대중과의 소통이 성공할 수 있는 길이라는 점이 널리 알려진 것은 최근의 일이에요. 수십 년 전만 해도 연예인이나 정치인 같은 소수만 제외하고 대부분의 사람들은 공

부만 잘하면, 좋은 직장만 가지면, 회사에서 맡은 일만 잘하면 성공한다고 생각했어요. 대중과의 소통은 자신과 관계가 없는 일이었지요. 가까운 사람들과의 소통과 인맥 관리만 잘하면 된다고 생각했지요. 그 변화는 주로 인터넷이 발달하면서 시작되었어요. 개인 홈페이지가 생기고, 인터넷 쇼핑이 생기고, SNS가 생기고, 인터넷방송과 유튜브가 생기면서 누구나 불특정 다수 대중과의 소통을 통해 성공할 수 있는 길이 열렸어요. 부업으로 할 수도 있고 주업이 되기도 하지요. 최근 초등학생들의 장래 희망 중 유튜버(크리에이터 또는 인플루언서)가 최상위권에 있다는 것을 들어보았죠? 이제 대중의 인기가 모든 사람들에게 유용하고, 원하는 일이 되었어요. 과거에 일상적으로 쓰이는 '인기'의 개념은 주로 주변 사람들과의 관계나 성적인 것을 의미했지요. 하지만 이제는 불특정 다수의 인기가 평범한 사람의 일상 안에 들어오기 시작했어요. 다시 말해, 과거에 일반 사람들에게 '인기'는 업무와 무관한 사생활의 영역에 불과했지만, 지금은 불특정 다수가 부각되면서 삶의 방편과 연결되었어요. 어쩌면 '인기'의 일상적 개념 자체에 약간 변화가 일어났는지도 몰라요. 마치 패러다임의 변화와 같지요. 이러한 변화로 인해, 아마 사람들은 불특정 다수의 생각이 중요하다는 것을 점차 피부로 느끼기 시작했을 거예요.

소통과 컨트롤의 문제

구루는 그의 노트를 바라보다가 벽걸이 시계를 흘끔 보았다. 4시가 넘었다. 그가 나에게 말했다.

(구루) 끝날 시간이 지났군요. 자기객관화에 관한 주제는 사실상 모두 끝났어요. 하지만 보너스랄까, 마무리 지을 것이 있어요. 말이 나온 김에 소통의 문제에 관해 좀 더 이야기를 하고 끝냈으면 좋겠군요. 약간 시간이 있나요?

(나) 네. 물론이죠. 그리고 한가지 아직 해소하지 못한 것이 있어요. 상담을 시작하기 전에 선생님께서, 제가 타인의 통제를 받기 싫어도 타인을 통제해도 된다고 하셨던 거 기억하시나요? 그걸 제가 이해하지 못하자 나중에 설명해 주겠다고 하셨어요.

(구루) 맞아요. 이 주제에서 자연스럽게 연결될 것 같군요. 그런데, 지금은 어쩌면 그 말을 이해할 수 있을지도 모르겠네요.

(나)　글쎄요. 알듯 말 듯해요. 확실히는 모르겠어요.

(구루)　그에 근접한 주제를 다룬 적이 있어요. 그때 잘하면 이해했을 수도 있었을 거예요. 그에 대한 대답은 마지막에 나오겠네요. 참고로 통제는 컨트롤이라고 생각하면 돼요. 이렇게 바꿔도 변화는 없겠지요? 저는 같은 의미로 쓴 것이니까요.

(나)　네.

(구루)　민준군은 소통에 문제가 있다고 생각한 적이 있나요? 그게 고민인 적이 있었나요?

(나)　약간 고민은 있는 것 같아요. 다른 사람들 앞에서 말도 잘하고 싶고, 분위기도 좋게 만들고 싶은데 저는 말빨이 좀 부족한 편이거든요. 말빨이 좋다면 여자친구도 많이 사귈 수 있었겠죠.

(구루)　그 말빨이라는 것은 소통 능력으로 바꿔도 되겠군요. 그러면 민준군은 평소에 소통의 문제에 대해 생각해 본 적이 있을테고, 그 능력을 개선시키고 싶어하겠군요. 그런데, '소통'이라는 말의 의미는 매우 포괄적입니다. 그래서 막연하게 '소통을 잘하고 싶다'라고 아무리 생각해도 무엇을 해야 할지 모르고, 소통 능력이 잘 개선되지 않는 것이지요. 그것은 마치 '뷔페 음식을 잘 만들고 싶다'라는 생각과도 같아요. 뷔페 음식이란 것은 다양한 개별적 음식들의 집합일 뿐이지, 뷔페 음식 자체는 모호한 것입니다. 뷔페 음식에 들어가는 한식, 양식, 중식, 일식 등 개별적인 음식을 잘 만들 생각을 해야지요. 그처럼 소통을 잘하고 싶다면 개별적인 문제나 실체에 접근해야지, 막연하게 소통을 생각해서는 안됩니다. 발표하기도 소통이고, 글쓰기도 소

통이고, 타인에 대한 배려심도 소통 능력이고, 자신감도 소통 능력과 관련이 크고, 지식을 늘리기 위한 공부도 소통 능력의 증가이지요. 그래서 무엇이 문제인지를 따져봐야 합니다.

(나)   네. 그러면 저의 문제는 무엇일까요? 자신감이 적은 것 같기는 해요.

(구루) 자신감이 적다는 문제는 이미 인지하고 있었군요. 저는 그렇게 알기 쉬운 부분에 대해 다루지는 않으려 해요. 다만, 자신감이 왜 적은지에 대해 연관이 있는 부분을 다루려고 해요. 물론 지금 내가 하려는 말은 자신감에 간접적인 영향이 있을 뿐이에요. 자신감은 여러가지 요인으로 인해 향상될 수 있으니까요. 소통의 문제에서 제가 강조하려는 부분은 일단, '관계'의 문제예요. 소통을 잘하고 싶다고 아무리 생각해도 효과가 거의 없다고 말했었지요? 하지만, '관계를 좋게 만들고 싶다' 라는 생각은 그보다 효과적이에요. 좀 더 실체가 분명한 말이니까요.

(나)   그럼 소통을 잘하고 싶다면 관계를 좋게 만들어야 하는 것인가요? 관계가 좋아진다는 것은 무엇을 뜻하죠?

(구루) 민준군은 소통 능력이 향상되면 여성과 더 잘 사귈 수 있을 것이라고 생각했지요? 그렇다면 그 목적은 여성과의 관계에 있는 것이지요. 소통이란 것은 대개 관계라는 목적을 위한 수단이에요. 그런데 그 관계도 여러가지가 목적이 있겠죠. 이성과 사귀는 목적, 인기가 많아지는 목적, 남에게 도움을 받는 목적, 지위나 권력처럼 남보다 우위에 서려는 목적 등등이 있겠지요. 그러한 목적을 이루고 싶은데 뜻대로 되지 않을 때 흔히 소통

능력이 문제라고 생각하게 되지요. 그래서 대개 소통이 문제일 때, 관계를 좋게 만들고 싶다는 생각으로 바꾸기만 해도 목적이 훨씬 명확하게 설정이 되지요. 물론 여기서 좋다는 것은 자신이 개인적으로 원하는 상태가 되겠지요.

(나) 그러면 관계를 좋게 만들고 싶다고 생각하면 소통 능력도 저절로 향상되는 것일까요?

(구루) 적어도 목표가 분명해졌으니 그것이 없는 것보다는 나을 것입니다. 예를 들어 청중 앞에서 30분동안 발표를 하기로 되어 있는데, A라는 사람은 청중이 나의 발표를 듣고 호감을 갖게 되고 좋은 지식을 얻어가도록 만들겠다는 목적을 가지고, 단지 그에 맞춰서 발표를 하고, B라는 사람은 소통 그 자체에 너무 집중해서 어떻게 말을 하고 어떤 제스처를 하고 이런 세세한 것들에 신경을 쓴다고 해보세요. 누가 더 소통을 잘하게 될까요? 아마 A일 것입니다. B도 아마 따져보면 그와 같은 목적을 가졌겠지만 특정한 수단에 집착한 결과, 다양한 방식의 활용이 어려워지는 등 그 목적을 이루는데 오히려 방해가 되고, 그 과정에서 오히려 소통이 잘 안되는 현상이 나타나겠지요. 그러니까 차라리 소통의 문제는 없다고 생각하세요. 관계의 문제가 핵심입니다. 소통은 매우 다양한 수단을 자유롭게 사용하는 것이지요. 그렇게 유연해야 합니다. 이러한 유연성의 장점은 도가철학에서 강조하고 있습니다. 목적을 이루기 위해서는 물처럼 유연한 것이 좋아요.

(나) 알겠어요. 소통은 관계를 위한 수단일 뿐, 유연해야 한다는 거

지요?

(구루) 맞아요.

(나) 그런데 질문이 있어요. 보통, 사람들이 소통이 잘 안된다고 생각하는 것에는 관계와는 무관하게, 서로의 생각이 잘 통하지 않는다고 생각해서 고민인 부분이 많은 것 같아요. 오해가 대표적 사례이죠. 물론 저는 말의 기술적인 문제나 실수를 의미하는 것이 아니라, 말이나 표현으로 전달되기 어려운 부분은 항상 존재하는 것 같아요. 그건 사람들 간의 어쩔 수 없는 벽이 존재하기 때문인가요? 그렇게 서로의 생각이 다르고, 잘 알 수 없기 때문에 불안하고, 고민이 생길 수 있어요.

(구루) 좋은 지적이에요. 그런데 '통한다'라는 부분이 애매하군요. 그것은 상대방의 생각을 정확히 알게 되는 것을 뜻합니까? 아니면, 자신과 타인의 생각이 일치되는 것을 뜻합니까?

(나) 둘 다 일 수 있지만, 일단은 전자가 많겠지요.

(구루) 전자라면 마인드리딩이군요. 그것을 향상시키는 방법은 여러 가지가 있지요. 전에도 말했듯이 대화를 많이 하고 많이 관찰하고 학습하는 등의 방법이 있겠지요. 과연 그것이 고민일까요? 제가 보기에 더 많은 문제는 후자에 있는 것 같군요. 그런데 타인의 마음을 알기 어려운 것은 사실이니, 그 둘의 문제가 융합되어서 곤란에 처하게 되는 사례가 있어요. 은둔형 외톨이는 소통의 문제로 인해 발생하거나 그것에 주된 단점이 있지요. 타인과 자신의 마음 사이의 커다란 벽, 그것을 자연스럽게 해소하기 어려워하고, 힘들게 소통을 하더라도 자신이 피해나

상처를 입게 될 것이 두렵겠지요. 그래서 그들은 소통 자체가 필요 없는 상태, 오해가 발생하지 않고 마음이 하나로 일치되는 상태를 바라기 쉬워요. 혹시 민준군은 친구나 주변 사람에게 배신을 당한 경험이 있나요?

(나) 음… 있었어요.

(구루) 제가 미디어를 통하기도 하고 이제까지 관찰해 본 결과, 타인에게 배신을 크게 당한 사람이 집안에 틀어박히는 은둔형 외톨이가 되는 경우가 많아요. 다른 사람을 더 이상 믿지 못하고 소통하기도 싫어진 거지요. 그들은 타인이 나와 같이 생각하길 바랄 거예요. 일치되기를 바라겠지요. 하지만 분명한 것은, 타인의 생각과 자신의 생각은 일치될 수 없어요. 흔히 그들은 나와 일치되는 성향, 일치되는 마음을 가지는 사람과만 친구가 될 수 있다고 생각할 수 있는데, 그런 친구는 원래 존재하지 않아요. 배신의 트라우마로 인해서 서로 다른 마음을 가진다는 것에 겁을 먹어서는 안되지요. 그건 자연스러운 거니까요.

(나) 그건 상식적으로 보이네요. 각자의 인권과 실존을 존중하는 측면에서도 다름을 자연스럽게 받아들여야 할 것 같아요. 그런데, 꼭 은둔형 외톨이가 아니더라도 우리는 흔히 마음이 서로 일치하고 하나로 통하기를 원하고 있는 것 같아요. 그러한 노력의 장점도 있지 않나요? 아니면, 그런 노력 자체가 부질없거나 좋지 않은 것인가요?

(구루) 그 문제는 소통에서 중요한 부분이에요. 많은 사람들은 그런 마음을 종종 가지지요. 왜 그럴까요? 그것은 주로 자신의 권력

이나 지위 욕구와 관련되어 있어요. 컨트롤이나 영향력의 욕구로 볼 수 있지요. 예를 들어 휴가 때 자신은 산으로 가고 싶은데 친구는 바다로 가고 싶다고 해보세요. 그러면 어떤 의견으로 통일되는 것이 좋나요? 자신이 하고 싶은 대로 통일하고 싶어하겠죠. 물론 통일할 필요가 없는 경우도 많지만, 권력, 지위, 영향력이 큰 사람은 많은 부분에서 자신의 의도대로 타인의 생각이나 행동을 컨트롤할 수 있고, 그것은 자신에게 이익이 되지요. 즉 타인이 자신의 마음과 일치되기를 바라는 마음의 저변에는 흔히 자신의 마음에 따라 타인의 마음을 맞추고 싶다는 그러한 영향력의 욕구가 있어요. 그것은 자신이 우위를 가지려는 관계의 욕구이죠.

(나) 그러면 그 욕구는 나쁜 것인가요?

(구루) 꼭 그렇지만은 않아요. 권력과 지위의 욕구는 본능의 일부이니까요. 자신의 의도대로 타인을 설득시키거나 변화시키겠다는 욕구가 모두 나쁜 것은 아니지요. 이제, 민준군이 처음에 질문한 그 궁금증에 대해 답을 할 차례군요. 민준군이 왜 타인을 컨트롤 해도 되는가, 그것은 다시 말해서 민준군이 권력, 권위, 지위를 가져도 된다는 뜻이에요. 그것을 가진 사람은 타인을 컨트롤 할 수 있는 능력과 자격이 생기지요. 민준군도 그러한 욕구를 가지고 있을 거예요. 그런데 타인을 컨트롤하지 않겠다고 생각하면, 그 욕구와 내적으로 충돌하겠지요. 타인에 대한 컨트롤은 할 수 있는 거예요. 그것이 모두 비도덕적인 것은 아니지요. 고위직 중에 비도덕적인 사람들도 있지만, 정당한 사

람들도 있어요. 그러한 컨트롤을 사람들이 바라기도 해요. 앞에서 도덕성이 높은 지위를 갖는데 유리하다고 말한 적이 있었지요. 물론 '도덕적이라고 사람들이 생각하는 것'이겠지만, 진짜 도덕적일 수도 있지요. 민준군은 나쁜 사람이 아닌 것 같으니, 타인을 컨트롤 하는 사람이 되어도 괜찮아요. 제가 보기에 민준군은 은근히 그런 욕구가 많이 있어요. 타인의 컨트롤을 유독 받기 싫어하는 것도 아마 그와 연관이 있을 거예요.

(나) 그게 그런 뜻이었군요. 이제 이해가 되네요. 그런데, 타인의 컨트롤을 받고 싶어하는 사람이 있을까요?

(구루) 있어요. 생각보다 많아요. 과연 컨트롤 하는 것만이 이익이고, 남의 컨트롤을 받는 것은 손해이기만 할까요? 결코 그렇지 않아요. 컨트롤을 하기 위해서는 어떤 계획을 세워야 하고 그 결과에 책임도 발생하지요. 그 과정에서 비용이 생겨요. 그리고 자신이 컨트롤해서 궁극적으로 결과가 항상 좋게 나온다는 법도 없어요. 그래서 모두가 컨트롤의 욕구가 큰 것은 아니에요. 어떤 훌륭하고 똑똑한 사람이 계획을 세우고 자신은 그것에 따르기만 하는 것이 편하고 더 나을 수도 있어요. 진화론으로도 설명할 수 있어요. 놀라운 점은 인간에게는 권력과 지위 상승욕에 상충되는 것처럼 보이는 본능도 가지고 있다는 점이에요. 진화심리학과 인류학은 인류에 사회적 지위, 위계가 생겨난 이유를 설명해요. 원시시대부터, 훌륭하고 뛰어난 사람이 위계의 상위(지도자, 권위자)에 오름으로써 하위자들은 그의 도움을 받기도 하고 그의 뛰어난 점을 '모방'해서 더 잘 살 수 있었

다고 해요. 더구나 추장이나 리더 같은 상위자는 소수이고 하위자는 다수이므로 인간은 그런 본능을 가지고 있지요. 민준군이라고 해서 없을 것 같아요? 민준군도 종종 어떤 타인을 모방하거나, 닮고 싶다거나, 계획 등 중요한 것을 맡기는 게 낫다고 생각할 수 있을 거예요. 소통에서 타인의 마음과 통일되고 싶다는 욕구는 컨트롤 하고 싶은 욕구 뿐 아니라, 타인을 따르거나 모방하고 싶은 욕구 때문일 수도 있어요. 자신의 목적이 무엇인지를 생각해보세요. 복종, 모방, 을의 본능은 종교 활동이나 아이돌 팬덤에 빠지는 현상과도 관련이 많아요. 민준군도 누군가의 팬이었던 적이 있을 거예요. 결론적으로 갑의 본능이든 을의 본능이든, 도덕적, 실리적으로 나쁜 건 아니에요. 한 인간은 대체로 둘 다 가지고 있어요. 둘을 모두 활용하는 것이 개인에게 이익이지요.

나는 고개를 끄덕였고, 잠시 침묵이 흘렀다. 구루는 노트를 덮었다.

(나) 그러면, 이제 다 끝난 건가요? 정말 유익한 시간이었어요.

(구루) 그래요. 그동안의 상담이 도움이 많이 되었나요?

(나) 네. 저는 그전까지 서양철학만 너무 신봉하고 있었고, 닫힌 사고방식을 가지고 있었던 것 같아요. 그것은 현실에 적응하기 어렵게 만들고, 저는 현실을 파악하기 어려워졌어요. 그 사고방식을 깨뜨리는 계기가 되었어요. 좀 더 넓은 시야로 세상을 바라볼 수 있게 된 것 같아요. 정말 고맙습니다… 그런데 이대로 헤어지기는 좀 아쉽네요. 시간이 좀 이르기는 하지만, 식사

를 같이 하는게 어떨까요? 아니면 카페라도요.

(구루) 그래요. 이른 저녁을 먹도록 하지요. 나갑시다.

여름 하늘에 뭉게구름이 무리 지어 있었다. 구루와 나는 간단한 식사를 하고, 다음 장소로 옮겨 맥주를 마시면서 또 다른 많은 이야기를 나눴다. 내가 어떻게 그러한 것들을 알아낼 수 있었느냐고 물었더니, 구루는 인지과학은 유물론(물질만으로 세상을 설명하려는 세계관)을 깨뜨리고 심적인 것도 존재하는 것으로 본다고 하면서 그렇게 가정하고 나면 문제가 풀린다고 말했다. 그리고 우리는 권력의 문제에 대해서도 이야기를 나눴다. 그에 대해서는 본 주제에서 벗어나므로 여기에 덧붙일 수 없다. 다만 상담을 통해 그와 만나면서 나눈 이야기는 모두 타인들과의 관계의 문제였다는 공통점이 있었다. 그 깨달음은 이후 내 인생의 큰 변화로 계속 이어질 것이다.

에필로그

내가 보유한 주식의 시가 총액을 확인하지 않은 지 5일이 지났다. 나는 한동안 수익이 오르는데 용기를 얻어 단타 매매를 시도해보았다. 단기적으로 일희일비 하기를 며칠 정도 하다가, 나중에는 이것은 나의 성향과 맞지 않는다는 것을 깨달았다. 어쩌면 매일 조금씩 돈을 벌어 차곡차곡 쌓아갈 수 있을지도 모른다. 하지만 이제 주식은 장기적으로 놔두기로 하고, 오늘도 아마 떨어졌을 것이 확실하지만 신경 쓰지 않기로 했다. 다만 과거에는 꿈도 꾸지 않았던 도전을 해보았다는 것만으로도 좋은 사회경험이라고 생각한다.

이제 나는 뭘 하면 좋을까? 석사를 졸업하기 전에 취직이나 박사 입학을 확정지었다면 이런 고민을 덜었겠지만 시기를 놓쳤다. 그나마 논술학원 선생님 자리는 찾으면 금방 생길 수 있을 것 같다. 지금은 방황의 시기이지만, 정신은 구루와 상담하기 전에 비해 더 맑아졌다는 것을 느낀다. 그것만으로도 나의 삶이 가치 있고 커다란 희망이 있다고 느껴진다.

　나는 새로운 타인을 만나는 것을 꺼려하는 경향이 있었던 것 같다. 왜냐하면 쓸데없이 타인들과 관계 맺는 일은 내 인생에 집중하는 데 방해가 된다고 생각했기 때문이다. 그런데 구루와의 상담에서 적어 놓은 메모를 다시 읽고 생각해보니, 어쩌면 자기객관화의 부족으로 인해서 타인과 만났을 때 쉽게 흔들리고 막대한 영향을 받기 쉽다는 것이 더 큰 문제였던 것 같다. 이제는 사람을 많이 만나도 괜찮을 것 같고, 자신감이 생긴다. 다만 선택권은 나에게 있으므로 일부러 인맥을 넓히기 위해 만나려 하지는 않을 것이다.

　'다수 사람들의 생각에 맞아야 성공할 수 있다'는 부분을 읽고, 나는 대중에게 직접 어필할 수 있는 것이 있는지를 생각해봤다. 인터넷을 활용할까? 유튜브 컨텐츠를 만드는 일에 도전해 볼까도 생각해 보았다. 하지만 장기적으로 어떤 내용으로 찍어야 할지, 나의 강점이 무엇인지에 대해 고민이 되었다. 나는 지금 내가 가장 잘 할 수 있는 것이 무엇인지, 다른 사람들이 원하는 것 중에 내가 가진 것이 무엇인지를 생각해보았다. 구루와 만나 상담을 했던 그 경험은 나 뿐만 아니라 많은 사람들에게 필요하지 않을까? 그 이후로 구루는 권력과 지위에 관한 연구로 어떤 학회에서 발표한다는 소식은 있었지만, 자기객관화에 대해서는 밖으로 내놓지 않고 있었다.

　나는 구루에게 전화해서 자기객관화의 내용을 왜 알리지 않느냐고 물어봤다. 그러자 구루는 흔쾌히 나와 상담한 경험을 내가 그대로 책으로 쓰라고 했다. 그리고 자신은 감수와 수정을 맡을 수 있다고 했다. 그가 책의 감수자가 될지 공저자가 될지는 아직 모르겠지만, 아마도 결국에는 공저자가 될 것 같다. 그가 왜 먼저 책을 직접 쓰지 않는지는 선뜻 이해하기 어려웠지만, 찬찬히 생각해보니 짐작이 되는 부분도 있었다. 나로서는 물론 고마운 일이다. 4대 성인(예수, 석가모니, 소크라테스, 공자)은 자신이 아니라 제자들이 책을 썼다는 사실이 떠올랐다.

2022년 1월, 모기룡

자존감 주체성 가스라이팅 진정한 나 현실을 보는 눈 2인칭의 관점으로 보는 세상

자기 객관화 수업 　　　　초판 1쇄 발행　　2022년 2월 3일
　　　　　　　　　　　　2쇄 발행　　2024년 3월 24일

지은이　　　　모기룡
펴낸이　　　　최대석
편집　　　　　최연, 이선아
디자인1　　　 이수연
디자인2　　　 박정현, FC LABS

　　　　　　　펴낸곳　　　　행복우물
　　　　　　　등록번호　　　제307-2007-14호
　　　　　　　등록일　　　　2006년 10월 27일
　　　　　　　주소　　　　　경기도 가평군 가평읍 경반안로 115
　　　　　　　전화　　　　　031)581-0491
　　　　　　　팩스　　　　　031)581-0492
　　　　　　　홈페이지　　　www.happypress.co.kr
　　　　　　　이메일　　　　contents@happypress.co.kr
　　　　　　　ISBN　　　　　979-11-91384-17-8　03180
　　　　　　　정가　　　　　14,500원

　　　　　　　이 책의 국립중앙도서관 출판예정도서목록(CIP)은
　　　　　　　서지정보유통시스템 홈페이지(http://seoji.nl.go.kr)와
　　　　　　　국가자료공동목록시스템(http://nl.go.kr/kolisnet)에서
　　　　　　　이용하실 수 있습니다.

혹시,

인간 관계에서 너무 쉽게 을이 되거나

타인에게 좋게 보여야 한다는
강박 관념을 가졌던 것은 아닐까?

도데체 왜!

화를 내지 못할까?

왜 소통을 해야하지?!

혼자가 좋아......

긍정?! 긍정의 부작용도 있다고!

긍정의 부작용
친목질 거부
철들기 거부
덕질 덕후
은둔형 외톨이
친목질 폐해

자기 객관화

독특한 사람들이
마음속에서
끙끙 앓고 있던 문제들,

Phillosophy
Psychology
Cognitive Science

철학과 심리학을 넘나들며

인지과학 전문가

분석해드립니다.

독특한건
매력이지
잘못된게
아니에요 모기룡

인지과학자 모기룡 박사가 진단하는
톡특함과 정신질환,
친목질의 폐혜,
은둔형 외톨이,
덕질과 덕후 등의 이야기

인류의 역사는 독특함과 평범함
사이의 투쟁이다. 평범함은 대체
로 주류와 기득권을 형성한다.
반면에 독특함은 소수이다. 소수
이기 때문에 독특하고, 소수는
다수에 비해서 힘이 없다. 물리적
으로도 힘이 없고, 민주적으로도
물론 그렇다

자신감은 남들이 부러워하거나 우러러볼만
한 좋은 것을 과시하는 것이 아니다. 오히려
자신감은 '좋음', '좋은 게 좋다'에 대한 상
식을 깬다. '좋지 않은 결과도 괜찮다', '성공
하지 않아도 좋다'라고 생각해보자. 그것이
자신감이다. 실패에 대한 두려움의 반대가
자신감이다.

행복우물